心理学常识速查速用大全集

6版 案例应用版

京师心智 著

一本书囊括你想了解的心理学常识

中国法制出版社
CHINA LEGAL PUBLISHING HOUSE

每天学点心理学常识

为什么一些人挤破头也要买房子？为什么说谈恋爱就像买股票？为什么一些明星能一夜走红？……也许您觉得我们罗列的这些不过是一些无序的热点话题，因为纵使绞尽脑汁，也似乎无法找出它们之间的共性。然而，这些事件真是毫无规律可循吗？答案是否定的，将它们联系在一起的，就是本书重点讲解的心理学常识。

前些年的时候，心理学似乎是离大众较远的一门学科。在书店的心理学专架上罗列的，也都是一些专门为心理学专业学生提供的教材。但是近些年来，这种情况发生了翻天覆地的变化，一大批以普通人为读者对象的心理学书籍如雨后春笋般涌现出来。究其原因，是因为随着人们生活方式和生存环境的变化，心理也越来越复杂化了。面对日益膨胀的社会压力，面对生存竞争的日益激烈，不快乐渐渐成了普遍状态，我们都开始苦苦思索：如何找回那个恬静的自己，如何平衡欲望与悲悯的冲突……

为了更好地解决这些人际交往中所遇到的问题，大家都应该了解一些心理学知识。为此，我们编写了这本《心理学常识速查速用大全集》，本书的主要特色如下：

一、百科全书式的全面覆盖

人之所以区别于动物，就在于人类具有丰富的情感、细腻的心理活动。我们尽己所能，从不同的维度解读特定场景、特定时间、特定人物的各种不同心理状态。在本书中，有从生活场景角度分类的家庭心理学、职场心理学，告诉您生活和工作中那些神奇的心理现象和心理反应；有从人生发展阶段角度分类的成功心理学和人生阶段心理学，帮助您在人生不同时期都能洞察七情六欲；还有从社会群体角度分类的大众心理学、灾难心理学以及犯罪心理学，让您对于社会事件发生的心理机制了如指掌。

二、深入浅出的解析与精彩案例

本书不仅囊括了您能够想象的心理反应发生情景，更是以第一章性格心理学来提纲挈领，首先告诉您如何分析基本的人类心理状态，然后从第二章开始步步深入，将基本的人类心理分析手法运用到丰富多彩的生活实践中去。本书不但从宏观的篇章结构上采用了方法论指导实践的逻辑顺序，在微观的内容处理上同样采取了“词条解析+经典案例”的形式，案例的场景还原效应也会有助于您更好地理解和掌握心理学知识。

三、互动性、趣味感十足

与一般心理学读物教条式的枯燥解说不同，本书在解释词条含义的同时，还会讲解本词条的应用之道。在挑选词条的时候，我们还将一些富有互动性和启发性的心理学小故事穿插其中。您甚至可以现学现用，在亲友同事面前小露一手。

四、强大的实用性

本书从挑选词条到最后编辑词条，始终强调其实用性，不但有家庭、职场、流行时尚这几大现今社会必不可少的心理学现象篇目，还有性格心理学、人生阶段心理学以及成功心理学、犯罪心理学等心理学篇目，帮助您不仅在平常状态下能够拥有一份好的心态，而且在遇到非常环境和状况时依然能够镇定自若。

心理学的世界浩瀚无垠，了解它，您就可以洞察一个人的内心世界；掌握它，您就可以引领一群人的追求；运用它，您就可以改变更多您想改变的。

我们衷心地期盼，您能每天拿出几分钟时间，读一下这本书，学习一下心理学常识；我们也衷心地祝愿，您能早懂心理学，早过好日子！

目 录
CONTENTS

第一章　性格心理学——从一沙到一世界

第二章 家庭心理学——微妙的平衡

第三章 职场心理学——不战而屈人之兵

第四章　人生阶段心理学——岁岁年年人不同

第五章 大众心理学——千篇一律的世界

第六章 成功心理学——超越人性的弱点

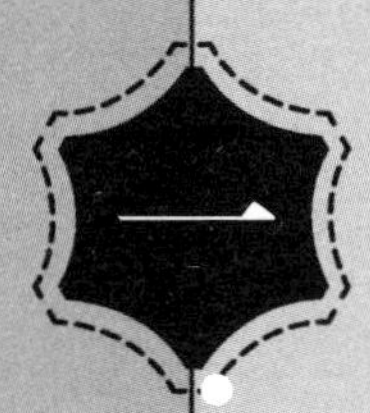

性格心理学

XINGGEXINLIXUE

什么是性格？性格是如何形成的？据说一个人的性格是由先天基因和自幼成长的环境共同造就的。真的是这样么？弗洛伊德对成人性格做出了一种解释，认为那是自我为控制本能冲动，并把它们转换成可接受的行为形式的结果。那么，请翻开这一章，让我们来学习如何“把控”自己的性格吧！

一、情感及性格心理学

酝酿效应：让阿基米德“裸奔”的发现

词条解析

在日常生活解决问题的过程中，时常会出现“把难题放在一边，放上一段时间，就能得到满意的答案”的现象。人们之所以在休息的时候突然找到答案，是因为个体消除了前期的心理紧张，忘记了个体前面不正确的、导致僵局的思路，具有了创造性的思维状态。

经典案例 JING DIAN AN LI

传说古希腊的时候，有人向国王赠送了一顶由顶尖的工匠打造的纯金王冠，但国王收到王冠后，一点都不高兴，反复掂量后，他开始怀疑工匠在王冠中掺了其他的金属。于是，国王把科学家阿基米德召来，命令其鉴定王冠。阿基米德为了解决这个问题苦思冥想，尝试了很多想法，但都失败了。有一天他去洗澡，当他进入浴盆时，水漫溢到盆外，于是他感悟到：不同密度的物体，虽然重量相同，但因体积不同，排去的水也必不相等。根据这一道理，就可以判断皇冠是否掺假。阿基米德高兴得跳了起来，赤身奔回家中，口中大呼：“尤里卡！尤里卡！”（希腊语，意思是“我找到了！”）

阿基米德百思不得其解的过程正是高度集中的思维运作状态。这个状态一直持续，没有任何的酝酿发酵，而后来其洗澡的过程正是酝酿的过程。在酝酿时刻，他的智商并没有什么突飞猛进的增长，只是由于其心情上放松，达到情感的一种平衡、和谐状态，使得大脑更加清醒和高效，在这样的心情下解决难题也就容易多了。

自我选择效应：求官者一生未中

词条解析

人们出于一种对自我习性与能力的限定性思维，会倾向于将自己选择的未来计划尽量完成，并不断强化自己对这一计划的认同。这一效应通俗的解释是，一旦个人选择了某一人生道路，就存在向这条路走下去的惯性，并且不断自我强化。

经典案例 JING DIAN AN LI

从前晋国有个人，自幼喜字，屡次求仕，但到了头发花白、步履蹒跚时还是没有得到任何官职，伤心的他不禁在大路旁纵声哭泣。

有路过的好事者就上前问他："老者啊，你为什么哭啊？"

老人一边哭一边回答说："我几次想当官都不被看中，可怜自己年老了没有机会了，所以非常非常伤心啊。"

好事者奇怪地问："你求官到底出了啥问题啊，怎么就一次都没求到呢？"

老人抽泣着回答说："我少年的时候，学的是文，道德文章学好了，准备去当官，可当时的国王喜欢用年老的人。后来好用年老的人的国王死了，继任的国王又喜欢用武将。等我兵法武功学好了，喜欢用武将的国王又死了。年少的国王刚刚登基，喜欢用年轻人，可我又老了，就这样没求成一次官。"

求官者求官一生而不中，真是让人叹息。实际上在他的屡次失败过程中，有很多机会可以让他转行从事其他更适合他的工作，然而就是这种人性格中的某种执拗、对于自我选择的不断强化，使得老者最终"一条道走到黑"。

厌恶心理定律：勇敢的蠢货

词条解析

科学证明，厌恶感是人类区别于其他低等动物的表现之一。对于某种行为或者情况的厌恶心理以及天然的厌恶情绪，常常可以起到自我保护的作用。人们厌恶的往往是不利的事情，产生这种情绪，正说明人们是经过了选择才进行一定的行为，而不是盲目地行动。

经典案例
JING DIAN AN LI

话说在战国的时候，某国的国界处有一个小镇，这个镇上的人大多好勇斗狠，崇尚夸张、不要命的莽夫精神。

有一天，镇上两个不可一世的吹牛大王在一家酒肆巧遇。这两个人寒暄一番之后，就互相攀比上了，双方都吹嘘自己为这个世界上最勇敢的人。其中一个说："嘿，兄弟，我们在这干喝酒多没意思啊，我去打个老虎做下酒菜吧！"

另一个不甘示弱："不用麻烦兄台了，我最近勤于锻炼，腿肚子上都是精肉，不嫌弃的话我就割下来我们下酒吃好了，如何啊？"

前一个人听后，顿时产生了一股厌恶的情绪："我想我还是回家收割去吧！"

前一个人走后，后一个人似乎已经获得"最勇敢者"的称号，但这时有一个好事者问他："你真敢割？"这一下激怒了"最勇敢者"，他拔出一把佩刀，将自己的小腿肉割下来当场咽了下去。最终，此人由于自食其肉产生了巨大的逆反心理而自杀身亡。

每个人都有自己厌恶的事情，而每个人对于厌恶的承受能力实际上各不相同。厌恶只是人类情感的一种，而且是非常重要的高级情感，用于保护我们自身。所以，硬要违背厌恶心理去做一件事情，是非常不成熟、不理智的表现，而绝非勇敢、睿智。

无批判接受顺言：星座预言的心理学诡计

词条解析

这个心理倾向其实很简单，即是说当你见到描述自己个性的词语都是你爱听的话时，你会很自然地认为这种描述是真实的。所谓无批判接受顺言，就是指人容易相信别人对自己的奉承或赞扬的倾向。

经典案例
JING DIAN AN LI

美美刚上大学。在大学散漫、无聊的时光里，她对星座着了迷，觉得所谓星座学对她个人性格的预测简直太准确了。按照出生日期检索，她应该属于处女座，而处女座的性格描述是这样的：

处女座：你是一个逻辑性强并有条理的人，你讨厌无序和混乱。你的挑剔让朋友们受不了。你缺乏热情，感情淡漠，常常无意识地伤害人。处女座生来就是化解冲突的高手。

美美打心底里觉得太正确了，她真的是一个逻辑强有条理的人，而且感情偏向冷漠。她认为这是因为自己太理性，然后更加深刻地觉得自己是一个完美主义者，是这个世界不符合自己发展的现实让她一直怀才不遇。然而实际上，她的室友却并不是这么看的。她的室友私下里议论时，对于美美是这样评价的：她确实喜欢规划很多事情，但是所谓的有条理都只是停留在空想阶段而已。她总是设想一件事情会如何如何，而从来不去实践；同时由于美美总是思前想后，特别是迷上星座以后更不爱搭理人了，所以给人一种冷漠的感觉。

相信很多人乍一看星座属性对于各种性格的描述，都会觉得与自己非常贴切，实际上这些都只不过是表面准确而已。正是无批判接受顺言在作怪，使得你不加思考便接受了这种标准化的判断结果，从而觉得自己优点无数，陷入自满。无批判接受顺言是大家都会有的心理弱点，如果要对自己有清晰的认识，必须时刻反省自己是否陷入了这个顺言的陷阱。

补偿作用：一招鲜吃遍天

词条解析

所谓人无完人、金无足赤，但凡是人类，就会有或多或少的一些缺陷。或是外貌，或是才能，或因自身的缺憾及某方面的弱点而不能达到目的。当遇到了各种缺陷和不顺利，在某个领域中遭受挫折时，个体往往采取“隐恶扬善”的方式，掩饰其先天或后天缺憾所造成的自卑感，进而弥补因失败而失去的信心与自尊，这就是所谓的补偿作用心理原理。

经典案例
JING DIAN AN LI

曾经有一个小男孩，从6岁就开始在武馆练习柔道。这个小男孩勤奋有加，甚至成为这个武馆的希望之星。然而当他10岁时，一次可怕的车祸夺去了他的左臂。尽管如此，他还是决定继续学柔道。武馆里最有名望的一位日本柔道老师看到这种情况，决定破例手把手教授他柔道技艺。男孩学得非常刻苦，也学得非常好，进步很快。但是，经过了三个月的苦练，小男孩却发现，他的师父只教了他一个招式，这使他非常不理解。有一天，小男孩的疑问终于忍不住爆发了："难道我不应该再学一些其他的招式吗?"

"这是你知道的唯一一招，也是你需要知道的唯一一招。"他的师父回答。

几个月的辛勤训练之后，男孩的师父带着他去参加了第一次柔道比赛。令男孩自己都感到惊讶的是，在前两场比赛中他轻而易举地战胜了对手。第三场比赛比较难，他的对手手法很多，但都是精彩纷呈而又无的放矢的三脚猫功夫。等到这个对手一一展示完自己那些唬人的"绝招"后，他渐渐失去了耐心。结果，男孩瞅准时机，熟练地用唯一的一招赢得了那场比赛。

决赛开始了。这一次，他的对手是个身材更加魁梧、体魄更加健壮、临战经验也更加丰富的家伙。这个人来头可不简单，他几乎包揽了儿童组的所有冠军头衔。果然，在最初的争斗中，男孩显得有些力不能支，踉踉跄跄的步伐似乎已经无法阻挡对手一次次的抱摔尝试。

裁判考虑到他可能会受伤，宣布比赛暂停。就当裁判正准备宣布比赛就此结束之际，男孩的师父匆匆跑过来，说道："不，请让他继续比赛。"

比赛重新开始。男孩的对手犯了一个严重的错误：他放松了警惕。男孩瞅准机会，用他唯一的一招击败了他。男孩赢得了决赛，成为这次比赛的冠军。

在回家的路上，本来应该显得兴高采烈的男孩，却始终愁眉不展。憋了半天，他才终于鼓起勇气问了一个他心里真正想问的问题："师父，我只有一个招式，怎么会赢得这场比赛呢?"

师父哈哈大笑，耐心地向他解答道："你能够获胜，有两个原因：第一，你这唯一的一招是柔道功夫中最厉害的招式之一。第二，你的对手唯一能够用来防御你那一招的是去抓你的左臂。"

实际上，通过对人类心理活动的进一步探讨，我们就能发现"补偿作用"发生影响的机制。这一作用并不是通过"加强营养"来把弱点变成优势，而是通过策略性的人生选择和安排，使其不至于成为成长的阻碍，并进一步成为别人所不具备的优势。在很多情况下，有一定的缺陷并不是什么特别不幸的事情。在这种情况下，可以通过对自身与外界因素的全面认识，巧妙地布局，把弱点直接转化成自己的优势。

攀比效应：攀登财富小道，坠崖者十之有八

词条解析

攀比效应是指当一项产品、服务或身份开始比较容易获得，并且开始逐步形成一种趋势时，大家会感到别人有了，我也得有才行。就像中国的手机发展、汽车发展、高尔夫球练习场的快速扩张、小学生买电脑、本科毕业生积极去考研等，数不胜数。这些东西对个人不一定很有用，但是如果你没有，有时就会感到不平衡。对自己有多大用处不一定，但是一定不能落后。

经典案例
JING DIAN AN LI

曹某就读于某重点大学经济系，当年从大学毕业后被分配到一家银行工作。在大学时，由于家境不好，他十分节俭克己。工作以后，由于他是从银行的最基层干起，所以始终兢兢业业、工作出色。在他 36 岁时，被调至银行信贷部工作。

信贷部门是银行的核心部门。近几年，曹某见到同事们一个个都开上了小车，心里难免有些不平衡。作为信贷部门工作人员的自己，如果没有一辆属于自己的轿车，实在是太没有面子了。在今年 7 月中旬，曹某在火车站结识了一名外地青年。几次喝酒下来，曹某和这个青年决定偷一辆车。

两人在聊天时谈道，当地有不少人会在晚上开车到体育馆打乒乓球，而且往往把车钥匙随意地放在桌上。于是，他们两人来到体育馆，假装打乒乓球，趁人不注意便盗取了一把车钥匙。盗窃钥匙得手后，两人随即跟踪车主。终于在 7 月底的一个凌晨，曹某用事先盗取的钥匙开走了这辆车。但是，等到汽车真正到手，曹某反而后悔，担心起来。于是不久以后，曹某将车开到温州，制作了假的车牌和驾驶证等证件。当年 9 月，当他正准备销赃时，在一个高速路出口处被抓获。

事后经过鉴定，这辆车价值 7 万元。事实上，曹某只要安心工作，拥有一辆不错的小汽车是迟早的事情，然而过分的攀比心态以及对于社会的错误认知，使得曹某最终走上了一条自毁前程的歧途。

接种效应：大文豪的小人生

词条解析

轻微反向攻击能激发人的自尊动机。坚持自己的态度被强化，能抵御更大的攻击。处于特殊情境中的个体，若受到某种反向态度的轻微攻击后，

就像“接种疫苗”一样，会对这种攻击做出抵抗反应，并不断地增强抵抗力；若再受到反向攻击，个体便不再改变原有态度。俗话所说的越挫越勇就是这种效应的完美体现。一次次地失败就好像一次次地为个体注射了抗打击的“疫苗”，使得个体能够变得越来越坚强。

经典案例
JING DIAN AN LI

人类的情感和性格是个很奇怪的综合体，在绝望时往往强力反弹，在顺利时又会过度沉迷而放弃努力。据说，法国大文豪雨果殚精竭虑地写完《悲惨世界》，马上将作品寄往出版社，怎知久久不见答复，百思不得其解的他并未就此气馁，而是再次鼓足勇气向出版社寄了封信。这封信里面只有一页纸，而这唯一的一页纸上只写了个“?”。就是这一封信的坚持，让他在不久之后，得到了出版社的回信。出版社的回信也只有一页纸，这唯一一页纸上也只有一个标点“!”。雨果看到了这样的回信，心中的大石这才落地。这一部险些石沉大海的文学巨著最终问世，雨果也在这部作品问世后彻底确立了其在当世的大作家地位，从而为以后的创作奠定了稳固的基础。

实际上，很多作家在出名前都要经历一段非常痛苦的蛰伏期。不要以为作家很神气，在他们成名之前，也受到过一次次退稿的打击。由于文学作品不可量化，很难根据一定的标准评价作品高低的特性，所以第一次投稿便被采用，此后便声名鹊起、每投必用者，极为罕见。

因此，所谓成功者，都是在一次又一次的失败中，经过锲而不舍的努力，把退稿视为接种，达成接种效应，直至成功的。作家的经历是这样的，作为普通人的我们更要正视失败，将失败当作一次次的免疫接种，这样才能做到在不断的打击中不骄不躁、不气馁，慢慢总结经验，最终走向成功。

镜中我理论：历史之镜照得月明渠水开

词条解析

美国著名心理学家库利经过多年的研究发现，一个人的自我观念是在与其他人的交往中形成的，一个人对自己的认识是其他人关于自己看法的反映。人们总是在别人对自己的评价之中形成了自我的观念。对于大多数人而言，一旦自己的行为无法获得他人的承认，就会自觉地以此为镜，调整自己的行为和性格。因此，人的自我性格，其实是在与他人的交往中形成的。

经典案例
JING DIAN AN LI

发现镜中我，其实并非西方人的专

利，早在数千年前，中国古代就有许多关于“以人为镜”的文献记载。并且，与西方简单的人格形成维度不同，我国的“以人为镜”有着更加丰富的思想内涵。上古时代，《尚书·酒诰》云：“古人有言曰：‘人无于水监，当于民监。’”于，以；监，通“鉴”，镜。《国语·吴语》云：“王其盍亦鉴于人，无鉴于水。”

上古之后的历朝历代，都“以人为鉴”，将别人的成败得失作为自己的鉴戒。如唐太宗与魏征的君臣关系所显示的那样，太宗临朝叹曰：“以铜为鉴，可正衣冠；以古为鉴，可知兴替；以人为鉴，可明得失。朕尝保此三鉴，内防己过。今魏征逝，一鉴亡矣。”这样的君臣关系在中国历史中其实颇为典型。很明显，唐太宗是把魏征等作为自我的“概化的他人”，即当成镜子来看待的。作为一代明君，要治理国家就必须保持清醒的头脑，因此必须时刻注意不要受情绪的影响，克制自己，才能纳逆耳忠言。他通过广大的言臣谏客的进谏来认识自己，使自己的人格不断地完善，所以期待公卿侍臣“书之于笏，知而必谏也”。

可见，东西方思想在镜中自我这个方面达成了共识。这也启发了我们，要进一步完善自我人格，就必须时刻注意自己的言行在别人那里都有何种反馈。只有建立起不断的镜中反馈和思考机制，才能有过就改，主动调整自己的各种不良习惯，最终成为一名人格高尚的人。

Q 的秘密：勇敢揭露生活中的说谎者

词条解析

这是一种利用心理学小测验测试个人自我控制能力的实验，通过在额头上画一个字母“Q”，然后检查“Q”之撇的走向，最后得出个人自控能力强弱的结论。

经典案例
JING DIAN AN LI

如何通过一个字母测试个人的性格？您先在额头上画一个Q。画完了Q之后，谜底就揭开了。这个测试的关键在于Q的最后一撇小尾巴的走向。有些人画的Q只有自己能够看懂，也就是说，Q的小尾巴是朝向前额右手侧的。如果站在这个人的对面，你所看到的“Q”就是一个错误的字母，也就是说这个“Q”只有站在和写字人的同一视角才是正确的。而有另外一些人画的Q，则只有他们对面的人才能够看懂，也就是说，Q的小尾巴朝向前额的左手侧，从写字人的视角看这个“Q”就是错误的。两种不同的“Q”字其实能够大体衡量一个人的“自我监控”能力，自我监控能力强的人倾向于让他们对面的人看到自己画的是一个Q，而自我监控能力弱的人则会专注于让自己看到画的是一个Q。

自我监控能力反映到外在的行为上，也就意味着自我监控能力高的人比较注重别人怎么看他们，他们喜欢成为众人瞩目的焦点。

相反，自我监控能力弱的人即便是在不同的环境中看起来也是同一的，不会像变色龙一样改变自己的性格和谈话方式。他们的行为在更多的情况下是由他们内心深处的感受和价值观所左右的，具有更多的原则和固执性，他们并不太在意自己的行为会给周围的人造成什么影响。

A型性格：候诊室里地面与心理的双重凹陷

词条解析

在英文中，易恼火、激动、发怒和急躁，这四个单词中有两个都以字母A开头。医学专家弗里德曼和罗森曼用A型性格来概括这些特性：具有这种性格的人，雄心很大，极度具有进取心，时间观念特别强，有很高的自律性，整天闲不住，但非常易于急躁，对人不信任，人际关系也不融洽。

经典案例
JING DIAN AN LI

20世纪60年代，美国医学博士心脏病专家迈耶·弗里德曼发现，诊所里来就诊的冠心病患者所坐的椅子后腿下的地面，有两个凹陷下去的陷块。经过一段时间的跟踪观察，弗里德曼发现原来冠心病患者来诊所候诊时，心情都非常急躁，抱怨候诊的时间太长，所以就自然而然地将椅子两条前腿翘起来，以椅子后腿作为支撑，这样就能把自己的双腿交叉起来，不断地摇动或转动椅子，直到护士叫到他的名字为止。多数冠心病人都会不由自主地这样做。于是，年复一年，冠心病人就这样摇晃着椅子，使地面形成了凹陷。

在另外一个例子中，赵博士是某研究所最年轻的学术专家，去年体检时发现左心室增大；今年再次体检时，又发现心电图有改变。医生多次劝他休息，但他完全没有听医生的劝告，总是非常忙碌。终于有一天，赵博士在办公室突然发出一声尖叫后晕厥倒下，经抢救无效死亡。

许多人认为赵博士死于忙碌的工作，但从心理卫生学的角度来看，赵博士的死因很可能在于他好强的性格。实际上，在一项持续了8年多的研究中，A型男人患有心脏病的人数比B型男人多两倍。赵博士的成功可以说源自他的性格，而他的过早离开应该说也有性格因素。

B 型性格：唱白脸的贾母享人瑞的人生哲学

词条解析

弗里德曼和罗森曼两位医学专家，在将易致冠心病的 A 型性格归类出来之后，又将 B 型性格给划分了出来。B 型性格完全是 A 型性格的反面——容易相处、不易激动，社交适应性较好，遇事想得开，不耿耿于怀。

经典案例
JING DIAN AN LI

传统文学名著《红楼梦》第二十九回写道，贾母带领着一干人等去清虚观，结果，一个十二三岁的仓皇小道士避让时慌忙中撞上了王熙凤。王熙凤就顺势一扬手，照脸一下把那小道士打了一个跟头，随从贾母而来的其他众婆娘媳妇纷纷助阵“喝声叫打”。这时只见贾母赶忙嘱咐大家，“别吓着他了”，并派人带到跟前，叫他别怕，并给了小道士一点钱买果子吃。

依照弗里德曼的性格分类标准，贾母性格宽厚，遇事随和，是典型的 B 型性格。在《红楼梦》中，贾母平时身体健朗，享年 83 岁，在当时医疗技术低下，人均寿命很短的情况下，可以说是“人瑞”。近年来，国内一些研究部门对上海长寿老人（大于或等于 90 岁）做了一系列性格调查，结果发现，长寿老人中，B 型倾向的性格占多数。

C 型性格：软迎春一载赴黄粱

词条解析

C 型性格的提出，源自 20 世纪 80 年代德国心理学家的创建。C 型性格的主要特征为：童年成长环境压抑，如幼年丧失父母，缺乏双亲的抚爱；行为特征表现为过分合作，过分忍耐，回避矛盾，自生闷气，过分焦虑。

经典案例
JING DIAN AN LI

《红楼梦》中的人物迎春便是 C 型性格的典型代表。她是大观园众小姐里最懦弱的一个，平日不善言辞，不喜欢出风头，时时处处与人为善。然而，在温顺的外表下面，更显示着她压抑、弱小的内心。她的乳母偷了她的首饰去赌钱，她都不敢追问；事发后，她露出不满，还会被乳母的儿媳玉柱儿媳妇欺负。这一下连丫鬟都看不下去了，为她抱不平导致了争吵的发生。迎春眼看劝阻不住，便自拿了一本《太上感应篇》来看。而在抄检大观园时，她的丫头司琪出了事，即将要被赶走，求她去给家长说情，结果怯弱的她自然也不敢去。迎春逆来顺受的性格最终导致了自己的悲剧，被父亲随便嫁给了禽兽般的孙绍祖，结果“金闺花柳质，一载赴黄粱”。

有研究证明，这种性格类型的人忍气吞声、逆来顺受，往往过度克制自己，压抑自己的悲伤、愤怒、苦闷等情绪。虽然在别人的眼中，这类人往往属于“大好人”“与世无争”的人，但这种人在遇到挫折时，其实内心并不是无怒无恨，只不过强行对自己进行压制罢了。

D型性格：一个人的A君，无限量的孤独

词条解析

D型性格是由比利时心理学家德诺列特首先提出的，其性格特点是：沉默寡言，待人冷淡；缺乏自信心，有不安全感；性格孤僻，爱独处，不合群；情感消极，忧伤，容易烦躁不安。

经典案例
JING DIAN AN LI

2005年，荷兰的研究人员对刚接受过心脏支架手术的近900名冠心病人的调查发现，D型性格的病人，在接受手术后的6个月至9个月内，心脏病再次发作或因发作导致死亡的人，是其他类型性格者的4倍。

而早在1998年，比利时的心理学家德诺列特就发现了，具有D型性格的人易患心脏病和肿瘤。德诺列特在一项心脏病康复计划中，对319例患者进行5年的跟踪调查发现，具有D型性格的人反复发生心绞痛或心肌梗死的概率为52%，而同年龄组非D型性格的人的发生率仅为12%，因此D型性格是使心脏病反复发作的一个危险因素；此外，他根据对其他246例患者观察 6—10年的结果，发现D型性格的人发生癌症的概率也有明显的增加。

人来疯反应：从将军到阿Q的通行爱好

词条解析

人来疯乃人类自我表现欲的彰显。人由于种种原因受到轻视或漠视时，就会千方百计寻找机会表现自我，以引起人们对自己的重视和青睐。

经典案例
JING DIAN AN LI

许多时候，孩子有“人来疯”的爱好。每当遇到陌生人到访，便特别卖力地想表现自己，进行各种各样的“才艺展示”，希望吸引住陌生人的眼光。因为孩子和家中人比较熟悉，所以觉得在家人面前表现自我没有意思。这种表现由于出自本能和潜意识，所以显得既执拗任性，又率真可爱，但是有时却会达到张狂和令人厌恶的程度。于是乎人们便讥诮孩子的这种表现为“人来疯”。

其实，“人来疯”并不是孩子们的专利，在这一点上，成年人也毫不逊色。只是随着年龄增长和学养加深，大多数人的这种本能的展示冲动会慢慢收敛，甚至消亡，但也有人到死都不会有多大改变。譬如大唐的虎威将军，不管是面对皇帝还是大臣，他都少不了一番指手画脚，大吵大嚷，为的是一时痛快和热闹。在鲁迅的作品中，阿Q也是一位著名的“人来疯”。只要阿Q一个人时，他不是吃茴香豆，就是捉虱子，并没有任何过激的行为；但要是来了人或在众人场合，他就开始大放厥词、肆意胡闹。

所以，这种“人来疯”的表现一旦出现在你的身上，你千万不要感到过分惊讶，其实这只是一种本能的爆发。你要控制自己不要过分地将这种行为夸大化，否则就会导致过多异样评价的出现。

二、认知及感官心理学

认知失调：20美元即可购买一个人的主见

词条解析

人们的思维往往不是单线的，在很多情况下，会有两种互相矛盾的思维同时产生，从而造成一种精神上的压迫感和紧张感。这种思维的判断不仅包括了决策，而且还包括行为、理由、知觉等各种可能产生不同倾向的事项。当两种矛盾思维“打架”时，人们就会发生认识不清、判断失灵的情况。

经典案例
JING DIAN AN LI

美国一位心理学家，在1959年的一个经典实验中，要求被测试的学生们进行烦琐且无意义的工作，翻勺子、不停地摆放碗等。这种无聊透顶的事情持续了一阵之后，学生们被告知可以停止了。

随后，有一组被试被许以20美元的报酬去劝说一个新人这是一个很有趣的事情，你可以尽量去参加；然后另一组被试只被许以1美元的代价去劝说新人。结果，非常明显，20美元的那组被试把实验说得天花乱坠，他们最后也承认，自己在说的过程中，居然也认同了之前的工作是非常有趣的；而另一组被试，则始终无法去劝服别人参加这个无聊的实验，因为他们内心抱有非常明确而统一的对这个无聊实验的认识。

很显然，第一组被试因为20美元的高额报酬而导致了坚持真相和赚取利润两个矛盾的认知，这种矛盾情况出现时，为了减少认知失调带来的心理失衡，扭曲了整个判断，最终产生了错误的认知。

刻板印象：墨西哥人的广告宣传

词条解析

刻板印象指的是当人们一旦形成了对于某些事物或者人物的印象时，并且这些印象是来自习惯或者文化基因的时候，那么就会将其推而广之，或者以后都对这种事物保持同一种不变的判断。例如一般对于某个地域的人士一定会有什么样的性格特点、什么地域的人士必定都是商业能手的认知。

经典案例
JING DIAN AN LI

墨西哥在商品和劳力的出口问题上严重依赖美国，许多墨西哥人非法移民到美国，其中不乏后来因犯罪被处刑罚者。所以近年来，为了改变其他国家对自己国家的印象，墨西哥致力于以文化交流为形式的公关活动。墨西哥的艺术展和戏剧表演在美国不断进行，并得到美国媒体的报道，墨西哥广泛欢迎美国的电视、电影到该国取景拍摄，同时也要求对方必须正面、起码是客观反映墨西哥的现实。此外，墨西哥还通过承办许多国际活动，让更多的美国人到墨西哥来游玩，终于在墨西哥政府的形象公关之下，美国人开始改变对墨西哥人都是偷渡者、贩毒者、小偷的刻板印象，反而将这种印象转移到了哥伦比亚人身上。

美国人对于墨西哥人的印象可以说是典型的以偏概全、以点概面，而一旦形成这种刻板印象，墨西哥就要花费长时间、巨大的代价去扭转。所以在人际交往和情感相处中，需注意每个人都很容易产生对他人的刻板印象，应在他人对自己产生这种印象前，采取预防行动。

选择性知觉：你爱上了《红楼梦》的什么

词条解析

人们认知事物和社会时，难免会无意识地从自己的角度、自身的价值观去判断，进而在一些事情上出现情感偏差。人们在某一具体时刻只是以对象的部分特征作为知觉的内容。

经典案例
JING DIAN AN LI

《红楼梦》是一本奇书，一个中国文化史上的丰碑。其不但是一本妇孺皆知的名著，更是在改编成电视剧后引起了热烈反响。某网站娱乐频道做了一份调查，问题如下：你最喜欢电视剧《红楼梦》的什么？调查的结果是萝卜青菜各有所爱。服装设计师欣赏的是红楼梦里精美的服装，美食爱好者却对其博大精深的饮食文化赞不绝口；当文家学沉迷于诗词歌赋时，动听悦耳、余音绕梁的音乐却为音乐家所称道；当然，欣赏缠绵悱恻的爱情故事，痴迷于贾林薛三人凄美爱情的也不在少数。

这个例子告诉我们，人们在认识一种事物时，往往有选择性的偏好。正所谓萝卜青菜各有所爱。同样的经典，每个人有可能喜欢不同的部分和细节，当然也有人可能完全不喜欢。这都是极其正常的，不应该因为自己的喜好，就认为别人的看法是错误的。

投射效应：个人感觉过于良好的职业病

词条解析

投射效应是指以己度人，认为自己具有某种特性，他人也一定会有与自己相同的特性，是把自己的感情、意志、特性投射到他人身上，并强加于人的一种认知障碍。比如，一个心地善良的人会以为别人都是善良的，一个经常算计别人的人就会觉得别人也在算计他。

经典案例 JING DIAN AN LI

出版社的编辑们大多身经百战，并且自身知识丰富，通常对于自己擅长的地方比较自信。在一次出版策划会当中，领导让各位编辑列出他们心目中认为最重要的一些选题：

编辑甲正在参加成人教育以攻读第二学位，他选的是《怎样写毕业论文》；

编辑乙的女儿正在上幼儿园，她的选题是《学龄前儿童教育丛书》；

编辑丙是围棋迷，他的选题是《吴清源棋坛对局全集》……

心理学研究发现，人们在日常生活中常常不自觉地把自己的心理特征（如个性、好恶、欲望、观念、情绪等）归属到别人身上，认为别人也具有同样的特征。如：自己喜欢说谎，就认为别人也总是在骗自己；自己自我感觉良好，就认为别人也都认为自己很出色……心理学家们称这种心理现象为“投射效应”。

顺序效应：说你行你就行，不行也行

词条解析

顺序效应是指刺激呈现的顺序影响人们判断的现象。在对两个刺激进行比较时，实际上这些刺激的大小，往往跟这些刺激的实际效果无关，人们通常会根据刺激出现的先后顺序而产生不同的评价。

经典案例 JING DIAN AN LI

某公司的人力资源部门领导，最近被公司经理批评颇多，因为她招入的员工大多无法达到工作要求，无法为公司创造更多的效益。她回顾自己的工作，并没有发现任何异样的地方，最后她在一个心理学专家那里找到了答案。通过对她的一次实地面试观察，这位心理学家发现，她在面试了三个很不理想的应聘者之后，第四位应聘者即使很一般，她也会对他有比前三位好得多的印象。反之，如果她连续面试了三位很理想的应聘者，即使第四个应聘者水平一般，她也会认为他比实际的水平还要差。这就造成了这位人力资源部门领导总是会录取一些不那么合格的员工。

在虚心接受了心理学专家的指导后，这位人力资源领导深刻地意识到，原来自己已经陷入了一种顺序效应的判断定式当中，有些时候并不是根据面试者的实际素质，而是受到面试者先后顺序的影响，造成了对某些人先入为主的偏见。于是，这位领导更多采用了小组、团队面试，使得录取员工的质量明显提高。

信念固着：股市一年四季都是节庆行情

词条解析

人们越是极力想证明自己的理论与解释是正确的，就越是对挑战自己信念的信息封闭。信念固着现象是指人们一旦对某项事物建立了某种信念，尤其是为它建立了一个理论支持体系，那么就很难打破这一看法，即使是相反的证据与信息出现时，他们也往往视而不见。

经典案例
JING DIAN AN LI

股神巴菲特曾经总结出数条股民的心理误区，其中一条便是：股票投资者往往倾向于预测股市的涨跌与股票价格的波动，各类证券分析机构也通过预测股价波动获取收益。然而，人们往往会落入信念固着的思维陷阱，在满仓时忽视下跌信号的出现，而在空仓时忽视上涨因素的累积。在中国农历中，二月初四是立春，是春的开始。每到这个时候就有一派所谓分析人士出现，说股市一定会出现一轮上涨，也就是所谓的立春行情，宣扬为了给新的一年讨个好彩头，让大家赶快买进；这时便会有另一派人马出来解释，说实际上这种联系是毫无道理和毫无根据的，立春不会有行情，春节才有行情；而第三派人马又出现，说那个叫作元旦行情，那才是新一年的开始；第四派则出来说，元宵行情更准确……

众所周知，股市不可能有那么多的节庆行情，股市的涨跌也跟某个节庆日的到来关系不大。而之所以市场上流传出这么多神乎其神的说法，是因为坚持这些说法的人都有偶尔在某个节庆日获得丰厚盈利的经历。于是这些人就产生了信念固着，认为每年都会是“涛声依旧”，“再赢一朝”。

错觉思维：彩票技术流的滑稽

词条解析

从一些心理研究学者的相关实验中，可以确定人们总喜欢从随机事件中寻找规律，无论是博彩、赌博，还是游戏中“砸装备”都是如此。这些数字出现其实是概率事件，是毫无道理可以分析的，然而人们却总乐此不疲地为之找依据。这些没有任何理性支撑的证据和判断理由，就叫作错觉思维。

经典案例 JING DIAN AN LI

现在，各地一些自诩为智商高超的人开始成为所谓的职业彩民，声称通过自己的研究买彩票可以稳赚不赔。某省的几个彩民便是这样的例子：一个开工厂的，后来迷上买彩票，专门花钱请那些分析号码准的来帮他提供号码，才两个月就赔了100多万元，厂子还差点倒闭了。还有个人买一种叫排列三的彩票，只追冷号，两个礼拜不到，60万元就没了，现在离婚了。还有个职业彩民，所有人都以为他赚钱了，一个月连中了几次，他自己每次中奖都搞得街知巷闻，但他投入的钱远比中的钱多。

其实，买彩票只要不亏本就是高手。一个很简单的道理：如果彩票能赚钱，那福利彩票和体育彩票早倒闭了。绝大多数人买彩票都是亏本的，当然也有人赚了，但不是他们会研究，只是运气好。依靠运气，显然不是什么科学思维的智慧结晶。认为彩票有规律，并且这些规律能够依靠所谓的趋势研究分析出来，是典型的迷信式的错觉思维。

自我知觉理论：美国推销员的大锅饭心态

词条解析

这个理论是指，人们通过自己的行为和行为发生的情境了解自己的态度、情感和内部状态。换句话说，我们对自己内部状态的了解，也像他人了解我们一样，都是通过我们的外显行为。实际上，人在许多情况下并不能直接知道自己的态度、情感和其他内在状态。人们在认识自己的时候，也和认识别人一样，只能通过自己表现出来的行为来推测自己的内心状态。

经典案例 JING DIAN AN LI

美国的商业社会中，最浓缩整个社会商业特性的职业，便是推销员。美国的推销员可以说是美国人各种心态的一个微观呈现载体。曾经有一个推销员，无论公司派他到什么地区工作，他每年总是挣5万美元。

开始，他在一个比较小的地区挣了

5万美元，工作成绩不错，公司就派他到一个更大、更理想的地区。可是第二年，他与在小地区一样只挣了5万美元。后来公司又派他到一个最不理想的地区，他照样还是挣5万美元。其原因在于他认为自己只有这么大能力，只能达到这样的工作水平。在不理想的地区，他会为5万美元而努力工作；在条件好的地区，只要达到5万美元销售利润，他就认为目标已经实现，从而松懈下来。实际上，他后来才知道，原来在条件好的地区，其他的同事通过努力工作能够拿到几倍于5万美元的收入。

这位不那么聪明的推销员，之所以无法挣得更多，就是因为他总是根据自我知觉理论定式来判断自身的能力、收入大小。周围的环境变化，人对自己能力的认知也会相应地发生变化。所谓“生于忧患，死于安乐”，在安乐之中不努力其实是因为人们在这种状态下，觉得自己做一点点就足够了。也就是说，人其实很难正确认识自己的真实能力，而总是受困于外显行为与环境的匹配度。

视网膜效应：满城皆是墨绿车

词条解析

这种效应的原理是当我们自己拥有一件东西或一项特征时，就会比平时更注意别人是否跟我们一样具备这种特征。比如，每个人的特质中大约有80%是优点，而20%左右是我们的缺点。当一个人只知道自己的缺点是什么，而不知发掘优点时，“视网膜效应”就会促使这个人发现他身边也有许多人拥有类似的缺点，进而使得他的人际关系无法改善，生活也不快乐。

经典案例
JING DIAN AN LI

四年前，丹尼刚回国时，首先想到的是要买一辆车。经过一段时间的考虑后，丹尼买了一辆墨绿色的家用轿车。当时丹尼买车后，整天跟人们唠叨，他本来以为一般人买的车是白色或黑色，所以自己的选择会很独特，而且很有品位。现在却发现，不论是高速公路上，还是小巷子里，甚至在大楼的停车场中，都看到许多同样是墨绿色的轿车，让他觉得自己非常庸俗。

有一位正好怀孕的女同事听完丹尼的描述后说：“我倒是没看见很多墨绿色的车，可是最近我发现，无论在哪里都会看到孕妇。我记得上个星期天在逛百货公司时，短短的两个小时就看到6个孕妇。人口出生率最近是不是有提高呢？”结果，丹尼与其他同事异口同声地说，完全没发现孕妇有增加的现象。

相信许多人对于视网膜效应都感同身受。所以，下次你再觉得自己购买的新衣服满大街的人都在穿，觉得很老土时，赶紧将这种愚蠢的想法抛诸脑后，相信自己的品位，勇敢地秀一把！

时间错觉定律：宛若1500万年的恐怖15小时

词条解析

做喜欢的事情时，容易感到时间过得快；做不喜欢的事情时，则容易感到时间过得慢。实际上，时间的流逝是不以人的意志为转移的，每个单位时间的间隔都是一定的，这种感觉上的快慢，只不过是时间错觉而已。

经典案例
JING DIAN AN LI

在第二次世界大战期间，曾经有个叫罗勃·摩尔的小伙子在海军服役。他退伍后，回忆了一次他与死神面对面较量的经历。

“那是1945年3月的一个下午，我在中南半岛附近海下1.8米的一艘潜水艇上。突然，我们被一支日本舰队——一艘驱逐护航舰、一艘油轮和一艘布雷舰发现了，这个编队很快朝我们这边开过来。然后，我们发射了5枚鱼雷，击中了其中一艘油轮，可是对方还有两个强手。突然，其中一艘布雷舰直朝我们开来。3分钟后，天崩地裂，6枚深水炸弹在四周炸开，把我们直压海底。深水炸弹不停地投下，整整15个小时，我吓得几乎无法呼吸，不停地对自己说：‘这下可死定了！’那艘布雷舰用光了所有的炸弹才离开。这15个小时，在我的感觉里好像有1500万年。”

15个小时能够让人产生1500万年的感觉，足以说明这15个小时有多么痛苦，从而让人产生了如此巨大的时间错觉。

苏东坡效应：糊涂的解差

词条解析

苏东坡有两句大家都非常熟悉的诗：“不识庐山真面目，只缘身在此山中。”这两句诗其实蕴含着一个心理学原理，也就是人们对“自我”往往难以正确认识。从某种意义上讲，认识“自我”比认识客观现实更为困难。人类的认识功能，并不因为更靠近事实的中心而更加精确，反而有一定的距离感能够使得认识正确度提高。

经典案例
JING DIAN AN LI

从前，有一位解差押解着一个和尚上都城。一路上这个解差对和尚很不尊重，没事就摸着和尚的光头戏谑对方。路过一家客栈时，天色已晚，两人便在客栈住下。这一晚，和尚借机将这位解差给灌醉了，在为他剃了光头以后偷偷逃走了。第二天，天灰蒙蒙亮的时候，解差翻身一觉醒来，突然发现少了一人，顿时大吃一惊。他下意识地摸了摸光头，然后转惊为喜："幸而和尚还在"，可随之又开始疑惑："那我去哪里了呢？"

记忆偏差原理：不靠谱的记忆

词条解析

人们的记忆都不可能完全准确，常常会出现某些偏差。而大家总是习惯用自己的方式去理解所经历过的事情，往往会把自己推想或者认为理所当然会发生的事情掺入真正发生的事情当中去。而这种现象推广到了一个群体内，就会出现某一个人的记忆主导大家的记忆印象的情况，那些认为与主导记忆不同的印象通常会由于自我怀疑而被放弃。

经典案例
JING DIAN AN LI

英美法系国家非常重视证人证言的作用。在早期美国的刑事审判断案之中，曾经出现过这样一件事情：在一起交通事故的审判当中，有一名市民目击了整个过程。第一次警察询问他时，这样问道："当时是白色的尼桑车撞到了灰色的丰田车，还是灰色的丰田车横向冲撞了白色的尼桑车呢？"这位目击者其实认为自己记得的是，这起交通事故是由一辆丰田车和通用车引起的，而他自己已经不大记得这两辆车的颜色。警察如此询问，让他也觉得似乎就是一辆尼桑车和一辆丰田车的相撞，进而他又觉得是白色车撞了灰色车，所以就如此回答了警察。

随后，在法庭上，当接受律师的质问时，律师的提问中在这两辆车之外加入了通用车，结果这时目击者已经很确认这场车祸没有通用车参与。最后，案子在判决两年后，才终于查清了真相，原来肇事的是一辆已经逃逸的通用车！

从这位证人的作证过程，能够非常清楚地看到，人类的记忆是多么不靠谱。因此，美国司法机关很快认识到记忆偏差的巨大风险性，很快改革了证人的作证制度。

陌生时长定律：活了135岁的爱迪生

词条解析

人在陌生、有新鲜感的环境和经历中，会对时间产生一种漫长、特别缓慢的概念，而在一种熟悉、安静中，则对时间的感觉比在陌生环境要快速得多。

经典案例
JING DIAN AN LI

爱迪生的一生，是在不断的新奇的发现和创造当中度过。不仅仅在留声机、电灯、电话、电报、电影等方面做出贡献，而且在矿业、建筑业、化工等领域也有不少著名的创造和真知灼见。

爱迪生一生共有约2000项创造发明，为人类的文明和进步做出了巨大的成绩。“浪费，最大的浪费莫过于浪费时间了。”爱迪生经常对助手们唠叨的口头禅是：“人生太短暂了，要多想办法，用极少的时间办更多的事情。”爱迪生就是这样看待每一分一秒的。在他80岁生日时，他说其实虽然自己觉得人生很短暂，但同时他也觉得自己用了80年的时间活了135岁，因为在他的每一天里都面临新的挑战、新的发现和新的生命激情，每一天都活得非常有意义。和一个碌碌无为一生的人相比，他的80岁何止活出了凡人135岁的精彩，简直200岁都不止。

蔡戈尼效应：让一个作曲家起床的最佳锦囊

词条解析

蔡戈尼效应是指：人们天生有一种办事有始有终的驱动力。人们之所以会忘记已完成的工作，是因为欲完成的动机已经得到满足；如果工作尚未完成，这同一动机便使他对此留下深刻印象，从而使得这位没有完成上一份工作的人，无法安心地开展下一份工作。这个效应是由德国心理学家蔡戈尼首先发现和提出的，因而以他的名字命名。

经典案例
JING DIAN AN LI

一位爱睡懒觉的大作曲家的妻子为使丈夫起床，便在钢琴上弹出一组乐句的头三个和弦，作曲家听了之后，辗转反侧，终于不得不爬起来，弹完最后一个和弦。趋合心理迫使他在钢琴上完成他在脑中早已完成的乐句。

1927年，心理学家蔡戈尼做了一个实验：将受试者分为甲、乙两组，同时演算相同的数学题。其间让甲组顺利演算完毕；而在乙组演算中途，突然令其停止。然后让两组分别回忆演算的题目，乙组明显优于甲组。这种未完成的不爽感觉深刻地留存于乙组人的记忆中，久搁不下。而那些已完成的人，“完成欲”得到了满足，便轻松地忘记了任务。

蔡戈尼效应告诉我们，期望多件事情同时做好，通常不如有顺序、有始终地把一件件事情做好更加有效。多个目标同时前进，最后一般会造成无一个目标能够走到终点。

认知地图效应：管仲的老马GPS导航系统

词条解析

这一效应是由美国心理学家托尔曼提出的，意思是不断地强化对某个事物的认识，可以在人的脑子里形成一张认知地图。根据这一理论，学习就是对行为的目标、取得目标的手段、达到目标的途径和获得目标的结果的认知，就是期待或认知观念的获得。我们必须重视学习的中介过程，即认知过程的研究，强调学习的认知性和目的性。

经典案例
JING DIAN AN LI

纵然有现代的各种高科技辅助设备，然而在一个全新的城市中迷路，依然是不少人遭遇的普遍现象。那么，很难想象，置身于古代的科技水平中，在一个新的城市里，古人是怎样找路的呢？

相传公元前664年时，燕国被边境少数民族山戎攻打。几次较量下来，燕国的部队都败下阵来，于是燕庄公只能向齐桓公告急。齐桓公闻讯后，立刻与管仲一起率兵北出蓟门关，杀得山戎兵败落逃。这还不算完，齐桓公随后以降将为前部，率军追赶。怎知这位降将，乃人降心不降。他利用计谋巧妙地把齐军诱入荒漠，而自己趁乱逃之夭夭。只见此时天色已晚，放眼望去茫茫一片平沙，狂风卷地，寒气逼人。见此情况，管仲急忙命各队集中屯扎，等待天明。

到了天亮放眼一看，情况没有任何改观，周围依然是一望无际的沙漠，根本难辨方向。此时，天气也慢慢炎热起来，又无饮水，全军将士焦急万分。管仲旋即向齐桓公建议说：“臣听说老马识途，燕马多从漠北而来，也许熟悉此地。大王不妨令人挑选数匹老马放行，或许可以寻见出路。”齐桓公命人取数匹老马，放之先行。军队紧随其后，果然走出险地，安全地会兵到了燕国，享受到了燕王的厚赏犒劳。

这个例子启示我们，在学习的过程中，如果希望掌握学习者所要学习的技能，把知识目标长久有效地灌输到学习者的接受范围中，就必须注意学习的目的性与学习过程的重要性。例如很多人对于学习数学、物理这一类理论性强的学科感到很棘手，何不尝试着将学习与解决各种实际生活问题结合起来，或许就能达到战马为了战争而牢记地图的效果，从而巩固来之不易的学习成果。

右脑幸福定律：爱因斯坦的小提琴为谁而奏

词条解析

根据科学研究，人的左右两个大脑半球是有严格分工的。左脑是“自身脑”，它属于逻辑的、理性的、分析的、计算的大脑。人要生存，就必须利用好左脑。而右脑则是“祖先的大脑”。它属于灵感的、直觉的、音乐的、艺术的、宗教的大脑，是可以产生美感和喜悦感的大脑。所以，人类左右脑的思考方式也呈现出很大的不同：左脑主言语、逻辑性思考，右脑则主影像和心像思考。于是，人类需求的不同部分便可以通过左右脑来划分：左脑可以使人获得成功；而锻炼右脑的灵性思维能力，则可以让人享受长久的幸福感。

经典案例
JING DIAN AN LI

人类的左右大脑互相联系，互不可分。许多看似依靠左脑成功的科学巨匠，实际上也是利用右脑达到另外一种人生成功感的典范。爱因斯坦便是这其中的佼佼者。小时候的爱因斯坦，由于喜欢独自钻研东西，不像别的孩子那样安静地听老师上课，并不受老师的欢迎。而实际上，爱因斯坦的这些不受老师欢迎的爱好，正是右脑幸福定律所倡导的各种活动，他喜欢演奏小提琴，热爱艺术，依靠此培养出来的丰富想象力也使得他能够以自己独有的方式发明研究。他把许多重大发现都归因于自己的想象游戏。

有一次，爱因斯坦在研究光的问题而百思不得其解时，竟然把自己设想成一名和光波同行的观测者，想象光波的形状。还有一次，爱因斯坦假设有一名乘坐在掉落的电梯上的乘客，又想象这位乘客会有什么感觉，他会发生什么状况。在有一年夏天度假时，爱因斯坦还在小山上做起了白日梦，他梦见自己坐上了光束，到达遥远的宇宙极端，接着又“不合逻辑”地返回了太阳表面。

就是这样一次看似荒诞不经的旅行，最终促使爱因斯坦觉得宇宙应该是呈曲线状的，从而使他进一步得出论断：先前的“设想”存在不合理性，空间可能本来就是弯曲的。这个白日梦的最终结果，居然间接地促使了相对论和近代物理学的诞生。

因此，我们可以得出结论，为了使自己生活得更快乐，心智更健全，我们必须训练自己左右脑配合使用的能力。

史华兹论断：约翰逊药品公司变危为机

词条解析

美国管理心理学家 D. 史华兹提出，所有的坏事情，只有在我们认为它是不好的情况下，才会真正成为不幸事件。也就是在社会认知的领域，对于一件事情的价值定位并非完全客观和一成不变的，其定位的好坏更大程度上取决于人们的主观范畴。

经典案例
JING DIAN AN LI

1991 年 9 月，约翰逊药品公司遇到了一次公关危机，媒体的负面报道使这家公司面临前所未有的压力。原来不久前，一位使用该公司生产的药品的顾客中毒了，这可是药品公司所能发生的最大的丑闻。

约翰逊药品公司闻讯后，迅速成立了专案组解决问题，采取了周密的应变策略，全力推行危机管理，制定了“终止死亡，找出原因，解决问题，通告公众”的重要决策。在获悉这个噩耗的一小时内，公司人员立即对这批药品进行了化验，结果表明这批药品都是安全合格的，中毒的原因可以排除药品在生产环节的问题。但是为了安抚民众的情绪以及展现一家负责任的公司的形象，他们还是不惜巨资，通知近45万个包括医院、医生、批发商在内的用户，请他们停止出售该药品，并立即收回。同时，撤销所有的电视广告，把事实真相以及公司所采取的对策迅速向公众告知。

通过这一系列的补救措施，约翰逊药品公司的行动在有意和无意之间符合了史华兹论断所展现出的人类心理定式，从而消除了公众的误解，并且就此使不好的事情反而变成对于品牌有利的事件。整个公司不仅几个月后就恢复了生机，而且由于符合人类认知的普遍心理定律，使得大家更能记住这个公司及其品牌。

自适应效应：你永远不知道一个婴儿有多强

词条解析

毫无疑问，人类有很强的适应能力，这种天然的适应能力在某些时候甚至比后天的学习能力更加重要。人类的这种自适应能力实际上就是所谓“上帝赋予人类的天赋”。现代社会高度发达的科技往往使人们过度低估了自己的自我适应能力，这在某种程度上会造成自适应能力的退化。

经典案例
JING DIAN AN LI

人从出生起，就有很强的自适应能力。保加利亚学者佩尔努曾做过这样的描述：“婴儿被相当于20千克的力推出，从温度为37℃的温暖母体腹水的环境中被抛了出来。在那个环境中，他像宇航员处于失重的状态，现在来到空气温度为20℃左右的寒冷环境中，而且在这个环境中还必须呼吸。”可见，孩子的自适应能力有多强。而我们的父母因为“爱”孩子，孩子成长的过程中一遇到了困难，父母就伸出援助之手“善意”地帮助，无形中剥夺了孩子自适应环境和社会的能力。这就像学习游泳，孩子一沉水，父母就伸手把他拉上岸，这样孩子永远也学不会游泳。

因此，父母要认识到，孩子迟早要自己适应社会，要用“未来”的要求来规划孩子“现在”的思想和行动。要大胆放手，让孩子用自己的生存方式亲历成长的过程。

心灵感应：最细微处的心理神话加工器

词条解析

通常人们说的心灵感应，其实只不过是人们的选择性记忆。实际情况是，人们往往会轻易地忘掉一百次失败的预言，却津津乐道偶然的一次成功。恰好符合某一经验的语言或者梦境被我们记住，而更多不符合这一经验的却被我们忘记了。事实上，在各种场合下，预言准的时候都是极少的。

经典案例
JING DIAN AN LI

弗洛伊德是从潜意识领域去解释各种梦境和语言的高手，许多无法解释的神奇之事，是因为我们对事情发生的背景知识了解得不够多。有一回，弗洛伊德的朋友布雷尔与自己的太太在一家餐厅吃饭。愉快的交谈之中，他忽然停下刚才的话头，说了一句和刚刚交谈话题完全无关的话："不知道饶医师在匹兹堡干得如何？"他的太太惊讶地张大了嘴巴说："天哪！几秒钟前我也正在想同样的事哪！"这似乎可作为一个非常典型的心灵感应的事例。

但是，弗洛伊德经过对两人的仔细观察以及深度催眠发现，原来，当这对夫妻来到餐厅门口的时候，曾经偶然向门口处看去，结果看到一个与饶医师长得非常像的人路过。只不过当时两人在专心谈话，谁都没有专门分散出精力去继续注意他。但是，这一个不经意的印象，已经在他们两人的潜意识中引起了对饶医生这位共同朋友的想念。在此情况下，两人出现相同的想法便没什么可奇怪的了。

三、身体及环境心理学

囚徒困境：为何倒霉的总是出头的自行车选手

词条解析

这种情景，来源于警察隔离审问同案的不同嫌疑犯而产生的有趣博弈。对这些囚徒而言，这是在一种信息不对称之下人们互相直接决策的可能状态描述，在这种情况下，虽然如果囚徒们彼此合作，坚决不吐露实情，可为全体带来最佳利益（无罪开释），但在资讯不明的情况下，因为出卖同伙可为自己带来利益（缩短刑期），也因为同伙把自己招出来可为他带来利益，因此彼此出卖虽违反最佳共同利益，但反而是自己最大利益所在。

经典案例
JING DIAN AN LI

对于那些对自行车比赛没有研究的初看者，通常都会觉得自行车比赛冗长无趣，不明白那些车迷到底为何乐在其中。其实，自行车比赛中蕴含着非常丰富的心理学和博弈学知识。选手们在到达终点前的路程常以大队伍方式前进，他们采取这种策略是为了让自己始终不因为成为出头鸟而过多地消耗体力——在比赛过程中，处于最前方的选手由于迎风所以是最费力的，因此选择在前方是最差的策略。

通常会发生这样的情况，大家起先都不愿意向前，这使得全体速度较慢，而后会有几位选手骑到前面，然后一段时间内互相交换最前方位置，以分担风的阻力（共同合作）。但是，这时如果前方的其中一人试图一直保持前方位置（背叛），其他选手以及大队伍就会赶上（共同背叛）。这就是为什么每次比赛到了冲刺阶段总是引起一段疯狂的追逐，因为每次比赛总会有选手受不了诱惑，希望独霸领先，从而使得骑行队伍的默契被打破，整个队伍的成员变成“亡命的囚徒”，只顾自己了。

验证性偏见：贝利的乌鸦嘴

词条解析

人们普遍偏好能够验证假设的信息，而不是那些否定假设的信息。换句话说，也就是当我们在主观上支持某种观点的时候，我们往往倾向于寻找那些能够支持我们观点的信息，而忽视掉那些可能推翻我们观点的信息。

经典案例
JING DIAN AN LI

若问谁是这个星球上最大的乌鸦嘴，球王贝利恐怕是能够排得上号的。每逢大型足球比赛，媒体总喜欢找这位足球界的传奇进行成绩预测。他的乌鸦嘴记录包括：

1991 年女足世界杯上，贝利预言中国男足将在 10 年内跻身世界一流行列，如今中国男足连世界二流都算不上。

1992 年，贝利看好南斯拉夫队，结果南斯拉夫队因为政治问题未能参赛。

1994 年世界杯，贝利预测哥伦比亚队有夺冠希望，结果哥伦比亚队连小组都没出线。

1996 年欧洲杯，贝利看好土耳其队和意大利队，两支球队也连小组都没出线。

2002年世界杯，贝利看好阿根廷队和法国队，两队却在小组赛中惨遭淘汰；巴西队与英格兰队大战之前，贝利预言英格兰队会夺冠，结果英格兰队输了。

2004年欧洲杯，英格兰队对阵葡萄牙队，贝利看好英格兰队，结果英格兰队却因点球出局。随后贝利预言葡萄牙队夺冠，最后冠军却属希腊队。

从此以后，媒体每当他预测或者评论出现相反结果时，便大肆炒作。事实上贝利也有许多看法是正确或者说是与最后结果相符的，只是在人们的印象里，“乌鸦嘴”贝利说出来的必定就是反话。

霍布森选择效应：卖马的聪明反被聪明误

词条解析

这个效应产生于一个叫作霍布森的贩马者的真实卖马故事。在某种情况下，看似给予一个人许多选择，但这些选择要么条件近乎不可实现，要么就是同质的，心理学家把这种没有选择余地的所谓“选择”讥讽为“霍布森选择”。霍布森选择是一个小选择，是一个假选择（大同小异的选择就是假选择）。

经典案例
JING DIAN AN LI

早在1631年的英国，商业氛围已经非常浓厚。在著名的剑桥镇有个商人叫作霍布森，他从事的是马匹生意。他说：“你们买我的马、租我的马，随你们挑，价格都一样！”这样的诱人条件，顿时吸引了大批顾客前来洽谈，然而当大批顾客到来后，却发现：霍布森的马圈巨大，马匹也非常多，然而马圈只有一个小门，高头大马出不去，能出来的都是瘦马、赖马、小马。霍布森只允许人们在马圈的出口处选，大家挑来挑去，不是瘦的，就是病的，实际上等于没挑一样，根本就不会有人买到合适的马。很快霍布森的所有马价格统一的噱头便被人们识破。从此以后，无论他再如何宣传，也没有客户出现在他的马厩前。

霍布森看来明显低估了人们的判断能力。然而在世界发展迅速的今天，信息严重的不对称，许多看起来有很多选择的情境，其实都是不可选择的。这就要求人们必须三思而后行，仔细分析每件事情的条件和步骤。

疼痛麻木定律：关公刮骨的故事

词条解析

疼痛不完全是由人的身体引起的，

心理因素往往可以夸大或者缩小疼痛的实际感觉，当注意力集中在疼痛上的时候就会感觉疼痛加倍，而当把注意力转移到其他领域时就会感到疼痛减轻。疼痛并不因为转移注意力而减少，实际上是精神自身产生了某种麻木。

经典案例
JING DIAN AN LI

三国时代，魏蜀吴恶战连连。有一次，关公（关云长）挥军攻打曹兵时，右臂中了敌人的毒箭。众将请关公班师回荆州调治，关公不允，说：“我不能因小小创伤，而误了军国大事。”

众人只好四方访寻名医。一日，来了一个自称华佗的医生，他说听闻关公中了毒箭，特来医治。这时，关公的右臂痛得厉害，正和马良下棋来分散注意力，以免自己露出痛苦的表情而乱了军心。

华佗看过关公的箭伤，说：“君侯的手臂若再不医治，恐怕便要废了！如果要根治，便得把君侯的手臂牢牢缚在柱上，然后我用刀把皮肉割开至见骨，刮去骨头上的毒，再敷上药，以线缝合，这才治得好，但恐君侯惧怕。”

关公听了，笑说自己不是世间俗子，不怕痛，更不用把手臂缚在柱上。并命人送上食物，说：“先生远道而来，请先用酒菜！”关公陪着华佗吃了一会儿，便伸出了右臂，说：“现在就请动手。我照样下棋吃喝，请先生不要见怪！”华佗也不再说什么，取出一把尖刀，请人在关公的臂下放上一个盆子。看准了位置，华佗下刀把关公的皮肉割开。关公吃喝如常，华佗气定神闲地说：“我用刀把君侯骨头上的毒给刮走，这就好了！”华佗的手法娴熟，话刚说完，手上的刀子已经在关公手臂的骨头上来回刮，还发出窸窣的声音，流出的血几乎注满了整个盆子。将士见到这情境，全部掩面失色，唯独关公仍继续下棋吃喝，面不改色。不久，华佗把毒全刮走，敷上药，并把伤口缝合。

关公实际上并没有在生理上减轻疼痛，他所做的只是转移注意力，使自己的精神麻木，从而对于疼痛没有那么剧烈的感觉了。

潜能最佳状态：船长其实是游泳健将

词条解析

心理学家认为，放松状态最有利于激发人的心理潜力。在完全放松、精力充沛的精神状态下，一个人的记忆力最强，思维能力最佳，潜能发挥最完全。所以，要达到潜能最佳状态，其实非常简单，只要放松即可。

经典案例
JING DIAN AN LI

颜渊是孔子最得意的门生之一，据说他曾经向孔子请教过关于一名艄公的驾船本领的问题。

事情是这样的，有一次颜渊看到一位艄公驾船翻腾在凶险的江心，于是就问他："您驾船的本领别人能掌握吗?"艄公回答说："善于游泳的人只要经过练习就可以学会，会潜水的人即使稍微接触过船也能操作自如。"颜渊不理解艄公的话，就来请教孔子。

孔子说，游泳能手是不惧怕水的，他对驾船没有恐惧心理，即使翻船他也可以自己游出来，所以他的心情完全是放松的。擅长潜水的人把陆上和水上看成一码事，把翻船更不当一回事，所以，即使从没有驾过船，也能操作自如，悠然自得。

孔子唯恐弟子不明白，继续打了个比喻。孔子说：参与赌博的人，用瓦块为赌注，常常获胜；用衣物就有些顾忌；用黄金下赌，就顾虑重重，患得患失。有了负担，技巧就难以发挥，也更容易输掉。

成瘾心理：魏晋南北朝的酒鬼

词条解析

所谓成瘾，是指人在心理和生理的某种尝试行为中产生了愉悦反应，这种反应被多次重复后，就形成人对愉悦刺激补偿的渴求，渴求又带来刺激的不断变化，于是就形成了人对这种刺激的依赖。

经典案例
JING DIAN AN LI

魏晋时期多出风流名士，其中有个叫刘伶的人，后世将其列为竹林七贤之一，他的逸事可谓数不胜数。他本人崇尚老庄，放情肆志，以酒为命，著有《酒德颂》流传后世。刘伶出门的时候，常常挂在嘴边的话是："我要是死了，你挖点土把我埋掉。"

他常常在外面醉得东倒西歪，像一摊烂泥。进到屋里，他喝得浑身发热，就脱光衣服，还不关门。别人进屋，看他光着屁股在那里喝，难免要说他两句。他倒好，反倒指责人家说："我把天地看作自己的家，房屋就是自己的裤子，你们现在从我的门进来，不就是钻我裤裆吗?"

这样的酒瘾狂人，家人哪里受得了。刘伶老婆气得屡次把家中的酒器摔的摔、砸的砸，哭着说："这样下去日子怎么过?我求求你，一定要戒掉它!"刘伶说："好！好！我自己控制不了，只有祈求鬼神帮忙。让我向鬼神发个誓，你给我搞点酒肉来供奉一下酒神。这样他把酒魂抽走，我就能够戒酒了。"

老婆听了便拿来酒肉，供奉到鬼神的牌位前。刘伶向鬼神牌位拜上几拜，说："老天爷您要可怜我刘伶，就让我把酒看作生命。一喝就是一升，喝过五斗神志才清。我老婆所讲的话您千千万万不能听。"还没等话音落地，刘伶就已经迫不及待地抓起供奉鬼神的肉，拿起供奉鬼神的酒，边吃边喝，不一会儿就不省人事了。

感觉剥夺定律：对都市人的惩罚

词条解析

人是一种依靠感觉、依靠社会互动进行社会生存的动物，倘若不能持续地从外界获得刺激，身心就会变得不正常。这个定律叫作“感觉剥夺定律”。宗教界也有类似的说法：“上天赐予我们各种感官，就是要我们去使用的。”

经典案例
JING DIAN AN LI

千万不要以为生活在一个信息爆炸、各种交往频繁增加的时代，就不可能存在感觉剥夺现象。实际上，感觉剥夺现象无处不在。例如雷达监测员和长途司机，因为工作枯燥，长时间没有变化，就容易处于轻微的感觉剥夺状态。这会导致他们看见实际并不存在的、莫名其妙的东西，而引发事故。有时感觉剥夺甚至就在我们身边，高层住宅里的人在一个毫无声响的房间里独处，会突然感觉到强烈的不安，这也是感觉剥夺造成的。在南极考察的队员，如果长时间只看雪地的白色，看不到其他颜色，容易得雪盲症，这也是感觉剥夺造成的生理失调。

有位有名望的哲人曾经说过，当我们看见丑陋的东西，我们要庆幸我们还有眼睛可看；当我们闻到不好的气味，我们要庆幸我们还有鼻子可闻……

噪声定律：割草机噪声CD光碟，彪悍的新西兰式报复

词条解析

从人类对于各种声音的反应来看，噪声是使人感到不愉快的声音。欢快的锣鼓声、口号声、大喊大叫、鞭炮声，尽管分贝相对较高，但不会引起参与者与欣赏者的心理烦躁。反过来，一些分贝较低的声音，如果不成规律，比如鸡鸣狗叫，对某些人来说，也形成了噪声。噪声可以引起人们的烦躁不安、注意力不集中、工作效率降低、影响休息和造成睡眠障碍等，这叫作噪声定律。噪声有时会形成对别人的强烈的情绪干扰，甚至使人方寸大乱。

经典案例
JING DIAN AN LI

现在的城市越来越拥挤，城市居民的居住间隔越来越小，如果再碰上两三个喜欢喧闹的邻居，那么本就缺乏睡眠的城里人难保不会抓狂。一位新西兰人录制了一盘长达64分钟的割草机噪声CD光碟，专门用以对付吵得人深夜无法入睡的邻居。

这位制作噪声光盘者是一位名叫马

斯兰德的小餐馆老板，他说："如果你的邻居在周六晚上聚会而且闹得很晚，你要做的就是早上7点钟起床，播放这盘长达一小时的光盘，然后出去找一个小餐馆吃饭。"

这盘以阿斯特罗草皮为封面的CD记录了普通割草机操作时的声音，中间还夹杂了偶尔倾倒收集器和用石块敲击割草机刀片的声音。马斯兰德说，这一噪声光盘销路很好，现在已经有5000盘在市场上出售，其中4000盘已被当地零售商抢购一空。

这已是他推出的第二集"唱片"了，以前他还卖出了大约4200张城市噪声CD盘，内容包括汽车的鸣笛声和摩托车的马达声。那套光盘名为"城市攻击"，其中还包括三分钟的婴儿哭声。马斯兰德说它甚至可以作为一种非常有效的避孕工具。

拥挤定律：拥挤的时刻请加倍小心

词条解析

拥挤是个体在心理状态上的主观反应，是对空间太小而周围人数又太多的感受。是由密度、其他情景因素和某些个人特征相互作用，通过人的知觉、认知机制和生理机制，使人产生有压力的一种状态。拥挤感的研究任务便是通过心理学的理论和实践，解释在高密度下，产生负面效应的条件和产生正面结果的可能性。

某国的A市是交通状况最差的地区之一，因为堵车，平均每位司机每年在路上会损失60个小时的时间。然而这还不是最严重的问题。有一次A市大堵车，堵的时间很长，突然有个人跳下车来，拿出手枪一路打过去。事后警方发现，这个人从前没有任何暴力行为的记录，他只是工作压力过大，而拥挤的道路不仅使他无法压制内心的烦躁，反而加剧了这种烦躁，最终酿成惨剧。

现代城市，拥挤是一种常态。这种情况往往会造成非常多的负面影响，所以建议人们在有选择余地的情况下尽量不要到人群拥挤的地方去，这样会造成人们心理的扭曲和行为的偏差。

感觉适应定律：厨师做菜越做越咸的秘密

词条解析

人们的感觉器官犹如一个敏感的感受器，在同一刺激持续作用下，感受器的感受性有可能提高，也有可能降低。通常在微弱的刺激物的持续作用下，可以使感受性提高；在强烈刺激物的持续作用下，可以使感受性降低。

经典案例
JING DIAN AN LI

嗅觉的适应速度，根据刺激的性质有所不同。一般的气味经过 1—2 分钟即可适应；强烈的气味则要经过 10 分钟以上；特别强烈的气味（带有痛刺激的气味），令人厌恶，难以适应甚至完全不能适应。嗅觉的适应带有选择性，即对某种气味适应后，并不影响对其他气味的感受性。厨师由于连续地品尝，到后来做出来的菜越来越咸，就是味觉的适应现象。

在李安导演的电影《喜宴》中，著名演员郎雄成功演绎了一位严肃、刻板却内心温情的父亲形象。在这部影片中，父亲是一位厨师，正是由于长期的厨房工作，使得他的味觉最终丧失，而无法辨别自己做出的菜的味道。

人类的感觉需要与适度的刺激搭配，过少或者过多都会造成感觉的不适应。

身体语言效应：面试官的动作比言语更加有意义

词条解析

人类是高级动物，表达自身意思的方式多种多样，有时候不用开口说话，使用身体动作，更能够表达自己的真实意思。听对方谈话点头或附和，即等于承认对方并鼓励他继续说下去。如果你希望从对方那里听到更多的话题，那么谈话时你频频点头附和好了；如果你不想听了，希望他打住话头，那么你停止一切表示。明白这个道理并把它应用到实际工作和生活中去，那么表面上看，主动权好像在他人手里，而实际上却是由你掌握。不过也有研究认为，谈话时有所附和是为了尊重对方，这样的人也被他人所欢迎。

经典案例
JING DIAN AN LI

有一位叫马达拉欧的人，做过一个实验，地点是某政府机关招聘工作人员的面试会上，实验对象是 25 位应试者。实验要求在面试的最初 15 分钟，主试者以普通的态度对待面试者；接下来 15 分钟主试者不断地点头显得甚以为然地听对方说；最后 15 分钟停止一切表示，面无表情。然后，实验者测定应试者一次发言能持续多长时间。结果显示，主考官的不同态度对应试者发言时间长短的影响相当明显。主考官点头或附和，其作用犹如加速器；反之，面无表情则好比是制动闸。

事实上，面试者正是根据面试官的身体动作，去判断面试官的意思，于是就导致了这样的现象，面试官的身体动作，自觉不自觉地传达了自己的某种意思给面试者。

月曜效应：周一的办公室为何哈欠连天

词条解析

“月曜效应”指学习或工作效率很低的一种状态。人类的工作阶段通常分为：初级预备期→高效适应期→情绪转换期→迁移期。由于周末休息，扰乱了员工的正常生活起居和工作秩序，使员工工作意志下降，注意力分散，精神不振，从而影响工作的效率。在古代，周一往往被称为月曜，所以这一天的普遍萎靡现象，就被称为月曜效应。

经典案例
JING DIAN AN LI

每年的长假之前，艾伦都要做足计划准备，总是认为自己的长假能够过得有意义，并能在长假结束前消除长假综合征。然而，长假过去了，艾伦来到公司上班，结果他依然睡眼惺松，双眼通红，一副疲惫不堪的样子。他说，由于长假没有外出旅游，在家与同学、朋友聚会，连续打了三个通宵的扑克，将他的生物钟彻底打乱。他每天上午始终睡不醒，全身酸软、乏力，至少要下午两三点才起得了床。更痛苦的是，到了晚上根本睡不着，反而十分兴奋，必须到凌晨两三点才能入睡成了他的睡眠习惯。

上了一上午的班，艾伦怎么也进入不了状态，根本无法正常工作。艾伦说，除了担心自己的状态不佳影响工作外，由于连续休息了七八天，感觉重新回到工作岗位很陌生，感到十分紧张，甚至对上班有些恐惧。

无奈，艾伦下午又请了假去求救医生，希望通过药物催眠等方法及时改变睡眠习惯，能及时进入正常的工作状态。

长假综合征自古有之，人类都有懒惰的倾向，所以在一段比较长的休闲、放松时间后，就会造成后继乏力的现象。

天气定律：好天气带来好心情

词条解析

天气定律指人的情绪或多或少地会受到天气的影响，人们会因为天气的变化，而产生各种不同的心理情绪，坏天气时人们容易浮躁、低落，而阳光明媚的日子人们则心情愉快、轻松。

经典案例
JING DIAN AN LI

一方水土养一方人，没有多少人能够不被自己所处的环境影响。比如，长期在热带地区生活的人，性格相对会暴躁易怒；在寒带生活的人，却是抑郁症的高发人群；在气候湿润、万物生机盎然的水乡生活的人，大都多情，且反应敏捷；在草原上生活的人大都性格粗犷豪放；在山区生活的人大都性格率直。比如秋高气爽的气候被认为是最适合创作的；而长期处于15℃—18℃环境中的人们，往往头脑比较发达，其文学艺术成就也相对突出。

天气对人们的心情、状态有所影响是许多人都会感觉到的，所以在天气好的时候不能浪费时间。必须在天气良好而自身心情好的时候，尽量做更多有意义的事情。

心理疲劳定律：高中课程与大学课程的对比

词条解析

心理性疲劳，是由于心理上的弦绷得太紧而导致的。心理上的不良情绪会导致疲劳。我们通常所感到的疲劳，多数是由精神和情感所引起的。产生心理疲劳的主要原因是对工作的厌倦和焦虑的情绪。人的疲劳感在很大程度上是由精神和情感因素引起的。

经典案例
JING DIAN AN LI

巩小伟是就读于某重点大学的大一学生。在第一个学期，他怀着巨大的好奇心一口气选了13门课，对各种以前感兴趣的领域都开始了尝试。一学期下来，虽然很忙碌，但最后都还是取得了很不错的成绩。

暑假回家，小伟翻看自己高中时的日记，突然产生了这样的疑问，高中的时候只有几门课，和大学一个学期就要完成一个新领域的学习相比，高中那几本课本的学习量简直是小巫见大巫了，为何自己在大学的时候反而感到没有那么累，而在高中时却感觉如此疲倦呢？

实际上，作为市重点高中的学生，小伟向来是老师眼里的好学生，父母眼里的乖孩子，所以各方面对他的期望值都很高。他的日记里记录着，自己的成绩虽然优异，但上了高中，却感到压力好大。“父母的期望不能辜负，老师的耳提面命令我招架不住，同学们也在明里暗里和我较劲。”有一段时间，小伟从学校回到家里总感觉累得连饭都吃不下，于是那段时间他不想去学校上课，只想一个人在一间房间里单独待一段时间，哭也好，思考也好，就是不想和人交谈。

实际上，小伟的疑问可以用心理疲劳来解释。在高中时代，课业的绝对负担实际上并没有比大学时期多出多少，可以说在身体和生理上所产生的疲劳度是差不多同等的。小伟之所以感觉大学时代分外轻松，而高中时期非常疲劳，就是因为他产生了心理疲劳现象。

心理疲劳之所以产生是受到人的体力、智力、情绪三种节律运动规律的制约。当三种节律出现运动低谷时，人就产生心理或生理上的疲劳。高中时期巨大的压力，往往使许多孩子还没开始用功，就已经感到了疲劳，这种疲劳正是来源于心理上的巨大负担。所以在面对这种疲倦感时，光靠保证睡眠时间是无法消除孩子的疲劳感的，必须更多地尝试给孩子心理减压、给孩子自由发挥的空间，才能从根本上缓解心理疲劳所带来的负面影响。

大脑需要空间：切莫陷入备考酒店房间的误区

词条解析

尽量在一个宽敞的地方学习，这对你的大脑有好处。最近的研究显示，在一个整洁、有条有理的家庭长大的孩子在学业上的表现更好，为什么？因为接受了安排外部环境的训练后，大脑学会了组织内部知识的技巧，你的记忆力会更好。

经典案例
JING DIAN AN LI

高考将至，某市各个考点附近的酒店房间都被预订一空。家长们在商家打出的酒店高考配餐、免去孩子来回奔波的广告下趋之若鹜。有一位研究教育心理的心理学家，趁着这个研究的黄金机会，对于自己比较熟悉的一家中学的孩子进行了抽样调查。结果发现，这个中学的孩子中，平时处于一个成绩档次的同学，有40%选择了在酒店复习备考，而有60%选择了和平时一样住校或者在家里复习备考。最后，高考结果出来了，那40%在酒店复习备考的同学，在平均成绩方面反而没有另外60%没有花钱在酒店消费的同学出色。

通过仔细对比和走访，心理学家发现，酒店的房间普遍格局较小，而窗户、通风等比家里或者学校更差。这样的地方作为商务旅行，暂住一两天，当作临时的落脚点还好；但是在高考这种高度紧张、心情极度焦虑的情况下，过分压抑的空间将对于大脑的正确思维、对于大脑自身记忆能力的提高造成极大的负面影响。所以，下一次在高考将至，各个酒店又希望趁机疯狂敛财之时，请您三思而后行。

身勤脑快定律：正确坐姿面面观

词条解析

每当人进行新知识的学习时，大脑会一直和身体进行交流和互动。如果身体很懒散，大脑就会认为你正在做的事情一点都不重要，也就不会重视你所做的事情。所以，在学习的时候，你应该端坐，身体稍微前倾，让大脑保持警觉。

经典案例
JING DIAN AN LI

很多家长都对自己孩子的学习态度感到头疼，在很多家庭中，调皮的孩子总是不能安宁片刻，学习一会儿便要这里动动、那里扭扭，学习效率十分低下。实际上，这种学习时没有良好坐姿、不能稳定住自己身体的行为，对于大脑摄取知识而言是十分有害的。大脑会因为身体的放松和懈怠，同步产生不重视、不在意的情绪，从而对于所有出现的知识，无法真正做到良好的吸收。

实际上，正确的坐姿应当是这样的：上半身应保持颈部直立，使头部获得支撑，两肩自然下垂，上臂贴近身体，手肘弯曲呈 90 度；操作键盘或鼠标，尽量使手腕保持水平姿势，手掌中线与前臂中线应保持直线；下半身腰部挺直，膝盖自然弯曲呈 90 度，并维持双脚着地的坐姿。

和大脑说话：李乔治的健康型自言自语

词条解析

科学研究证明，在无法获得互动交流的情况下，自言自语不但能够增强记忆，而且可以达到放松神经的作用。大脑并不知道你不能做哪些事情，所以需要你告诉它。用自言自语的方式对大脑说话，但是不要提供消极信息，用积极的话代替它。开心和学习效率成正比，心情越好，学到的知识就越多！

经典案例
JING DIAN AN LI

李乔治在德国求学，某天他浏览网页时，发现有一条新闻：国内某高中生因为高考落榜，变得总是自言自语，最终举刀杀害了自己的父母。李乔治马上联想到自己：“我有时候也喜欢自言自语，自己和自己商量事情，不知道是不是有心理疾病。”

乔治高中时代便走出国门，来到遥远的德国读书，认识的人很少，周围都是说外语的外国人，既没有很好的朋友，也没有关心自己的亲人，遇到烦心的事情没有人倾诉，所以有时候就自言自语，自己和自己说说话，说过之后就觉得舒服很多。有的时候，遇到麻烦事也没有人可以商量，很多事情自己都很矛盾，于是自己就在心里斗争着怎么办才好，一不小心就说出声音来了。

去学校的心理咨询室看过之后，心理学家告诉乔治，实际上他的自言自语是消除紧张的有效方法，自言自语对于平时没有情感宣泄窗口的乔治来说，反而有利于其身心健康。心理学家还进一步解释道，由于自言自语常表现在精神病人身上，所以长期以来，人们总觉得那些自言自语的人都是不正常的。其实，每个人都可能出现自言自语的情况，有时自言自语不失为一种健康的解决精神压力的方法和行之有效的精神放松术。

身心兼治：我们的目标——在考试时没有蛀牙

词条解析

英国著名的报纸《卫报》曾经报道过这样一条消息：人类的很多疾病，甚至包括癌症在内，是人体从内向外自我表达的一种方式，而医生在治病时往往没有时间去询问和倾听患者的内心感受。在不少情况下，患者得病都与心灵受伤有关，医生在治疗时应该从表到里双管齐下才会更有效。

经典案例
JING DIAN AN LI

41岁的里德尔曾就读于剑桥大学，他说："在20世纪50年代前，心理医师和精神病学家往往会参与对牙科患者及眼疾患者的治疗，因为这些疾病的发病大多与患者的精神状态有关。"里德尔认为，医生在给患者治疗的同时关注患者的心理情况，这一点十分重要。他举例说，学生们往往会在考试过后发现长了蛀牙而不是在平时，这是因为考试期间他们精神高度紧张会影响到口腔唾液的组成。

某天，一位女画家去看牙医，牙医确诊画家总是在夜里磨牙，并就此提出了治疗办法。因为牙医并非心理医师，他并没有询问画家更多的问题。这令人遗憾，因为画家之所以会出现这种症状是因为她知道她花了很长时间才画好的一幅画就将被出售，她因为不想和这幅画说再见才会产生睡眠障碍并频繁磨牙。里德尔在他的书《人为什么会生病?》里向读者讲述了这样一个故事。该书旨在告诉人们，心理因素与患病之间看起来是两回事，其实关系非常密切。

脚部动作解密：人的内心世界，可通过脚部动作了解

词条解析

贝蒂教授是一位数十年来一直研究人们"脚语"的坚定学者。英国《每日邮报》曾经援引他的话报道：我们通常会注意人的表情和手势，却没有意识到我们的脚"说"了很多内容。通过观察一个人移动脚的方式，可以一窥此人的内心世界。

经典案例
JING DIAN AN LI

把贝蒂的潜心研究稍加整理，完全就是一本简单的脚部动作解密手册。例如，站在男性追求者面前，如果女性的一条腿前伸，表明喜欢这名男性；如果双脚交叉或者不动，表示不感兴趣。但这种"脚语"不适用于男性。

而当某一名男性感觉到紧张时，他就会不自觉地增加脚步移动来表达这种情绪。女性则相反，如果她们感觉紧张，就会保持双脚不动。“精英”男性和女性的腿脚动作相对较少，因为他们喜欢主宰对话过程，同样喜欢控制自己的身体。性格外向者脚部动作少，害羞者脚步移动相对频繁。自大傲慢的人通常会更好地控制身体，脚部动作也少。观察双脚，还能判断一个人是否在撒谎。如果一个人的双脚完全静止，安分得有点过分，那他可能正在说谎。

贝蒂说，不少人认为，一个人说谎时会因为紧张而增加动作，但事实上，说谎者往往发出完全错误的信号。“每个人都关注眼睛和脸部，但人们善于控制那些部位的动作，”他说，“因此，是否说谎的可靠迹象是脚部动作”。

贝蒂举例说，政客们往往动作很多。某位政客参加一次竞选活动，对一群年轻母亲发表讲话，边说边做手势。“他说道，当妻子工作时，照看孩子是他曾做过最困难的事情，这时他的手势停止了。如果我们说谎，我们确实会压抑自己正在做的动作，包括脚部动作。”贝蒂说。

四、行为分析心理学

安慰剂效应：山泉真的甜吗

词条解析

安慰剂效益又名伪药效应、假药效应、代设剂效应（英文：Placebo Effect，源自拉丁文 placebo，意“我将安慰”）。指病人虽然获得无效的治疗，但却“预料”或“相信”治疗有效，而让病患症状得到舒缓的现象。有人认为这是一个值得注意的人类生理反应，但亦有人认为这是医学实验设计所产生的错觉。这个现象无论是否真的存在，科学家至今都仍未能完全理解。

经典案例
JING DIAN AN LI

在现实生活中，“安慰剂效应”随处可见。几个很少接触乡村环境的城里人到野外郊游，到达山腰时，他们为眼前清澈的泉水、碧绿的草地和迷人的风景所深深吸引。休息时，其中一人很高兴地接过同伴递过来的水壶喝了一口水，情不自禁地感叹道：山里的水真甜，城里的水跟这儿真是没法比。水壶的主人听罢笑了起来，他说，壶里的水是城市里最普通的水，是出发前从家里的自来水管接的。

美国牙医约翰·杜斯在其27年行医生涯中，就常常遇到这种情况：一些牙痛患者来到杜斯的诊所后便说："一来这里我的感觉就好多了。"其实他们并未说假话——可能他们觉得马上会有人来处理他们的牙病了，从而情绪便放松了下来。

安慰剂效应并不真正需要服用何种具体的安慰剂，而是说某种假设的行为给人们的心理带来安慰，就可以使得人们产生安定的心理，最终传导到生理上和身体上，造成事实上的镇定与安静。

角色扮演：每个人的内心都有邪恶的一面

词条解析

角色扮演是对选定的问题情境进行描述的一种传达方式，是一种在事先经过设计的情境中，自然地扮演某个角色。扮演者必须模拟主角的心路历程。俗语有曰："人生如戏，戏如人生"，每个人在生活中，时时刻刻都扮演着不同的角色，透过这些不同角色。我们自然地扮演着该角色的样貌，也可以更清楚自己和周围其他人的关系。

经典案例
JING DIAN AN LI

1971年，美国社会心理学家津巴多在斯坦福监狱进行了一次著名的实验，以验证社会互动中的权力差异以及社会角色对人的影响。这次带有戏剧化的实验，给人们带来强烈的震撼。

9名受试者是从大量的学生志愿者中挑选出来的，他们经过面试和心理测验，被确认为是"遵纪守法、情绪稳定、身体健康的平常人"。通过随机掷硬币，他们被分配担任囚犯和看守的角色，囚犯整天待在监狱里，看守则8小时轮值上班。这些学生接受了随机分派给他们的角色之后，"看守"逐渐变得盛气凌人，有时甚至残酷成性，"囚犯"则开始表现出严重抑郁，情绪失控乃至思维紊乱。人们惊奇地发现，看守的专横、敌意以及权力欲望，与囚犯的消极抵抗、屈从乃至丧失自主，形成鲜明的对比。平常温文尔雅、心理健康的大学生，为什么穿上看守的制服之后，就咄咄逼人、专横残酷呢？

津巴多得出的结论是：在某种环境下，个人的性格其实不再起决定性作用，环境和角色会更有力地影响其行为。在社会心理学上，角色是指一个人在给定情境或定位时，人们期待他做出的一套由社会界定的行为模式。在该实验中，9名受试大学生变成了专横的看守或者消极的囚犯，并不在于其本身的素质或性格有问题，而是他们对各自的角色有一种符合社会期望的认同：看守被认为是这样一类人，他们限制囚犯的自由，管理囚犯的行为，以权力限制囚犯的反抗；而囚犯被认为是失去自由、服从管制、丧失自主性的一类人，他们没有任何权势。因此，人们对于看守和囚犯的社会期望也不一样，人们通常希望前者能控制和管理囚犯的行为，维持监狱的秩序，希望后者能老老实实待着，不要企图做任何反抗。由于该实验模拟的情境很逼真，扮演者进入状态后，虐待和体罚加剧，逐渐有人出现精神崩溃的状况，以致该实验进行到一半，就不得不提早收场。但是，现实生活中这样的情形，不是仍在上演吗？每日有多少人过于陷入自己所扮演的某种角色当中，无法自拔，缺乏自省与自我认识的人们最后很可能会被自己所扮演的社会角色剥夺自身的真实本性。

过度合理化：当小孩的兴趣被换成赤裸裸的金钱

词条解析

过度合理化效应是指为控制别人而事先付出不相称的报酬。给人报酬让他们做自己喜欢的事，会让他们将其行为归因于报酬，这样就会削弱他们的自我觉知。其实本来他们做这件事情，是因为兴趣而做，兴趣就足够使得他们认为自身行为很合理，而如果再加入过多的其他因素，就会造成过度的合理化，反而使得真实的理由被掩盖掉。

经典案例
JING DIAN AN LI

法国是个浪漫而吵闹的国家，曾经有个作家想找一个安静的地方以完成自己的作品。为此，他寻遍全国，终于找到了一个小镇，很安静，作家很满意。于是他回到家里收拾行李，立刻搬到了这个镇上。

这样过了一个月，作家的作品进展得很好，但是这时，到了7月，镇上的小孩们放暑假了。原来安静的村镇像变了模样一般，有一伙小男孩整天来到作家住宅前的空地上滚铁圈玩。一天，两天……

作家被吵得不行了，就想跟他们说到别处去玩。作家来到门外，看到这群孩子玩耍得十分投入而狂野，心想这群孩子硬赶可能是很难赶走的。于是，作家转念想了想，便跟他们来了一场交易。作家和蔼地对孩子们说：“我很喜欢你们滚铁圈的声音，从今天起，我每天给你们每人10块钱，你们来滚铁圈吧。”小孩们很高兴，既能玩又能赚钱，何乐而不为啊？这样过了两天，作家又来对孩子们说，我钱不多了，明天开始只能给你们1块钱了。小孩们想，虽然少了点，但也还不错，于是继续来。又过了两天，作家的报酬再度变卦，说：“哎呀，我的稿费一直没寄来，所以明天开始，我只能付5毛钱了。”小孩一听，便不高兴了，从当初的10元降到了现在的5毛钱，辛辛苦苦地每天滚铁圈，实在太不值得，太不好玩了，于是再也不来了。就这样作家终于又有了个安静的写作环境。

其实，这位聪明的作家应用的正是过度合理化效应。一开始，一帮孩子滚铁圈，只是出于兴趣，为了玩。作家如果这时向孩子们提出驱赶他们的要求，必将遭遇孩子们的强烈反对而碰壁，所以作家用提供报酬的方式，让孩子们渐渐忘记了自己的兴趣，将他们的滚铁圈行为弱化为了一种遵命、为了利益而为的行动，这样就很容易使他们离开。

逆向思维：高僧的生意经组合

词条解析

逆向思维是人们重要的一种思维方式。逆向思维又名求异思维，这种思维是指对已成定论的观点反过来思考的一种思维方式。概括起来就是“反其道而思之”，让思维向对立面的方向发展，从问题的反面深入地进行探索，树立新思想，创立新形象。如果当大家都朝着一个固定的思维方向思考问题时，而你却独自朝相反的方向思索，实际上你的这种思维方式就叫逆向思维。

经典案例 JING DIAN AN LI

司马光砸缸是大家从小就熟悉的故事，然而其中蕴含的思维道理却不是人人都懂得的。有人落水，常规的思维模式是“救人离水”，而司马光面对紧急险情，运用了逆向思维，果断地用石头把缸砸破，“让水离人”，挽救了小伙伴的性命。

常规思维强调的是按照章法、依循陈规，而逆向思维是反过来思考问题，往往打破陈规，是用绝大多数人没有想到的思维方式去思考问题。

据坊间流传，我国古代曾经有这样一个故事，一位母亲有两个儿子，大儿子开染布作坊，小儿子做雨伞生意。每天，这位老母亲都愁眉苦脸，天下雨了怕大儿子染的布没法晒干；天晴了又怕小儿子做的伞没有人买。直到有一天，一位高僧经过了她家门前，开导她道：雨天，你小儿子的雨伞会卖得非常好；而晴天，你大儿子染的布非常快就可以晒干了。

这个高僧正是运用逆向思维去思考和处理问题，实际上就是以“出奇”去达到“制胜”。因此，逆向思维的结果常常会令人大吃一惊，喜出望外，别有所得。

两头快中间慢定律：聪明老板的工作安排

词条解析

个体从事一项活动时，往往是刚开始时和即将完成时速度比较快，不感到疲劳，而在中间的时间，操作速度较慢，易感到疲劳。

经典案例
JING DIAN AN LI

现代科学研究人类行为可谓细致入微，科学家们将人类的工作活动量化为几个阶段：①达到最高产量前的产量递增阶段；②产生疲劳时出现的工作减量阶段；③预知工作行将结束时的完工突击阶段。我们以上午9点至下午5点的工作进程为例，来说明这个理论。

在开工阶段，职工经过一晚上的休息，早上来到单位，感到精力充沛，精神饱满。所谓“一日之计在于晨”，这时候，他们的感知、思维和操作能力处于较高的水平，因此在经过比较短时间的工作环境适应以后，操作速度和效率稳步上升，达到全天的最高水平，并持续到中午12点左右。

而午休结束之后的下午工作时段，员工们的工作效率因为之前的工作强度压迫反而开始下降，直到下班之前的一小段时间，员工们因为对于下班的预期，所以感到心情愉悦，这时的工作效率又恢复到一开始工作时的状态。

迁移效应：举一反三进入新境界

迁移效应是指在先行学习对后继学习的影响，即已有知识和经验对解决新问题的影响，也就是通常所说的触类旁通、举一反三。

经典案例
JING DIAN AN LI

邻居赵阿姨中年得子，取名陶陶，视若掌上明珠。但凡家里来了客人，她都要对陶陶大夸特夸一番，而其实每次对陶陶的夸赞都是同一套故事——举一反三是陶陶的强项。以下是三个小例子：

1. 自从我给他看英文儿歌的动画以后，每次提到或在书上见到小熊、小猴子、小马、小兔子等任何在动画中出现过的动物，便立即以他特有的方式指挥我唱出相应的歌曲，自己在旁边也是手舞足蹈。

2. 某天我喂陶陶吃了一勺蜂蜜，陶陶转身奔向沙发，很费力地把抱蜜罐的小熊维尼拿了下来，嗯嗯啊啊地指给我看。原来我曾经跟他讲过这个小罐子里面装的是蜂蜜，看来他真是理解了。

3. 今天陶陶指着明信片上“新年快乐”四个字让我念，当我念到“快”的时候，小家伙特别激动，不停地拍手并指着电视的方向。我有些费解，不知这个“快”字在什么动画片里出现过。经过进一步的交流，我终于明白，陶陶指的是《大头儿子小头爸爸》里面的一段片子，片中有个小姐姐过生日，大家祝她“生日快乐”，并高兴地拍手。从“新年快乐”到“生日快乐”，虽然有点风马牛不相及，但“快乐”是肯定的。陶陶举一反三、由此及彼的水平又上了一个新台阶。

虽然赵阿姨对陶陶的夸赞，有的时候重复到了令人有些厌烦的程度，然而陶陶的举一反三表现确实在一定程度上印证了迁移效应在人类社会生活中的影响。

平衡理论：当女友接受自己去当清洁工时的完美平衡

词条解析

心理学家海德认为，人类普遍地有一种平衡、和谐的需要。一旦人们在认识上有了不平衡和不和谐性，就会在心理上产生紧张感，从而促使他们的认知结构向平衡和和谐的方向转化。这是因为，人们在心理习惯上，比较倾向于喜欢完美的平衡关系，而不喜欢不平衡的关系。

经典案例
JING DIAN AN LI

为了验证这种人类的平衡需要心理，海德曾经做过一个实例实验，来说明这种三角关系。现在有认知主体 P（女青年），态度对象为 O（男青年，为 P 的男朋友），行为 X（男青年 O 自愿当清洁工）。

对此，可能存在三种情况：

P 对 O 与 X 皆持赞成态度，这是一种平衡状态；

P 对 O 与 X 皆持不赞成态度，这也是一种平衡状态；

P 对 O 持赞成态度，对 X 持不赞成态度，这就造成了不平衡状态。

在第三种情况下，P 要达到平衡的解决办法为：

P 改变对 O 的看法，认为 O 很老实，肯干；

P 改变对 X 的看法，认为 X（清洁工）也是体面的工作；

P 劝说 O，不要去做清洁工。

由上可见，不平衡状态会导致认知结构中的各种变化，所以，态度可以凭借这种不平衡的关系而形成和改变。这种不平衡的状态极其容易引起各种矛盾和纷争，要减轻这种状态，只能采取双方重新取舍或者做出让步的方式，达到平衡。

反馈效应：经营之神的周全处世之道

词条解析

反馈其实最初是物理学中的一个概念，是指把放大器的输出电路中的一部分能量送回输入电路中，以增强或减弱输入信号的效应。心理学只不过是借用了这一概念，表示人们在对外做出了某种行为，或者表示出了某种意思以后，通常得到对方评价或者各种态度作为对本人行为反应的需要。一旦得到了这些表示，做出行为的本人就能够获得额外的动力以及能够更加准确地知道自己行为的好坏，这种神奇的助推力就是反馈效应的效果。

经典案例
JING DIAN AN LI

商业时代发展了数个世纪有余，产生了不少的商界传奇人物。在这其中素有“经营之神”之称的日本松下创始人松下幸之助的故事尤其多。据说，松下先生有一次在一家餐厅招待客人，结果一行六个人都点了牛排。等六个人都吃完主餐，松下让助理去请烹调牛排的主厨过来，他还特别强调：“千万不要找经理，只找主厨即可。”助理注意到，松下先生的牛排只吃了一半，于是便想当然地觉得松下很不满意。这位助理随后就到厨房告诉主厨，让他准备好如何解释今天的饭菜这么差。

主厨听到了这样的评价，出来见松下先生时显得非常紧张，因为他知道叫他的客人是大名鼎鼎的松下先生。他紧张地问道：“请问您觉得牛排的问题出在哪里？我以后一定改进。”

松下听罢，略带歉疚地对主厨说：“牛排很美味，但是我只能吃一半。我要告诉您，我吃不完的原因不在于厨艺，牛排真的很好吃，你是位非常出色的厨师，但我已 80 岁了，胃口大不如前。”

主厨与在场的其他人都困惑得面面相觑，松下接着说：“我想当面和你谈，是因为我担心，当你看到只吃了一半的牛排被送回厨房时，心里会非常难过。”

在这里，松下幸之助所运用的就是即时反馈的技巧。设想一下，如果不是面对面地传递这种反馈，任由助理去传达自己的意思，可能会造成非常大的误会和很坏的心理影响。

反直觉定律：沃尔顿夫人乔装打扮考验应聘者

词条解析

直觉常是感性的，不足以让我们深入了解一个人的内心。如果想真正全面地了解一个人，就要从他的言行，从他做的事，从细微处去观察他，这就是“反直觉定律”。

经典案例
JING DIAN AN LI

罗伯森·沃尔顿，一位商界的奇才，他在创业的初期曾经聘用过两个人。一个是罗杰·戴维，另外一个是菲尔·墨菲。当时这两个人都应聘公司的同一个职位——公司的销售部经理。戴维外形俊朗，能说会道，给沃尔顿留下了很好的印象；而墨菲外表一般，略显沉闷。在心里，沃尔顿是倾向于前者的，但出于谨慎的考虑，他还是决定再仔细考察一番。

一个星期日，正是店里顾客盈门的时候，一位衣着破旧的老妇人来到沃尔顿的一家连锁店里。

老妇人来到销售鞋子的柜台前，指着一双鞋子，请正在担任售货员的戴维帮他试一下。为了让顾客试鞋方便，店里专门给试鞋的顾客准备了可以改变高度的升降椅，这样顾客可以根据需要，调节升降椅的高度，使自己在试鞋时更舒服一些。老妇人坐到椅子上，因为年纪大了，弯腰不方便，她很希望戴维能够过来帮忙调节一下高度。但表情懒散的戴维显然没有帮助她调整椅子高度的意思，那副拒人于千里之外的表情好像在说："自己解决吧，爱买不买。"

下班之后，戴维突然接到电话，是店里的主管叫他到办公室。在办公室里，他这才发现白天那位衣着寒酸的老妇人竟然与罗伯森·沃尔顿站在一起，她竟然是沃尔顿的夫人！原来为了考察两位应聘者，沃尔顿想出了这个办法，请自己的夫人换了便装来考察他的员工。

沃尔顿对戴维说："每一个来到这里的客户，不管她的穿着怎样，都有权受到你平等的服务。"听到这里，戴维的脸一下子红了。

而面对同样的考察，墨菲却表现得非常耐心，认真负责地帮助那位老妇人调好座椅，还帮她试了好几个尺码的鞋子。

沃尔顿最终选择了墨菲做他的销售经理。而墨菲也没有辜负他的期望，在沃尔玛公司发展壮大的过程中，他以自己出色的销售才能，为沃尔顿的公司发展做出了很大的贡献。可见，如果单单依靠直觉去评判一个人、评判某一事物是非常不可靠的，有的时候需要逆反直觉的控制，采用反直觉思维去进行判断。

竞争优势效应：假如上帝给你三个愿望

词条解析

在双方有共同利益的时候，人们也往往会优先选择竞争，而不是选择对双方都有利的"合作"。这种现象，被心理学家称为"竞争优势效应"。

社会心理学家认为，人们与生俱来就有一种竞争的天性，每个人都希望自己比别人强，因此，很多人在面对利益冲突的时候，往往会选择竞争，拼个两败俱伤也在所不惜。

经典案例 JING DIAN AN LI

有这样一个笑话，上帝向一个人允诺说："我可以满足你的三个愿望，但有一个条件，你在得到你想要的东西的时候，你的邻居将得到你所得到的两倍。"

于是这人开始提出自己的愿望，第

一个愿望与第二个愿望都是一大笔财产，第三个愿望却是“请你把我打个半死吧！”

这样的笑话并不仅仅是笑话，现实生活中也有不少这样的例子。曾经听别人讲起这样一个令人啼笑皆非的故事：一对夫妻离异，根据法官的判决，丈夫应该把财产的一半转让给妻子，因此，丈夫开始出售车、房。为了不让妻子得到一大笔财产，丈夫将自己价值几百万美元的车子和房子以10美元的“天价”出售。

角色深化定律：为了反对而反对是人之常情

词条解析

在面对无法通过自己的思考得出结论，而只能被动地接受别人结论的情况时，人们通常会对从别人那里“舶来”的结论产生反感情绪。这种反感情绪如果正巧遇上自己也无法那么肯定某件事情的答案时，往往会深化主体本身对这个事情的反感，最终深化为确定的负面评价。

经典案例
JING DIAN AN LI

吸烟会使尼古丁进入肺部。实验者让吸烟者和非吸烟者以猜谜的形式回答几个问题，问题一共有七个，比如“吸烟会使尼古丁进入肺部，因此______”“肺部一旦吸入尼古丁会导致肺癌，因此______”，等等。

从问题的顺序来看，在空白处，实验的参加者当然应该填写对吸烟采取否定态度的文字。当时，实验人员将被测者分成三组分别接受三种类型的实验：

第一种是七个问题中有一个问题已知，自己补充其他六个问题；第二种是七个问题中有三个问题已知，自己补充四个问题；第三种是七个问题中有五个问题已知，自己填写两个。当被测者回答完问题之后，组织者调查了他们对吸烟的态度。补充问题多的人，也就是对吸烟判断的问题自己思考补充比较多的人，对戒烟的重要性认识得更深刻。而补充问题少的吸烟者反而有被迫的感觉，对禁烟产生了一种强烈的反感情绪。自己思考得出的结论能够起到约束自己的作用，而从别人那里得来的结论，被强加于自己，容易产生抵触情绪。

看来，对本来就不一定赞成的观念，自己表达一遍，会使心理上更加靠近这个观念。这个定律有时被用在工作中应付和自己意见不一样的人。

虚假一致偏差：没见过猪跑的唐朝皇族

词条解析

人们判断事物常常从自己的生活经

验、经历出发。当遇到自己生活经验之外的事情时，便会以自己的生活经验作为判断出发点，去判断全新事件的属性，这个时候就可能产生虚假一致的偏差情况，即认为自己判断正确，然而可能已经违背了社会的一般常识。

经典案例
JING DIAN AN LI

唐朝时有一个皇族的后裔名叫李载仁，从小不吃猪肉。有一天，他的两个仆人因为口角打了起来。李载仁见此情景不由得勃然大怒，他转身命令仆人从厨房拿出饼和猪肉，罚打架的人面对面地吃下去。

在其他仆人惊羡的目光下，两个打架的仆人吃完了饼和猪肉，抹了抹嘴。

这时，李载仁板着面孔郑重其事地警告他们说："以后如果还这样，就在猪肉里面再加点酥油，重重处罚你们。"

虚假一致偏差是指由于人们认为有很多人的信念、价值观与行为同自己的一致，所以会出现坚信自己的判断及行为的正确性，高估或夸大自己的信念、判断及行为的普遍性的倾向。

PAC 理论：商业成功典范

词条解析

人类的社会角色看起来有成百上千数不清的种类，然而在人与人之间的日常沟通中，却可以简单地分为三种不同的心态，即家长心态、成人心态和孩童心态。这三种心态决定了人类互动的基本角色定位，从而也深刻地影响着人们的沟通行为表现。因为在英语中，父母写成 Parent、成人写成 Adult、儿童写成 Child，所以，三种心态分别取各个单词的第一个字母，简写为 P 心态、A 心态和 C 心态，整个理论也简称为 PAC 理论。

经典案例
JING DIAN AN LI

早期的江浙一带，通常流行着三人成行、五人成伙的小范围熟人合伙生意模式。有这样三个人合伙做生意，结果最后赔了，三个人于是聚在一起总结经验教训。甲说："都怨你们，没有真本事，和你们合伙真是倒霉！"乙则比甲要冷静许多，他娓娓道来："我觉得这次赔本有几个原因，一是我们三个人想法不一，劲儿没往一处使；二是工作上也存在一些客观阻力。"丙则对于生意没有最终成功感到歉意万分，于是他说："都是我不好，我没干好工作，请你们原谅，我一定会改正，我们大家能不能坚持继续接着干，相信未来一定会前景不错的。"

这段对话，日后也被演绎为成功的商业沟通典范。在这里可以发现三个生意合伙人之间：甲用长辈的口吻指责两位同事，这显然是一种家长心态；乙则表现得非常冷静，像一个稳重、明理的成年人，属于成人心态；丙却像个小孩子，像做了错事一般，一个劲儿地求大家原谅，正属于孩童心态。实际上，这三种心态各有互补，正好形成一个比较良性的人类沟通氛围。设想一下如果这里面任何一种心态占到三分之二的多数，那么这三个人的生意显然将无法再继续下去了。

而具体到这三种心态的长短比较，我们大概能够做一个这样的分类：家长表现为对人刻薄，喜欢挑别人的缺点，并且容易对人表露情绪，总是有那种居高临下的感觉。而处于成人心态时，我们显得冷静、理智、客观，既不挑剔别人，也不会冲动任性，个人的行为表现得很有主见，做事有计划，临阵不慌。最后，如果你处于孩童心态，那么则表现得感情用事，做事不考虑后果，而且情绪不稳定，容易受影响。心态影响具体行为，更多地选择成人的心态显然是取得成功的心理捷径之一。

定式理论：农民贷款难

词条解析

这指的是对某一特定活动的准备状态。越是有经验，越是准备得充分，就可以使我们在从事某些活动时越熟练，甚至达到自动化，最后起到节省很多时间和精力的效果；但同时，心理定式的存在也会束缚我们的思维，使我们只用常规方法去解决问题，在形成了依赖性之后，就不再去求解其他“捷径”突破，因而也会给解决问题带来一些消极影响。

经典案例
JING DIAN AN LI

在金融界有这么一条不成文的习惯：许多发展中国家的金融行家们通常会觉得，在农村发展金融行业，在农村进行借贷，往往会不挣钱甚至亏损。金融界形成了一种心理定式，大家似乎一致认为，商业银行必须嫌贫爱富才能盈利。然而，诺贝尔和平奖获得者、孟加拉经济学家尤努斯教授通过自己的实践，为发展中国家关于农村金融建设的传统理论提出了一个有力的反证。尤努斯模式之下的乡村银行小额贷款户从1983年成立之初的几万户，发展到目前的600多万户，2005年其发放贷款8亿多美元，还款率高达99%，盈利达1521万美元。实践证实了农民不但信誉高，其还款风险甚至大大小于那些城市里看起来风光无限的企业主们，也就是说关于农村金融的传统假设并不成立。

事实上，传统银行业难以解决向穷人贷款的问题，主要因为穷人没有抵押品，而且单笔贷款的金额过小，放贷成本过高。这样的问题并不是多么大的金融难题。尤努斯教授的贡献在于独创了一套向穷人贷款的体系和技术，有效地解决了这个问题。在尤努斯模式主导下，由格莱珉银行创立了小组联保贷款、分期贷款、中心会议等机制，有效地降低了交易成本和保证还款率，使得金融服务能够到达低层的贫困人口。

金融业应该说是由一群精英组成的行业。这个行业的强大，很大一部分原因是他们相信传统的方式，他们有很多应用多年的老牌经验帮助其高速、有效率地不断运转起来。然而，过分依赖传统理论，过分看重所谓经济学上诸多不可能、不可行的判断，也会造成心理定式，从而影响金融创新能力。心理定式在人类的许多行为上都存在，善用是事半功倍之道，而如果过度依赖则会扼杀创造性。

卡壳效应：考试卡壳功力锐减七成

词条解析

“卡壳效应”有着众多的别名，同时也被称为昏眩和瓶颈效应。这是指那种日常生活中许多人都会经历的场景：明明会的东西（好像就在嘴边），但真到要表达出来时，却又一下子想不起来了。不管我们怎么努力试图回忆起来，都是徒劳的。事后再回想，却往往十分容易就想起来要表达的事情具体是什么。

经典案例
JING DIAN AN LI

今年上小学二年级的苒苒小同学最近十分郁闷，就因为“卡壳效应”的缘故，他被语文教师斥为“不懂装懂”的学生。整件事情回顾起来，其实是这样的：苒苒的语文教师在课堂上随机出了一个问题让学生回答，苒苒想出答案后，赶紧举起手来，等了半天都没人回答问题的语文老师一看到苒苒的小手，一下子如释重负，马上叫到他起来回答，并且夸奖了苒苒勤于思考、非常主动且有勇气地回答问题的行为。然而奇怪的事情发生了，等苒苒站起来时，他发现自己早已忘记了答案。在苒苒回答问题之前就已经表扬过苒苒的语文老师，这时候觉得很是没有面子，气呼呼地让苒苒坐下，还说“同学们以后要注意，千万不能养成不懂装懂的坏习惯”。

其实，这位老师显然是掉进了卡壳效应的陷阱之中，不仅仅是小学二年级的苒苒会发生这样的情况，现实生活中更高年级的学生，甚至许多普通成年人都会或多或少地经历这样的情况。考试中，许多学生都有这样的体验，平时很熟悉的字或公式，在考试时就是想不起来，但是它们又都好像就在笔端。而这种卡壳现象如果发生在比较重大的考试中，甚至还会给学生留下极其深刻的心理阴影，使得他们出现紧张的心理，使大脑皮层形成一个优势兴奋灶，从而使另一个同考试知识有关的神经联系出现抑制，最后导致回忆困难。长此以往，将使临场记忆能力在心理作用下逐渐减退。

卡壳效应的存在，常常影响到了我们在公众场合的临场发挥。而要克服卡壳效应所造成的行为不当，就应该巧妙地控制自身表达、行为的节奏，给自己留下一个大概三秒的思考、反应时间去筹划下一步要说什么、要做什么，而不是急于抢在前头，一定要快速地说完自己想说的话、做完自己想做的事情。给自己的大脑留下充分的反应时间，不仅可以有效缓解紧张情绪，而且也能够更好地防止大脑中空白地带的出现。

韦德现象：虚构的童年热气球经历

词条解析

金伯利·韦德教授通过他的研究告诉我们，人类记忆的可塑性要比我们所能够想象的更为惊人。实际上，人类的记忆在经过一段时间之后，事实和虚构情节之间的界限就变得难以区分了，于是我们开始相信谎言。一旦某位权威人士指出我们有过某种经历，多数人都会觉得很难否认，随后就会用设想填补记忆中的空缺。而权威人士的误导只是一个方面，人类选择性填补记忆的能力非常强大，以至于有时候我们完全有能力把自己骗得团团转。

经典案例 JING DIAN AN LI

惠灵顿维多利亚大学的教授金伯利·韦德曾经做过这样一次实验：韦德首先告诉 20 个参加实验者，这个研究是为了证明人们为什么会记得儿时发生过的事情。随后，实验开始。研究者事先得到了参加者家人同意，暗中得到了每个参加者四张儿时的照片。随后研究人员对这里面的某一张照片进行处理，捏造出参与者儿时搭乘热气球在空中遨游的假照片。而另外三张则还是保持着原来的真实风貌。

在接下来的两周时间内，参与者会接受三次访问。在每次访问之时，研究人员都会向他们展示那三张真实的照片和那张被处理过的照片，并鼓励他们尽可能详细地描述照片所记录的每一次经历。经过这样的访问，怪事出现了，在进行第一次访问时，有近三分之一的人说他们记得那张捏造的照片上从未曾发生过的热气球旅行，有些人甚至还能清楚地描述搭乘热气球的细节；随后，研究人员进行了第二次访问，并在这次访问后，提示性地让所有的参与者回去后再好好回想一下；结果，到了最后一次访问的时候，居然有一半的人想起了虚构的热气球旅行，而且很多人都能够描述这次旅行的细节。

最令人瞠目结舌的是，有一名参

与者在第一次访问时，说小时候没搭过热气球，可到了第三次访问时，却对他童年的热气球经历描述得绘声绘色：“在我小学一年级的时候，那是个夏天……基本上你只要花上 10 美元左右就能搭乘一次热气球，它能飞到 20 米左右的空中，天是那样的蓝……那一天应该是星期六，说真的，那天的热狗很好吃……没错，妈妈并没有上热气球，而是在地面上给我和爸爸快乐地拍照……”

笔迹性格关联论：人如其字确有其事

词条解析

笔迹学家其实不仅仅是在传奇警匪电影中才会出现的人物，笔迹作为人们传达思想感情、进行思维沟通的一种手段，是人体信息的一种载体，也是大脑潜意识的自然流露。另外，笔迹还与人的社会环境、生活经历、年龄阶段、文化水平、精神面貌等有密切关系。通过观察一些个人的笔迹特点，如压力、速度、大小、方向、布局、形式、连续性、动势、自由符号等，通过这些特征的不同组合，可以发现千姿百态的心理差异。

经典案例
JING DIAN AN LI

请记住掌握以下的技巧，您也能够成为笔迹分析高手：笔画直垂，表明书写者精力充沛，行为果断；带有毛边的慢笔画，表明书写者懒惰，意志消沉，不思进取，也可能是过于疲倦或身体不适；笔压轻，运笔流畅，行距大，笔画工整，字体端正，表明书写者心胸开阔，热情坦率，兴趣广泛，办事有条理；横行向上倾斜，表明书写者乐观坦率，做事积极，富有进取精神，但也可能性格急躁，情绪不稳或野心勃勃；字母与字母相互衔接，表明书写者个性随和，待人友善，做事注重计划，但也可能虚伪圆滑，缺乏主见，容易分心；纸边空白参差不齐，表明书写者性格直率急躁，容易发火或精神懈怠懒散，不满现实，缺乏上进心。

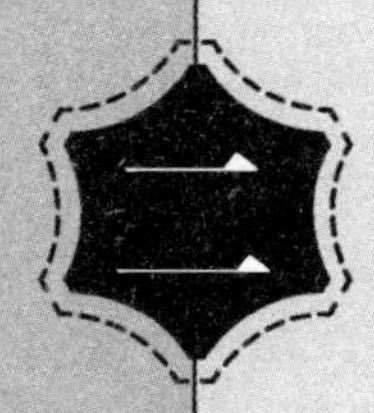

美好的家庭，可以给人们带来欢乐、幸福和无穷的创造力。但家庭是一把双刃剑，有时也会引起人们的不快、痛苦与烦恼。家庭就如一座围城，有在城外面总想进来的人，也有在城里面总想出去的人。而在人们心灵深处，对世间和睦家庭的渴求却不会消失。人类得以发展、繁衍的基础单元就是家庭，如果家庭之中的事务不那么方便用言语表达，那么就尝试用本书作为善意的提醒吧！

微妙的平衡

WEIMIAODEPINGHENG

一、长幼相处心理学

巴纳姆效应：算命先生比你父亲还了解你的秘诀

词条解析

巴纳姆效应指的是这样一种心理倾向，即人很容易受到来自外界信息的暗示，从而出现将一些模糊的大众评价言论当作他人为自己量身打造的人格描述，给予其高度准确评价的一种现象。事实上这些描述往往十分模糊也十分普遍，以至于能够在很多人身上获得灵验，因而适用于很多人。

经典案例
JING DIAN AN LI

巴纳姆效应在生活中十分普遍，从性格预测到风水算命都有这个效应产生巨大影响的影子。就拿算命这个行为来说，很多有过算命经验的人，都会觉得算命先生说得“很准”。

其实，算命先生常常利用了人们的很多心理弱点，那些求助算命先生的人，本身就有易受暗示的特点。这些人去算命时往往是情绪处于低落、失意的状态，已经对生活失去控制感，于是安全感也受到影响。通常而言，一个缺乏安全感的人所产生的心理依赖性也大大增强，受暗示性就比平时更强了。加上算命先生善于揣摩人的内心感受，他们稍微能够理解求助者的感受时，求助者立刻会感到一种精神安慰。算命先生接下来再说一段一般性的个人性格描述、无关痛痒的情感历程猜测等，便会使求助者深信不疑。

不仅仅是算命，其实在日常家庭生活中，尊长与幼小的相处也会产生类似的心理学现象。在两代有着天生年龄代沟的人之间，看待对方总是戴着模糊的有色眼镜，往往在对方一些比较模糊的语言普遍化时，就可能觉得对方是特别有所指摘，是针对自己的无端批评和攻击，从而产生更进一步的误会。实际上在日常的长幼相处中，我们都要深刻地反省，时时地检视自己是否对对方的一些言语和行为过于敏感，是否有一些过于武断的价值观，这样才能做到双方设身处地为对方更好地着想。

赫拉克勒斯效应：古希腊大力士的一根筋

词条解析

赫拉克勒斯效应源于一个名为赫拉克勒斯的希腊神话人物的故事，它是指一对一的人际互动中，人与人之间往往会因为一点小事，陷入冤冤相报，致使仇恨越来越深的社会心理效应。赫拉克勒斯效应会使人陷入无休止的烦恼之中，错过人生中许多美丽的风景，再没有真正的快乐，再没有新的进步。通俗来讲，就是“以眼还眼，以牙还牙”“以其人之道还治其人之身”。

经典案例 JING DIAN AN LI

希腊神话故事中有位英雄大力士，叫赫拉克勒斯，这个大力士几乎无所不能，总是能够击败挑战他的强敌。一天，这个无所不能的勇士居然被堵在了马路上动弹不得，赫拉克勒斯筋疲力尽，愤怒而无奈。原来，这一天他走在坎坷不平的路上，看见脚边有个像鼓起的袋子一样的东西，很难看，赫拉克勒斯便踩了那东西一脚。谁知那东西不但没被赫拉克勒斯一脚踩破，反而膨胀起来，并成倍成倍地扩大，这激怒了英雄赫拉克勒斯。

他顺手操起一根碗口粗的木棒砸那个怪东西，那东西竟膨胀到把路也堵死了。赫拉克勒斯奈何不了它，正在纳闷，一位圣者走到赫拉克勒斯跟前对他说：“朋友，快别动它了，忘了它，离它远去吧。它叫仇恨袋，你不惹它，它便会小如当初；你若侵犯它，它就会膨胀起来与你敌对到底。”

听到了这样的劝告，赫拉克勒斯选择了平静地绕开而行。

其实在长幼相处中也能发现同样的道理。作为长辈不应抓住晚辈的某一个细小之处久久不放，而作为晚辈也不应过于与尊长争论，否则两者陷入了一种纠缠争议状态以后，显然便很难调解解决。

有限尊严原理：菱角并非长于山前山后

词条解析

在家庭生活中，有些长者往往自恃劳苦功高，总是以自己的面子为中心行事，很多时候总是为了争一口气而做出完全不合情理的事情。所以，有时候适当降低自己的尊严限度，放低姿态，反而能够收到更好的效果。

经典案例 JING DIAN AN LI

从前，有个北方人，到南方去做官。刚到南方，肯定有许多事情弄不明白，如果虚心请教别人，也许并不难懂。可这位先生却不想去问别人，他认为，那样显得自己太无知，太没面子了。因此他宁愿不懂装懂，结果惹出笑话来。

一次，地方上有个乡绅请他去做客，大家聊得很开心。这时，仆人送上一盘菱角。这位北方人没吃过菱角，又不好意思问，主人家又一再请他先尝，无奈，他只好拿起一只菱角，放到嘴里去嚼。主人看他连壳也没有剥就吃了，心里很诧异，问他：“这菱角是要剥了皮才好吃的，你怎么整个丢到嘴里去嚼呢？”他明知自己弄错了，却还死要面子，一本正经地说：“刚刚到南方来，有些水土不服，连壳都吃掉了，为的就是清热解火。”主人摇摇头说：“我们怎么没听说过呢？你们那儿这东西很多吗？”那人答道：“多得很啊！山前山后到处都有呢。”菱角本来是生长在水中的，这人不懂装懂的样子，让主人不禁哑然失笑。

自视甚高、死要面子，不但对于解决问题、了解更宽广的世界毫无帮助，而且还容易造成倚老卖老、不讲道理，从而破坏家庭的和睦友好气氛。所以应有限度地控制自己的尊严，有所让步、有所妥协。

换位思考定律：说服长者要用长者的话语系统

词条解析

换位思考就是完全转换到对方的位置思考，从而更理解人、宽容人。设身处地地理解别人能给人带来很大好感。在人际交往中遵循这样的原则，才能理解别人做的事。因为你理解一个人会同时给他感动，他便会从另一个角度看你，而在他眼里你们的关系也比其他人的牢固。

经典案例
JING DIAN AN LI

“二战”以后，美国百废待兴，蕴含着许多重大的商业机会。许多小公司正是把握了这时出现的市场机会，得以一跃获得巨大的发展。在这些公司中，杜彬所拥有的公司就是一个很好的典型。话说1960年，杜彬在纽约的公司还是一家非常小的广告代理公司。

有一回，他从酒吧听到了商业信息，也就是美国烟草正在寻找新的代理商，他马上打电话给美国烟草的总裁，约定了面谈的时间。杜彬觉得他必须计划一下这次的会面，于是他去酒店租了一个房间，以保证自己不受任何干扰。他工作了很久但仍然没有找到突破口。最后，他自言自语道：“如果我是美国烟草的总裁，我想知道代理商的哪些情况呢？”他马上坐下来，写出了一系列问题，然后他把问题削减成10个，并且都准备了答案。

第二天，杜彬被领进总裁的办公室。在拘谨的自我介绍后，他说：“我想您一定想通过今天的会面知道我们公司的一些情况，所以我准备了10个问题，也许您希望知道答案。”“真是太有趣了，”总裁回答说，“我做了同样的事情。您愿意和我交换一下各自所列的问题吗？就现在。”杜彬知道这是决定生意成败的一个动作，便同意了。他在看总裁所写的问题时，非常惊奇地发现他们列出的问题非常相似。这时候，总裁说道："我看了一下，10个问题中有7个是一样的。"杜彬表示同意。总裁接着说："我觉得我们有基础可以进行讨论，得出一个双赢计划。"就这样，这家小公司得到了这笔价值百万元的生意。

在商业之中，换位思考往往能够找到投资方的要求和标准所在。其实在长幼相处之中，换位思考同样能够很好地弥补年龄的鸿沟，直抵对方内心深处。

白德巴定理：狐狸不怕树，野猫傲独孤

词条解析

这是由印度古代哲学家白德巴提出的定理，是指在家庭或者企业当中更需要团队合作。那种以权力为中心，自上而下、等级森严的管理方式已经不再适应时代的需要。尊幼的地位级别虽然依旧存在，然而这并不等于应该特别强调权力。作为家庭中的长者，应管好自己的嘴和手，少插话，少插手，适时控制自己发表演说和多管闲事的欲望。

经典案例
JING DIAN AN LI

一只见识广阔、满腹经纶、在动物界颇有地位的狐狸住在森林里。这只狐狸熟读理论，常以专家自居，喜欢滔滔不绝地发表长篇大论。

有一天它外出，遇上一只从森林外边来的野猫。闲谈时，野猫仰慕这只狐狸"才高八斗"，因此便虚心请教。

野猫问道："尊敬的狐狸先生，近来森林当中动物减少了不少，全球变暖，森林里的生活变得越来越困难，您是怎样度过这段日子的？"

狐狸说："哎呀，你这只可怜的野猫，每天只会捉老鼠，肯定难以过活啊！要过得好，必须有独门绝技。你说说看，除了捉老鼠，你还有点啥其他猫不会的本领？"

野猫很谦虚地说："我只会一种技术，别的猫不会。"

"什么本事？"

"如果有只狼狗向我扑来，我就会跳到树上逃生。"

"唉，这算什么本领？我可是精读百科全书，掌握上百种武术，我身边还有一个袋子，里面装着满袋的锦囊妙计呢！你太可怜了，狼狗这种小儿科何以足惧呢？我来教你如何对付它！"

说完，狐狸便转身从袋子中寻找妙计。刚巧，这时一群猎人带了四只猎狗迎面而来。野猫敏捷地一纵身跳上一棵树，躲藏在茂密的树叶中。野猫大声向正在惊慌得不知所措的狐狸说："狐狸先生，赶快跟着我跳上树枝来，这样你就会没事了！"

语毕，四只猎狗已扑向狐狸，将它抓住了。

野猫叹息道："唉，狐狸先生，你会十八般武艺，却不会使一招半式。如

果像我一样懂得爬上树来，你就不会落到这种凄凉的下场了！”

事实上，狐狸之祸就是说得多做得少。在长幼相处中，同样要注意不要老是空谈、教训他人，实践是最好的榜样，做得好大家都会看得到。无论尊长还是幼小，都必须注意用行动去感化和感染对方。

家庭关系第一定律：嫁给阿冲等于嫁给阿冲全家

词条解析

单纯的小家庭关系是比较容易处理的，当小家庭成员由于其他家庭的成员介入组成了新的家庭时，就会出现难以处理的冲突关系。通常，在丈夫的原生家庭，他的父母更有发言权；但在他的新家庭，他和妻子又处于核心位置。这样，当自己家庭的长辈意见与妻子的意见相左时，他就需要付出努力来处理好其中的关系。

经典案例 JING DIAN AN LI

丽华现在的婆婆以前做媳妇的时候，因为受到了自己婆婆的严重排挤，一直融不进她以前的家庭。她和丈夫的关系退居第二位、第三位甚至家庭中的最末位，这让她倍感孤独。于是，等儿子阿冲出生后，她发现儿子是她唯一的依靠，自然而然地与儿子建立起了最为亲密的关系，丈夫在她心目中甚至只是一个可有可无的人。这种情况下，她更加不能接受与儿子的分离。

丽华有了小孩后，阿冲的妈妈很自然地过来带小孩，本来尚可的婆媳关系就此迅速恶化。譬如，当阿冲和太太去小区花园散步时，妈妈一定要求一起去。一次两次就罢了，但次次都如此，让丽华很难受。自从婆婆入住后，阿冲和太太就再也没有单独散步的机会了。再如，看电视的时候，如果看到媳妇和阿冲一起坐在沙发上，他妈妈也会坐过来，并且必然是阿冲坐中间，太太和妈妈坐两边。

除了这些特殊情况外，阿冲家也有一般的糟糕的婆媳关系的普遍问题，譬如经常为鸡毛蒜皮的小事吵个不停。每当这个时候，阿冲就觉得特别难办，一边是最亲的太太，一边是最敬的妈妈，他夹在中间左右为难。

原来，阿冲的家乡非常传统，男尊女卑的情况很严重。当时妈妈嫁到他家后，是一大家子住在一起。丈夫敬父母，远胜过敬她。大家倒对她很客气，不会欺负她，但都不够重视她，她一直觉得自己非常孤独。她对阿冲说，直到有了阿冲以后，她才不再觉得孤单，并觉得自己有了继续活下去的劲头。后来，她的小家庭从大家庭中脱离出来，开始单独生活，丈夫从此以后对她越来越好，但她想起当年受的很多委屈，对丈夫很是怨恨，两人的关系一直没有得到改善。她心目中最重要的，一直还是儿子。

实际上阿冲听任父母在他的新家庭为所欲为，这是非常有害的。像生孩子、装修房子等事情，他都遵照父母的意思，而不是和妻子好好协商，这不能给妻子家的感觉。最后，妻子只好结束这种家庭生活。如果因为父母的干预过多，导致夫妻关系在家庭中退居第二位，那么这个家必然不和睦。

涌动体验：不太需要爱情的金融成功人士

词条解析

艺术家在表演时常常表现出一种陶醉和忘我的境界，这种境界就叫作涌动体验。人生幸福与否，某些时候也可以用涌动体验的数量来衡量。涌动和快乐有一个重要的区别。快乐的时候，你能感觉到自己的快乐；可是在涌动体验中，你什么都感觉不到，你觉得时间停止，心无旁骛。而获得涌动的诀窍，就是了解你自己还有什么未被发挥的长处。

经典案例
JING DIAN AN LI

这是一个物欲横流的年代，然而身处华尔街核心地带的莱恩，却用他自己的例子告诉我们：幸福不仅仅是积极情绪，不仅仅是寻欢作乐。30 岁的时候，莱恩在生活中的三个领域中有两个非常成功。第一个领域是工作，他是个期权交易商，25 岁时就已经身家百万，还拥有自己的期权交易公司。第二个领域是玩乐，他是位全国桥牌冠军。但在第三个领域，也就是爱情方面，莱恩却一败涂地。原因在于莱恩是个缺乏激情的人，性格很内向。莱恩和女性约会时，对方都会说他没意思，碰到性格暴躁的，甚至还会叫他滚蛋。莱恩很有钱，请得起最好的心理医生，医生花了五年时间，试图发掘将积极情绪压抑在他心底的创伤，但结果什么创伤都没有找到。莱恩每天都觉得自己的生活很充实，精力旺盛并且乐在其中。

我们能说莱恩不幸福吗？在莱恩的那些所谓情商很高、交友无数的朋友当中，莱恩属于最幸福的那个。这是因为莱恩很善于获得涌动体验。他早上 9 点去美国证券交易所上班时，就觉得时间停止了；桥牌巡回赛开始时，他同样觉得时间停止了。当今的社会，是一个多元化的社会，但是很多长辈仍然以物质上的齐备和社会一般定义成功的标准去鞭策、要求晚辈。以为物质上的齐备就能让晚辈充分感受到幸福。其实这是一个很大的误区，作为长辈反而应当去关注晚辈的涌动体验点，尽量让晚辈按照自己的爱好行事，这样才能让晚辈真正获得幸福感。

感恩拜访：轻松化解隔代教育良方

词条解析

尊长在教育晚辈时经常会遇到代沟的问题，由于两代人感兴趣的焦点，甚至说话习惯、用词都不同，给双方的互相理解制造了非常大的困难。而实际上如果能够巧妙利用言语之外的各种表达方式，反而能够化解双方的隔阂。感恩信件就是建立这种关系的最好手段。

经典案例
JING DIAN AN LI

李奶奶住在北京海淀区令人艳羡的高档社区中，却经历着外人所不知的烦恼。原来，李奶奶的儿子和儿媳都是理工科名校毕业，在中关村一起经营着一家创业型的 IT 公司。两人工作都十分忙碌，一周七天除了工作以外，几乎没有任何休闲娱乐的时间。自打他们有了自己的宝宝琪琪以后，琪琪就一直由李奶奶带着。小时候李奶奶和孙女还能其乐融融，但是随着孙女渐渐进入叛逆期，李奶奶已经觉得和孙女越来越难以沟通，祖孙二人陷入了深深的代沟之中。

有一天，琪琪的学校来了一位大学教授，这位教授在班里推行一种叫作感恩拜访的活动。活动具体是这样的：闭上双眼，回忆一下对你的生活造成巨大转变，使你的人生得到改善，而你又没有认真感谢过的那个人，且必须是个仍然健在的人。在想好以后睁开眼，给那个人写一封 300 字的感谢信，然后给对方打个电话，问他（或她）你能否登门拜访。别告诉他（或她）原因，见面时，你对他（或她）念出这封信。

结果琪琪闭上眼睛回忆，只想起了自己的奶奶，于是便照着以上的方法给奶奶写了一封信。没想到这封信一下子打开了两人的心结，两人在李奶奶感动的眼泪中促膝长谈，最终实现了互相理解。

性教育纠错：不知性，何知礼

词条解析

当社会各项发展进步的时候，对性教育的开放程度和重视程度，可以说是社会文明程度的一个重要标志。相较而言，国外对于儿童性启蒙和性教育的认识要比我国早很多——在日本称之为“纯洁教育”，在瑞典叫作“爱的教育”，都是从幼儿园开始就向儿童渗透性别、性差异的常识。与我国长期对性避而不谈的态度不同，来自尊长的性教育往往是十分重要的。

经典案例
JING DIAN AN LI

综观全球，各国为了防止儿童或者青少年一开始就从不良渠道接触错误的性知识、性信息，从而做出错误的行为，均采取了由官方渠道或者长辈直接向晚辈传授性知识的模式。英国从5岁起就要接受强制性教育，有点类似于我们的义务教育，是每个英国孩子的权利和义务。马来西亚规定从孩子4岁起就要教给他们一些与性有关的常识，告诉他们是如何出生的。

事实上，性教育并不仅仅影响孩子对于自己、对于世界的认知，更是一种有效的保护思想。作为长辈提供给晚辈这样一种保护是必要的。有一位美国母亲曾在自己的日记中记下这样的场景：“我抱着4岁的儿子，给他读完《小精子历险记》，看着他高兴地告诉我，‘妈妈，我原来是一颗小精子找到家以后变来的啊，好厉害啊！’我意识到我又给了孩子多一层的保护。”

心理“黑子”：凡事必争是大忌

词条解析

每个人的心理都或多或少地存在不同的弱点。这些心理弱点就像是太阳上的黑子、白玉上的瑕疵，成为你前进道路上的羁绊，还会干扰你的思维和判断，甚至会影响你的人际关系和处世态度。

经典案例
JING DIAN AN LI

以下是心理专家归纳出来的几种常见的心理“黑子”，你不妨对照一下，看看自己是否存在这些心理弱点，有则改之，无则加勉。

1. 疑心病。凡是有疑心病的人，总是虚构一些因果关系去解释别人为什么会有这样的言谈举止。例如，有位教师上课时发现有一名学生打瞌睡，竟得出这样的推论：“看来，我的确是个不受欢迎的教师。”

2. 争“公平”。具有公平心理的人，要求世界上的一切事情都应该是公平的，每个人都应当受到同样的待遇。其实，世界不可能是绝对公平的。

3. “应该”论。许多人的情绪被“应该”操纵。如果我对某某好，他就应该对我表示感谢；如果我为某事努力工作，就应该获得成功。这种人总是认为自己有资格立刻获得成功，否则就会郁郁寡欢。这种人总是认为自己有资格立刻得到自己想得到的一切。实际上，这只是幻想。

4. 贴标签。人在愤怒时，最常发生的感情变化，是给他人“贴标签”，例如觉得他人“品质恶劣”“落井下石”“无可挽救”等。这样一来，根本看不到对方的优点，只能从标签出发来对待人，从而造成彼此之间相互仇视的态势。

5. 依赖癖。有的人依赖异性，有的人依赖父母，有的人依赖子女。一旦离开他人，便无法支撑起自己的情感生活。这种情感的依附性，会使人注定生活在对孤独的极度恐惧之中。离开这种情感陷阱的最好办法是要做到人格独立。

6. 寻赞许。许多人把获得他人的赞许作为自己一种强大的支撑力量。一旦别人不再施舍他赞许，他就会觉得自己一无所有，一钱不值。寻赞许者的错误在于把别人的赞许作为衡量真理的唯一标准，其实质却是"不相信自己"。

细心的读者也许会发现，在我们平常的长幼评价体系中，以上的心理黑子有许多都是被长辈推崇和赞许的。如果正在阅读本书的您正是一位长辈，请不要再用错误的评价体系去评价晚辈们的得失了。

情绪觉悟力：噩梦从起床开始

词条解析

情绪觉悟力是人类认知、控制自身和他人情绪的能力。这种能力有着明显的个体差异，我们不妨借用老子所说的"知人者智，自知者明"来表述。情绪自觉即自知之明，情绪他觉即知人之智，二者合而为情绪觉悟力。

经典案例
JING DIAN AN LI

许多人都会有这样的体验：一大早从睡梦中醒来，或许由于在意识中被忘却的噩梦，或许因为一个想不起具体情景的尴尬经历，还在家中梳洗打扮、正准备吃早饭的你就情绪不高，感觉不快。而这一整天就是在工作中，你也总是闷闷不乐，对同事们面对自己阴沉面容时所显露的表情感到莫名其妙，对自己在这一整天遇到的种种不顺觉得无法理解，真是"喝口凉水都塞牙，出门差点被蚂蚁绊倒"。如果一个人对自己处于某种境遇时的负面情绪一无所知，或者在潜意识中没有一种乐观倾向，那么他就无法有效控制自己糟糕的心情，不可避免地会遇上各种各样的麻烦。如果任凭某种恶劣情绪无限发展，变本加厉，就会最终彻底导致一个人身心失衡。

心理学研究表明，情绪自知或情绪自觉，是个体对自我感觉和体验到的情绪变化的敏锐认知，在此基础上对自我情绪的有效调控是一切优良情绪素质的基石。尤其父母平时的一言一行，都会对子女产生巨大的影响，所以为人父母更要注意自己的情绪和自知能力的培养。

情绪反刍：哲学诗人尼采的反刍习惯

词条解析

这个现象也被叫作“后情绪”，这是一种有强烈意志参与的情绪回溯。“情绪反刍”也包括那种对各种无名之火，莫名之躁，甚至各种疾病痛苦或悲剧快感之象征意义的追本溯源。一个人在进行情绪反刍时，往往以联想为纽带，沿着自己心灵发展轨迹反向信步溯流而上，慢慢体味、细细咀嚼自己过去所曾体验到的各种情绪。

经典案例
JING DIAN AN LI

19世纪德国著名哲学家弗莱德里克·尼采充满痛苦、顽强追求、感情汹涌澎湃的一生，对于解释“情绪反刍”具有典型意义。尼采倾向于相信任何一种回忆都是一种启示，他一生中时常陷入一种无法停止自省的状态。于是他所能做的就是一连几个星期都详细地记日记，并通过记叙反复品味自己每日的情绪。

当激情在内心升涨，被持续忧郁弄得既衰弱又亢奋时，尼采就会独自沉思，然后怀着很强烈的兴奋写下自己的体味：“我被一大堆无法摆脱的问题、感觉和想法搅得局促不安……其中有些喧闹呼叫、亢奋激昂……正是新、旧世界间的这种交战决定了我们的情绪；而作战状态，一方胜和另一方败，一直都被称为我们的心情，我们的情绪。”

“时常地，当我窥察自己的思想和情感，并以虔诚静默对其作探究时，我就感到，仿佛带着剧烈内部摩擦所特有的那种忙碌和骚动，空气颤抖着、撕裂了，好像某种思想或某只鹰穿梭而过，一直向太阳射去……”

尼采认为：“生活是一面镜子，我们努力寻求的，第一件事，是从中辨认出自己。”

对情绪的反刍可以使一个人变得心平气和、性情陶然。只有善于思考、乐于冥想、嗜好沉静、严于自律，并且持续发展、不安于现状的健康人，才懂得运用“情绪反刍”来实现进一步“自知之明”。长辈的经历比晚辈丰富许多，所以长辈更要向晚辈传导更多正向的“情绪反刍”方法。

二、夫妻相处心理学

麦穗原理：哲学家的爱情问答题

词条解析

因为对爱情的要求过于完美，在行走的过程中，对未来不可预知，对过去不能回首，所以始终也难以完美，这就是麦穗原理。而之所以叫作麦穗原理，是因为这个原理源于古希腊的一段有关麦穗的哲学对话。

经典案例
JING DIAN AN LI

据说在古希腊的某个哲学园里，某一天，学生问老师什么是爱情，老师就让他先到麦田里去，摘一颗全麦田里最大、最金黄的麦穗来，只能摘一次，并且只可向前走，不能回头。学生于是按照老师说的去做了。结果他两手空空地走出了田地。老师问他为什么摘不到？他说：因为只能摘一次，又不能走回头路，即使见到最大、最金黄的，因为不知前面是否有更好的，所以没有摘；走到前面时，又发觉似乎总不及之前见到的好，原来最大、最金黄的麦穗早已错过了，于是我什么也没摘。老师说：这就是“爱情”。

对于新婚夫妻而言，对爱情有完美的憧憬是很好的，但在现实当中，要客观分析现实，把自己头脑中的想象具体到现实中来。也就是说，要清楚什么是自己想要的。没有达成目标是非常正常的情况，必须理性衡量自身的条件和对方的需求，这样才能做到理智地判断。

多看效应：夫妻相就是看到顺眼为止

词条解析

对于越熟悉的东西越喜欢的现象，在心理学上被称为“多看效应”。在夫妻生活中，有时会觉得对方相貌不佳，最初我们可能会觉得这个人难看，可是在多次的接触之后，逐渐就不觉得他难看了，有时甚至会觉得他在某些方面很有魅力。

经典案例
JING DIAN AN LI

有个人的女友让他给她的同事介绍男朋友，他说出了一个名字，女友简直跳起来：“啊，他哪里配得上我同事？”其实，女友的同事并不见得有多美，不过，在她眼里，同事美若天仙。这个人想起他自己当红娘的一次经历。他是女方线人，朋友是男方线人。看他们迟迟没有进展，他打电话给朋友：“那女孩可是人尖，一堆人在后面候着呢！”朋友不疾不徐：“没到时候吧，都很忙吧。”又过了一个月，和朋友吃饭，他声讨：“你那牛粪怎么回事，我这儿鲜花可等着呢！”朋友回：“什么世道，牛粪不急鲜花都急了。”

玩笑过后，停下来想，自己是否也有同样的倾向——觉得自己的朋友无可挑剔，别人都是高攀。这就是多看效应的奇妙之处。这也启示我们，在夫妻相处中切不可过于着急，必须给予充分的时间进行沟通和相处，这样才能发现对方的优点，或者是隐藏的缺点。

幸福公式：每个人都能创造数学公式

词条解析

美国心理学家赛利格曼研究出了一套幸福公式：H=S+C+V（总幸福指数=先天的遗传素质+后天的环境+你能主动控制的心理力量）。而英国心理学家也推算出“幸福”组成公式：幸福指数=P+(5×E)+(3×N)。P代表人的性格、人生观以及他的适应能力和耐力；E则指人的健康及他的财富和友谊的稳定程度；N的含义就是人的自我评价、对生活抱有的期望值、性情和他的欲望。经济学家保罗·萨缪尔森也有着一套幸福公式：幸福=效用/欲望。

这三个公式实际上分别代表着得到幸福最关键的几个元素：

幸福掌握在我们手中，应主动控制我们的心理力量。

幸福的秘诀在于我们的精神世界，而不是物质生活。

应该感恩知足，而不应该使不合理的欲望过多。

经典案例
JING DIAN AN LI

幸福是一种模糊的概念，以上使用主观因素作为衡量幸福的公式仅作为参考。

在你心目中，如何诠释幸福的含义呢？

如果有人问你“什么是幸福”时，你是否也能列出一道独家的“幸福公式”：

幸福=（　）+（　）+（　）

对于幸福这种来源于每个人的心理体验而言，实际上世界上不可能有两个人的幸福完全一样，所以作为夫妻也不需要去攀比别人的幸福，最重要的是如何创造属于自己的贴心的幸福。

鸡尾酒会效应：看一个电话如何毁掉一对恩爱夫妻

词条解析

所谓鸡尾酒会效应，就是指大脑对外界刺激的一种筛选功能。跟自己有关的，会迅速反应；跟自己无关的，不会做出反应。就好像是在鸡尾酒会上，很嘈杂的环境中，别人谈什么自己都不会去在意，但当别人喊自己的时候，自己会马上做出反应。这种现象经常发生在社交活动的鸡尾酒会场合，因此而得名。

经典案例
JING DIAN AN LI

有一对年轻夫妻，结婚五年，儿女成双，是亲友们人人羡慕的“天生一对”。

然而，一个神秘电话打破了他们平静幸福的生活。那天凌晨1点，家里的座机突然响了。丈夫在外应酬没回来，睡梦中的妻子以为是丈夫打来的，拿起座机“喂”了半天，却无人说话。以为电话打错了，起初，妻子并没在意。谁知道刚睡着，电话又响了，拿起来，依然无人说话。那天晚上，神秘的电话反复响了3次，第3次接完电话，已快凌晨2点。因担心丈夫喝酒有意外，她忙打丈夫手机，发现已关机。丈夫手机平时从来不关，为啥突然关机？神秘电话是谁打的？既然打来电话，为啥又不说话？

俗话说疑心生暗鬼。内心有了太多疑问，妻子不禁回想起丈夫自从被提拔为处长，就很少回家吃饭，更没再陪自己逛过街……

听从好友建议后，妻子开始留心丈夫的一举一动。她发现，以前从不讲究穿着的丈夫开始主动买西服；每天出门前，还会把头发梳了又梳……这些发现让妻子坚信：他一定有了第三者！妻子没想到，自己的隐忍换来的却是丈夫的“不忠”。

之后事情又有了新的变化。有一天，自己加班回家，丈夫突然板着脸问她：“你是不是有啥问题？今天有人打电话到家里，我接了却不说话，肯定是找你的。”

“贼喊捉贼！”委屈的妻子连日的压抑爆发了，当即和丈夫吵了起来。神秘电话并没停下，不是深夜、凌晨，就是在一大早大家正休息的时候打来。妻子反应如此强烈，让他意外的同时，也有点其他想法：难道真有啥问题？回想起最近突然一改往日任性，变得温柔贤惠的妻子，丈夫也开始多了个心眼。

这对曾经被誉为“美满夫妻”开始互相猜疑，而那个神秘的电话也没闲着。妻子和丈夫开始争着接电话，都想问出个名堂来。随后，不甘心的妻子揣着身份证和当初安装电话的手续，找到通信运营商，要求查询神秘电话主人。

没想到，这一查，结果让他们哭笑不得。几天后，通信公司给妻子打来电话致歉：经过查询，神秘电话并不是某一个人打来的，而是一台机器——因通信公司外呼平台的程序出现错误，误将夫妻家里电话设置为不定时呼叫。

事实上，一个小小的电话并不能构成任何事实基础，在这种情况下，夫妻关系闹僵，这在外人看来有些不可思议，然而这就是夫妻生活中鸡尾酒会效应发生作用的典型，事情一旦发生在自己伴侣有关的领域，就会引起无限的连锁反应。而且这些反应往往会通过主观过滤掉其他元素，直接指向某些臆断之处。

空白定律：完全的占有等于完全的毁灭

词条解析

心理学家认为人的心理有这样的特点：在感知世界的时候，如果感知对象不完整，便会自然地运用联想，在头脑中，对不完整的感知对象进行补充，直至完整。奇妙的是，人们对经过联想去“补充”的感知对象，会产生更强烈的心理效应，不仅印象深刻，而且更容易记住。我们把这种现象叫作“空白定律”。这个定律与中国传统绘画艺术当中的“留白”有异曲同工之妙。

经典案例
JING DIAN AN LI

玛丽懂事听话，学习成绩好，热爱体育运动。然而，这一年的圣诞节，她在外面狂欢直至午夜才带醉而归。虽然这一晚的同学聚会父母事先知道，但是玛丽回来的时候超过了父母给她规定的时间，而且还喝了那么多酒，父母当然十分生气。

母亲开门的时候脸色很难看，给了烂醉如泥的她一耳光，说道：“你赶紧向父亲道个歉。”玛丽一下子清醒了，感到大祸临头。她战战兢兢走到了严肃的父亲面前，几乎缩成一团，等待父亲的狠狠批评。没想到父亲只是语重心长、面色凝重地说了句：“你自己想想吧，你也是个大人了！”

回到房间里，玛丽觉得怅然若失，刚刚她真是希望父亲能批评她一顿。如果父亲批评了她，那样就能够减轻一点自己的负罪感了，可是父亲偏偏没有这么做。这使得她更加觉得太对不起父母了。这种自责的心理让她后来再也没发生类似的事情。

有时候留出空白什么都不做，会有更好的效果。在生活中，即使和我们最亲密的人相处，也要注意适当地留白。比如夫妻之间，如果相互没有距离，把对方看得太紧，恐怕只会起到适得其反的效果，对感情的发展不利。相反，如果给对方一定的空间，彼此保留一定的神秘感，那点空白会使两个人更有走近的欲望。

围城效应：婚姻的历史性循环不容打破

词条解析

围城效应，自然是源自著名作家钱锺书的小说《围城》，指的是一种关于婚姻的心理状态。婚姻宛若一座围城，外面的人觉得婚姻无比美好想进来，可是里面的人却身在油盐酱醋的生活当中觉得索然无味，想出去。

经典案例
JING DIAN AN LI

围城效应在婚姻中的影响力尽人皆知。而在孩子的世界中，也会有这样的效应存在。例如在家庭教育中，小的时候看到别的小朋友有东西吃，总感觉那东西一定很好吃，羡慕得口水直流，而真正到自己吃的时候又没有什么滋味了。等到渐渐长大了，总是会羡慕其他的同学有多么漂亮的书包，有那么漂亮的铅笔盒，心想如果自己也拥有一个和他一模一样的书包或者铅笔盒该多好啊，而当自己拥有时又不珍惜了。等到了青春期，总认为自己长大了，有了离开大人、冲出家庭的愿望，而真离开家，到外面体验后，才知道在家多温暖啊。最后，当终于长大，遇到了自己心仪的女孩时，总是认为如果能够得到女孩的青睐，那么这辈子也就足够了，但是跟铅笔盒、书包和零食一样，一旦和心仪女孩结了婚，走进了围城，却马上变得不再那么珍惜这段感情。

通过人类从小到大的心理成长规律来理解围城效应，似乎能够比较好地解释人们喜新厌旧的心理特点，婚姻的围城实际上不过是人生这个大围城中的一部分。

女性动作解读优势："自作多情"与过分解读

词条解析

"自作多情"似乎是多数男性的通病，一份研究报告也证明了这点。报告显示，年轻男性自我感觉良好，常常会不自觉高估自己，因此相比同龄女性，更易错将别人的"好意"当"爱意"。出现这种现象，主要是因为女性解读异性肢体、表情语言的能力优于男性，因此更能准确判断出对方是否对自己有兴趣。

经典案例
JING DIAN AN LI

据美国"每日科学网"报道，在一项研究中，美国耶鲁大学和印第安纳大学邀请了 280 名男女大学生参加测试。这些测试参加者平均年龄为 19.6 岁。在测试中，这些志愿者被要求浏览 280 张异性照片，分别代表"愿意与你成为朋友""愿意和你成为恋人""感到悲伤""拒绝你的追求"。最后，志愿者被要求根据照片上异性的表情和动作，重新将其分类。

结果显示，参加测试的男性在看了"愿意与你成为朋友"这一类别的女孩照片后，将其中 12%的照片误解为"对方愿意和自己发展情侣关系"。而女性误会对方的概率不到 7%。

爱情科学观：科学能够盘算的只是爱情的开始

词条解析

一般认为，恋爱是情感和浪漫的交汇，但研究结果表明，爱情的科学成分可能大于浪漫成分。从科学的视角来看，恋爱是由生殖与性欲望推动的，而且追根究底，这种驱动形式全是由五种感官功能造成的。

经典案例
JING DIAN AN LI

罗格斯大学人类学教授海伦·费雪是研究爱情的科学先锋。她认为："当女孩和男孩逐渐淘汰那些长相不对、感觉不对、触觉不对的人，剩下的便自然是自己觉得还不错的人。而就在这个时候，往往会受到性欲望机制的推动，产生天雷勾动地火一般的恋爱效应。"

费雪进一步表示："高额头、大眼睛、小鼻子、细腻的皮肤会引起比较大的异性吸引力。"

此外，除了视觉上的五官以外，初吻也能成为测试真正爱情的味觉标准。

由于味觉的特别效用，所以鼻子可能为吸引力提供最主要指标。伴侣必须拥有彼此喜欢的味道。而还有一项有趣的研究显示，男性的声音越浑厚，孩子越多。

然而，爱情科学观并不是否认在人类的爱情中全部的感情因素，爱情的性驱动理论，只是在爱情的萌发之时有一定的解释力。爱情真正能够长久，能够得到升华，关键还是要看后面的双方情感磨合以及两人的进一步精神交流。

好感原理："拍马屁"能打动矜持的女人吗

词条解析

人们喜欢那些欣赏自己的人，尤其是在面对异性的选择上，更是倾向于善于赞美、认同自己的异性。正所谓"女为悦己者容"，其实说的就是这个道理。男性只有充分地欣赏女性的优点，了解女性的细腻内心，这样才能真正走入脱俗的爱情境界。

经典案例
JING DIAN AN LI

虽然说女性都喜欢有知己的感觉，然而如何更好地赞美女性和欣赏女性，却又是一门学问。心理学研究表明，对于希望增强对方好感来说，有两项因素格外重要，那就是相似性和赞美。对于相似性这一点而言，心理学家埃文斯通过保险公司记录中的被保险人统计数据发现，如果销售人员与潜在客户的年龄、宗教、政治甚至吸烟习惯相似，那么，销售人员成功销售保单的可能性很大。

而对于后者（赞美）来说，心理学家发现，当听到别人对自己大加赞美时，人们都会对赞美者产生很大的好感。而最为关键的是，这种溢美之词的真假似乎并不是那么重要，只要听起来让人觉得开心即可。

选择爱侣的经济模式：陈小姐的爱情打分表

词条解析

在选择伴侣时，很多人都只是凭模糊的直觉、不稳定的情感倾向去判断，而很少仔细去思考、分析。心理学家通过一些研究，提供了一个“选择爱侣的经济模式”。他们认为选择爱侣虽然比挑选汽车更为复杂，但也并非无迹可循。总结每一个人心中的爱侣打分表，就会发现一些总体的规律。

经典案例
JING DIAN AN LI

陈小姐最近在相亲，她和王先生及刘先生各有过两次接触，而她对两位男士的印象都还好。所以，这样的情况令她感觉很为难，她不知道如何来判断，却希望能从中选择一个来继续交往，又犹豫难决。

陈小姐在感觉纠结之时，便向朋友求助。朋友搬出了科学研究打分表，对陈小姐一一指点。其实，我们在选择爱侣时，根据的通常是对方的容貌、才智、财富、品德、体贴心、幽默感、宗教观等，它们都能加以量化（0到5点）。譬如王先生的容貌是4点，财富是2点；刘先生的容貌是1点，财富是5点。而每个项目在选择者的心中各有不同比重，同样能加以量化（0到5点）。譬如陈小姐对容貌的评点（看重的程度）是5点，对财富的评点是3点，那么她对王先生容貌的评分就是20分（5乘4），财富的评分是6分（3乘2）；对刘先生容貌的评分则是5分（5乘1），财富的评分是15分（3乘5）。依次类推，每个项目的评分相加，最后王先生战胜了刘先生。

当然，这种打分方式只能起到某种辅助作用，决定爱侣选择的关键因素还在于双方的契合度以及化学反应的多少。

爱情心理学：如何赢得对方的爱慕

词条解析

爱情心理学的研究表明，“肢体语言”常常可以向对方传递更多的信息，并表达出更为丰富的情感。尤其是当一个人的言语表达能力平平的情况下，那么在第一次约会时，这个人所说的几乎不会培育出什么可以令人感到惊喜的成果。而在言语之外，实际上有一些动作上的细节，如果恰当地安排，则更能为自己的爱情赢得美好的开局。

经典案例
JING DIAN AN LI

根据长期跟踪研究情侣爱情心理的科学研究人员测算后发现，在第一次约会时，您留给对方的第一印象有55%取决于外表和“肢体语言”，而另外有38%取决于讲话的技巧，最后，只有7%取决于您说话的内容。这就意味着，实际上在约会时谈什么是根本不重要的，讨论某些高深或者文艺的话题，并不一定就会让别人对你产生好感；而相反只需借助一些简单的话题，哪怕谈话的内容只涉及天气，辅之以恰当的肢体语言以及丰富的表达方式，您就有可能赢得对方的爱慕。

而如何通过肢体表现出吸引对方的魅力呢？首先，您的身体必须能够向对方传递一些暗含的积极信号。为了传递这些信号，以下准则您必须遵守：千万不要双臂交叉地站在对方面前；效仿对方的姿势有助于使人体会到一种亲近感。

完整之我：爱情的漫漫长跑

词条解析

每个人身上都有“显性”与“隐性”人格。换言之，每个人除了表现外在众人所见之“显性人格”外，还可能有个正好相反、潜藏心底的“影子人格”。

经典案例
JING DIAN AN LI

每个人都具有的这两种人格，往往又都是互补的。当一个人遇见一位具有自己“影子人格”的异性时，心中常会有欢欣雀跃的感觉。例如，当理性类型的人与感性类型的人相遇时，彼此常会充满新鲜欢愉。而“显性人格”的形成，往往与先天因素有极大的关系，但也受到后天因素的影响。例如，男性成长过程中，多被要求“喜怒不形于色”“好汉打落牙和血吞”，他的人格中的多情易感的部分便被深深压抑到潜意识中变成“影子人格”。

这样的社会氛围下，人要发展出一个“完整之我”是一项非常艰巨的工程，这期间可能要付出惨痛的代价。所以很多一见钟情的男女在蜜月期中，先预尝了爱情天堂的甜蜜滋味，然后便进入了“磨合期”。在磨合期中，可能过去对方最吸引你的特质，现在却成为让你最受不了之处。过去你欣赏他的沉静、理智，现在却成了沉默愚昧、不解风情。过去爱他的自信果断给你安全感，现在却成了以自我为中心，事事都要主宰。如果正好相反，过去女方爱上的是他的细腻温柔，那么进入磨合期中，她很可能就要抱怨他缺乏果敢。在蜜月期中，人人都以为找到了完美的梦中人，在磨合期中却发觉自己过去瞎了眼才会爱上这个对象。

在磨合期中，我们都想努力改造对方，要对方变得完美，像自己心中所定之“理想形象”一样，这是亲密关系中痛苦的一个来源。

恐惧心理与爱情：爱情是否让你感到地动山摇

词条解析

当人们看到对自己有吸引力的人时，他们的身体会准备随时采取可能的行动，所以心跳也会随之加速。这个标准在您不确定是否爱上对方时，或许您可以摸摸自己的心跳，看看自己有没有产生某种程度上的恐惧心理，如果有，那么很可能您已经爱上了对方。

经典案例
JING DIAN AN LI

法国心理学研究专家杜顿和阿隆，在得出了吸引力和心跳的正相关关系结论后，开始研究吸引力和心跳频率的这种关系反过来是否也能成立——是否人们的心跳越快，他们越有可能发现某个人很有吸引力。

两位科学家决定在两座不同的桥上做一个调查。这个调查的内容是，让接受调查的男士分别在两座桥上，回答美女市场调查人员的提问。结果发现，在两座桥中，和较低的那座桥相比，高高的吊桥那摇摇晃晃的特点会让采取这种方式过河的人心跳加速。当男士们在高高的吊桥上遇到女性市场调查人员时，他们会不自觉地认为自己的心跳加快是因她而起，而不是因为身处吊桥之上。结果，他们的身体会给大脑传递一个虚假的信号，让他们觉得这位女士很有吸引力，他们也因此更有可能想要这位女士的电话号码并真的给她打电话。

这个实验实际上非常具有可操作性意义，因为它启示各位爱侣，如果要“人为”地增加对方爱上你的概率。那么在约会的时候最好避开新世纪音乐、乡间散步和风铃，因为它们只会让人变得更加心平气和。相反，如果你选择了和心仪的人一起去听摇滚音乐会、玩过山车或者看恐怖片，那么你成功的概率就大大增加了，因为心跳的频率也许会一时蒙蔽对方真实的判断。

奖赏回路：爱情的悲剧解释

虽然爱情历来被奉为一种神圣的感情，然而生物科学的研究却让其高尚性打了折扣。我们爱的确实不是某个特定的人，而是他给我们的感觉。是大脑由此制造的你的体验使你产生了所谓爱情的感觉，一旦大脑将你的身体反应评价为爱，大脑中的奖赏回路就开始兴奋，于是你才体验到了愉悦。我们想不停地追求愉悦，就得不停地追逐能产生这种感觉的刺激。

经典案例
JING DIAN AN LI

爱情可能仅仅是生化反应所产生的大脑中无数脑细胞活动的结果。但这些生理活动却给予我们如此美妙丰富和惊心动魄的感觉，在那一刻，你的脑中甚至不会有任何其他的思绪。从很早的时候人们就相信，这种情感一定来源于心里，于是祖先们创造了许多形容词——“心爱”“心痛”“心动”……可爱情与心无关，只不过这种强大的情感体验，总是直接伴随着心脏的剧烈反应，才有了这样的错觉。

一个影子进入你的眼中，混合着他独特的气味，你脑中潜伏的神经细胞回路捕捉到这些信号，自动地控制脑垂体分泌激素，从而引起体内一系列腺体的分泌，使你心跳加快、血流加速、口干舌燥；这些反应又作为线索重新送回你的大脑，综合其他的线索进行评价，最终产生爱的感觉。但这一连串复杂的过程发生得如此迅速而自动，你所体验到的仅仅是第一眼就被电到的感觉，仿佛一切浑然天成。

其实，当你面对着梦中情人的时候，身体内的连锁反应跟你面对一头凶狠的野兽的时候是一样的，但不同的情境线索使你的大脑做出了两种不同的评价，产生两种完全不同的情感体验——爱慕或者恐惧，从而引导你做出两种不同的行为——拥抱或者逃跑。问题不在于你面对的是谁，只在于大脑想让你体验到什么样的感觉。

但人类对爱情的依赖并不像依赖毒品一样，身体还创造了另一种机制来调节，还有别的东西同样能激活脑中的奖赏回路。譬如对伴侣的依赖和亲情之爱、对后代的爱等。神经科学家们发现，对一夫一妻制的动物而言，“夫妻”大脑的奖赏回路通常一致。某种程度上这也可以解释，为什么长期的爱情关系很难被破坏，因为失去爱人就好比失去了依赖的药物。

三、子女教育心理学

习得性无助：百米飞人也有软弱无助的时刻

词条解析

这种心理现象主要出现在教育学习的过程中。是指通过学习形成的一种对现实的无望和无可奈何的行为、心理状态。习得性无助学生形成了自我无能的策略，最终导致他们努力避免失败。他们力求无法实现的目标，他们拖延作业，或只完成不费力气的任务。他们沮丧，并以愤怒的形式表现出来。

经典案例
JING DIAN AN LI

百米比赛是田径比赛的精华，而百米冠军往往留下许多佳话。参加1968年奥运会百米赛跑的美国选手海因斯第一个冲过终点线，当他看到运动场上的记分牌打出9.95秒的字样后，他摊开双手自言自语地说了一句话。海因斯的这个动作通过电视网络被许多人看到了。只是由于当时他的身边没有话筒，所以，没人知道海因斯到底说了句什么话。

很多年以后，一位叫帕尔的记者在回放奥运会的资料片时，又重新关注到海因斯那句自言自语的话。于是他去采访海因斯。当被问及在墨西哥奥运会的百米赛跑夺冠后，看到记分牌上记录的数字后自言自语的那句话时，帕尔把当时的录像放给海因斯看，海因斯说："我说的是'上帝！那扇门原来虚掩着'。"

海因斯进一步解释说："自从欧文斯创造了10.3秒的成绩后，医学界断言人的肌肉纤维所承载的运动极限不会超过每秒10米。当我看到记分牌上显示的9.95秒的数字后，我很惊讶，原来医学界断言的10秒极限只是一扇虚掩着的门，它并未关上。"

幸亏海因斯是冲过终点后才意识到自己跑了多快，如果他在起跑前就想着医学界那个断言，那么他必定会陷入习得性无助之中，认为自己肯定无法实现新的目标，于是会造成泄气和心情的不稳定，最终无法打破历史纪录。海因斯的例子启示我们，在对孩子进行教育时，必须注意循序渐进，不能一口气吃成胖子，因为过高的目标往往会造成习得性无助的副作用，最终导致学习者出现逃避、挫败感的负面情绪。

猩猩实验：从猩猩那里得到的启发

词条解析

"猩猩实验"顾名思义，即从一项有关猩猩的实验中阐发出的心理学原理。这个原理主要被运用在教育当中，是指教育者不要因为学生有这样那样的缺点或不足而面带责备之情。相反，教育者要真诚地热爱和关心学生，尤其是要对学生时时报以友善姿态。因为教师对学生是友善姿态，学生会以成倍的友善姿态回应教师。双方友善姿态的良性互动，传递着彼此理解、鼓励和欣赏的信息，才能融洽教育者与被教育者之间的关系，从而促使教学目标更快更好地实现。

经典案例
JING DIAN AN LI

心理学和动物学专家曾经做过一个有趣的对比实验：在两间墙壁镶嵌着许多镜子的房间里，分别放进两只猩猩。一只猩猩性情温顺，它刚进到房间里，就高兴地看到镜子里面有许多"同伴"对自己的到来都报以友善的态度，于是它就很快地和这个新的“群体”打成一片，时而奔跑嬉戏，时而耳鬓厮磨，彼此和睦相处，关系十分融洽。直到三天后，当它被实验人员牵出房间时还恋恋不舍。另一只猩猩则性格暴烈，它从进入房间的那一刻起，就被镜子里面的“同类”那凶恶的态度激怒了，于是它就与这个新的“群体”进行无休止的追逐和厮斗。三天后，它是被实验人员拖出房间的，因为这只性格暴烈的猩猩早已因气急败坏、心力交瘁而死去。

其实，孩子在进行启蒙学习的初期，就好似一个个顽皮的小猩猩，可塑性非常强。在这种时刻，必须利用孩子的心理，对他们多加鼓励，提供一个温暖适合发展的环境，这样的环境应适合孩子们的自由成长。而如果提供给他们一面暴烈、躁狂的镜子，则很可能使得孩子们的性情在一开始就有所缺陷。

瓦拉赫效应：天生我材必有可用之处

词条解析

瓦拉赫是一位非常伟大的化学家，他用个人的经历告诉我们，每个人的智能发展都是不均衡的，都有优势和弱点。人们一旦找到自己智能的最佳点，使智能潜力得到充分的发挥，便可取得惊人的成绩。这一现象被称为“瓦拉赫效应”。

经典案例
JING DIAN AN LI

奥托·瓦拉赫是诺贝尔化学奖获得者，他的成才过程极富传奇色彩。瓦拉赫在开始读中学时，父母为他选择的是一条文学之路。不料一个学期下来，教师为他写下了这样的评语：“瓦拉赫很用功，但过分拘泥。这样的人即使有着完美的品德，也绝不可能在文字上发挥出来。”此后，他改学油画。可瓦拉赫既不善于构图，又不会调色，对艺术的理解力也不强，成绩在班上是倒数第一。学校的评语更是难以令人接受：“你是绘画艺术方面的不可造就之才。”面对如此“笨拙”的学生，绝大多数老师认为他已成才无望，只有化学老师认为他做事一丝不苟，具备做好化学实验应有的品格，建议他试学化学。父母接受了化学老师的建议。这下，瓦拉赫智慧的火花一下被点着了，文学艺术的“不可造就之才”一下子变成公认的化学方面的“前程远大的高才生”。

每个孩子都有自己特殊的地方，喜欢恶作剧的孩子可能是顽劣之徒，而换一个角度想也可能是具有高度创造性才能的家伙；而安静的孩子可能显得非常乖巧，但也可能过于墨守成规，无法突破自我。所以，必须因势利导，发现、发挥每个孩子的长处。

手表定律：猴子伯克大起大落的族群生活

词条解析

手表是日常生活中最常用的工具之一。这一定律是指一个人有一只表时，可以知道现在是几点钟；当他同时拥有两块表时，却无法确定。两只手表并不能告诉一个人更准确的时间，反而会让看表的人失去对准确时间的信心。此现象又称为两只手表定律和矛盾选择定律。

经典案例
JING DIAN AN LI

在远离城市的大森林里生活着一群猴子，每天太阳升起的时候它们外出觅食，太阳落山的时候回去休息，日子过得平淡而幸福。

有一天，一名背包客穿越森林，把手表落在了树下的岩石上，被猴子伯克拾到了。聪明的伯克很快就搞清了手表的用途，于是，伯克成了整个猴群的明星，每只猴子都向伯克请教确切的时间，整个猴群的作息时间也由伯克来规划。伯克逐渐建立起威望，当上了猴王。

做了猴王的伯克认为是手表给自己带来了好运，于是它每天在森林里巡查，希望能够拾到更多的表。功夫不负有心人，伯克又拥有了第二块、第三块表。但也有了新的麻烦：每只表的时间指示都不尽相同，哪一个才是确切的时间呢？伯克被这个问题难住了。当有下属来问时间时，伯克总支支吾吾回答不上来，整个猴群的作息时间也因此变得混乱。过了一段时间，受不了这个不靠谱领导的猴子们起来造反，把伯克推下了猴王的宝座，伯克的收藏品也被新任猴王据为己有。但很快，新任猴王同样面临着伯克的困惑……

手表定律告诉每个父母，教育孩子要避免给孩子戴上两块时间不同的手表。也就是说在孩子的教育过程中，必须注意思想倾向的同一性，不能使用双重标准。比如，在面对自我利益时，教育孩子自私自利，而在面对他人时，又讲究大公无私。这样的情况必然使得孩子的发展没有清晰的路径，形不成自己正确的价值观。

超限效应：有求于人最好点到为止

词条解析

人类的承受能力往往有着一定的限度，所谓物极必反。虽然某种刺激一开始时是正向的，但如果这种刺激无节制地增加就会产生负向的作用。超限效应就是指刺激过多、过强或作用时间过久，从而引起心理极不耐烦或逆反的心理现象。

经典案例
JING DIAN AN LI

美国著名幽默作家马克·吐温有一次在教堂听牧师演讲。最初，他觉得牧师讲得很好，使人感动，准备捐款。过了10分钟，牧师还没有讲完，他有些不耐烦了，决定只捐一些零钱。又过了10分钟，牧师还没有讲完，于是他决定，1分钱也不捐。到牧师终于结束了冗长的演讲，开始募捐时，马克·吐温由于气愤，不仅未捐钱，还从盘子里拿走了2元钱。

还有一个例子，一位哑巴在汽车上以帮助残疾人自力更生的名义，高价出售一些很简单的草编小饰品。哑巴举的牌子上写着饰品价格是一个6元。有一个乘客翻遍了包包，只剩下5.5元，由于这个乘客下车了以后还要换车，必须留下1元零钱，所以他只能非常不好意思地递给那个哑巴4.5元。哑巴看了看，用力摇了摇头，指了指定价。那位乘客见到这样的情况，拗不过哑巴，把最后1元钱递了过去，满脸歉意地对哑巴说："不好意思，就这些了。"结果哑巴还是摇头，又指了指定价。这样的举动反复发生，终于让乘客忍受不了发怒了。于是他夺回了钱，大声对哑巴说："你狠，我不买了，行了吧?"

教育孩子，千万不要做故事里的哑巴和牧师，孩子一般对于说教都有逆反心理。比如，爱玩是孩子的天性，如果一味阻挠，像唐僧一样不断唠叨，反而会由于超过孩子的承受限度，而造成超限，最终引起孩子的厌恶和抵触。

南风效应：通用电气公司的高超技巧

词条解析

拉封丹寓言中有一则讲的是北风和南风比赛谁能使行人把大衣脱掉的故事。北风不假思索首先来了一阵冷风，凛凛刺骨。这样，行人为了抵御北风，便把大衣裹得严严实实，毫无脱意。而南风则不然，它徐徐吹动，使人暖意渐生。行人在不知不觉中先解开了纽扣，继而脱掉了大衣。

经典案例
JING DIAN AN LI

杰克·韦尔奇，GE（General Electric Company，即通用电气公司）历史上的传奇人物，掌控着近20万员工的卓越总裁，也是充分运用"南风法则"，化平凡为神奇的超人。韦尔奇注重公司效益，经常对公司进行战略谋划，以持续的变革迎接挑战，鼓励各种创新以寻求企业活力之源。然而韦尔奇却没有如你想象一般，整天泡在市场研究里，制订一个又一个宏大的计划。

真实的情况是，他每天至少有一半的时间花在了与员工的相处上。他认为员工的忠诚和积极性是企业生存和发展的关键。他将沟通对于一个企业的意义提到了一个很高的高度。他认为有效沟通对于企业十分重要，真正的沟通不是演讲、文件和报告，而是一种态度，一种文化环境。他说："人类的思想创造是无限的，你只管去与他们交流就行了。"每个星期，他都会不事先通知地造访某些工厂和办公室；临时安排与下属经理人员共进午餐；员工们还会从传真机上找到韦尔奇亲手写的便笺或收到他的邮件；每逢节假日，来自他的问候总是第一个到来。与一般严厉责骂的老板不同，他与员工交流时，其语气亲切而发自内心，蕴含了无比强大的影响力，像温暖的"南风"涌入心头，激发着通用人极大的工作热情和创造力。

在韦尔奇的带动下，整个公司上下级关系和谐融洽，领导和管理人员成为激励者和资源调配者，而不是单纯的机器人执行者与机器人动作指导者。在这个横跨金融和制造业的巨大公司中，无论哪个层次的部门经理经常挂在嘴边的话总是：你可以告诉我，要怎么样我才能帮到你。

伟大的企业总是有良好的氛围，同样，良好的家庭教育也应该提供给孩子一个良好的环境。而要形成一个家庭氛围，则需要家中"南风劲吹"才行。家庭成员之间必须良性沟通、和颜悦色、耐心倾听和用心交流，这样才能慢慢感化对方，形成一个很好的家庭环境。

低声效应：吃软不吃硬

词条解析

低声讲话比高声斥责更有效。别人犯错时，不能得理不饶人，更不应大声嚷嚷。相反，如果能温和一些，即使自己掌握着主动，也让人三分，这样才能更容易让人接受。在孩子犯错的时候，教育者不能急于动怒，先了解清楚事情原委后，再心平气和地和孩子一起讨论为什么会犯错，怎样才能避免再犯类似的错误，并和孩子一起商讨出合理的解决方法，放松孩子的心情。如果教育者的声音太大，情绪不好，孩子感到恐惧、紧张，反而不会真正认识到自己的错误。

经典案例
JING DIAN AN LI

美国耶鲁大学的心理学家霍夫兰曾经研究过与谈话者讲述某一事项时的最佳方式。他的调查结果表明：沉稳型的讲课方式和雄辩型、演说型的讲课方式相比，前者能够让学生对讲义达到更大程度的理解。

这说明，低声的谈话方式比高声的谈话方式能达到更好的说服效果。这在心理学上叫作"低声效应"。

比如，父母在教育孩子的过程中，用高分贝的声音批评、呵斥孩子，孩子很容易逆反，他会用比父母还要大的声音反驳。可如果这时父母突然放低声音用柔和的语调说："那我们就此问题好好谈谈吧。"孩子可能会立刻不出声，认真听父母要说什么。

"低声效应"对家庭教育的启示就是"有理不在声高"。低声讲话使人感觉理性不冲动；低声讲话可以使人集中注意力倾听；低声讲话让人感觉亲切。

椰壳效应：陶行知的四颗糖

词条解析

椰壳效应来源于一则故事：一个孩子不喜欢吃饭，每次吃饭都让父母伤透脑筋。一天，父亲无意中把一个椰子壳锯成两半，给孩子当饭碗，结果那天，孩子吃了两碗饭。在家庭教育上，当孩子犯了错误，我们可以用哲理故事或者用侧面表扬的方式来委婉地表达对孩子的批评，这会使孩子更容易接受，更能引起孩子的兴趣。

经典案例
JING DIAN AN LI

我国老一辈德高望重的教育家陶行知先生当小学校长时，有一次他看到一个小男孩用泥块砸同学，当即制止了他，并要求他放学后到校长室去。

放学后，小男孩等在校长室门口准备挨训。陶行知却拿出一块糖送给他说："这是奖给你的，因为你按时来到这里，而我却迟到了！"说完，陶行知又拿出第二块糖说："这块糖也是奖给你的，因为当我不让你打人时，你立即就住手了，这说明你尊重我！"说着，陶行知又拿出第三块糖送到他手中说："我调查过了，你用泥块砸那些男生，是因为他们欺负女生，这说明你正直善良，有跟坏人做斗争的勇气！"小男孩感动极了，哭着说："陶……校长，您打我两下吧！我错了，我打的不是坏人，而是我的同学呀！"陶行知满意地说："你能正确认识你的错误，我再奖励给你一块糖。"

用孩子能够接受和喜欢的方式对待孩子，并不意味着对孩子的放纵和所谓妥协，这反而是一种投其所好、最终潜移默化地达到自己所要传达的教育意涵的高超技巧。就像运用孩子好奇喜欢的椰壳，更能够让他们接受自己装在椰壳里的思想。

家庭氛围效应：德国人的严格从家中做起

词条解析

大量事实表明，在和谐的气氛中，子女更易冷静思考父母的话，理解父母的苦心，更懂事。另外，研究表明，长期处于和谐气氛中的孩子，往往心情愉快，性格开朗，活泼自信，智力提高快。而长期处于压抑气氛中的孩子，则显得孤僻，忧郁，冷漠，智力发展缓慢。德国人比较注重为孩子的学习环境创造良好的条件，但是他们不希望给孩子很大的压力。他们也很关心孩子的成绩，但是不会把分数看得比孩子更重要。从另一方面说，德国人比较注重从情感上感染孩子，他们很关心孩子，从小就使孩子感到被爱，每次都会鼓励他们去做和做得更好。

经典案例 JING DIAN AN LI

在一次教育交流会中，有一名来自北京大学哲学系的德国大学生。他的成绩优秀，表现得非常模范。他讲述了良好的家庭氛围对他的影响："我的父母自小就让我做决定，他们总是告诉我说，我有各种各样的选择。我可以选择一边读书一边学习音乐，也可以选择去做运动员。反正我的人生是我自己决定的，他们只给我指导意见。可是他们却在有意无意之中向我灌输责任感的重要性，他们在要求我自己做决定的同时也要求我对自己的行为负责。而他们也会为他们的行为负责。妈妈在面包房里工作，每天都在家里把黑面包发酵，这么多年一直都很敬业，也从来不会占面包房的小便宜。就是她的这种负责精神感染了我。他们是我学习的榜样。"

正所谓幸福的家庭都是相似的，不幸的家庭各有各的不幸，可见家庭氛围的影响有多么重要。家庭始终是孩子生于斯长于斯的地方，家庭中的种种行为、沟通相处方式都可能被孩子所模仿所接受和认同。一个好的家庭氛围，往往决定孩子一生的性格倾向和成就大小。

罗森塔尔效应：说你行你就行

词条解析

罗森塔尔效应是指人们的信念、成见和期望对所期望的对象产生的影响。这种效应是罗森塔尔等人在其著名实验中发现的。在教育社会心理学中，人们把对某人或某事始终怀着憧憬、期待、热爱、关怀之情而发生意想不到的效果，称为罗森塔尔效应。

经典案例 JING DIAN AN LI

罗森塔尔效应产生于美国著名心理学家罗森塔尔的一次有名的实验中：他和助手来到一所小学，在事先和校方没有任何沟通的情况下声称要进行一个"未来发展趋势测验"，并且向校方索取了一份全部学生的名单。他们煞有介事地对校方说，回去要对这个名单里的学生加以研究。经过了几天的所谓"研究"，罗森塔尔的团队将一份"最有发展前途者"的名单交给了校长和相关教师，叮嘱他们务必保密，以免影响实验的正确性。实际上，这份名单里的学生完全没有经过任何的科学趋势研究，也没有任何的依据作为支撑和背景，也就是说罗森塔尔撒了一个“权威性谎言”，名单上的学生根本就是随机挑选出来的。然而8个月后，奇迹出现了，凡是上了名单的学生，个个成绩都有了较大的进步，且各方面都很优秀。这些学生在上了名单后明显表现出与以前完全不同的精神状态，他们更加自信、活跃和富有主动精神。

这个著名的心理学实验告诉我们，孩子是需要鼓励和鞭策的。给孩子多一些认同，孩子就能够体现出更多的自信和主动性。孩子们会把这种表扬当作一种奖励和荣誉，他们也会在日后用更加努力和主动的方式去尽量捍卫这份荣誉。于是久而久之，就使得孩子们取得了比较优异的成绩和做出了一些之前他们都无法做出的成就。

遗忘曲线：记忆是奇妙的数学概念

词条解析

德国记忆现象研究大师艾宾浩斯研究发现，遗忘在学习之后立即开始。而且遗忘的进程并不是均匀的，最初遗忘速度很快，以后逐渐缓慢。

经典案例
JING DIAN AN LI

以一个记单词事件为例。当记单词开始后，你在几秒钟之内会产生一个“感觉记忆”。这种感觉记忆转瞬即逝，每个人各不相同，但基本上都在三四秒之内。感觉记忆在记单词时不会太深，那么在什么时候印象深呢？感觉记忆之后还会有一个“短时记忆”，也叫“工作记忆”。这种记忆的延续时间在4—16个小时。这种记忆在什么时候用到呢？比如，老师在课间给学生说，下节课要听写昨天学的单词。于是你特别着急，下课后赶紧背。管不管用？管用！但是放学回家吃顿饭或玩了一下，就什么也记不起来了。这是短时记忆，记完后会消失掉。知识只有得到不断巩固练习，才能进入长时记忆。

记忆规律可以具体到我们每个人。因为我们的生理特点、生活经历不同，可能导致我们有不同的记忆习惯、记忆方式、记忆特点。规律对于自然人改造世界的行为，只能起一个催化的作用。如果与每个人的记忆特点相吻合，那么就如顺水扬帆，一日千里；如果与个人记忆特点相悖，记忆效果则会大打折扣。因此，我们要根据每个人的不同特点，寻找到属于自己的艾宾浩斯记忆遗忘曲线。

感官协同效应：熟习朱熹三到，成功不怕不到

词条解析

心理学研究表明：参与收集信息的感官越多，收集的信息就越丰富，所学的知识也就越扎实。这叫作“感官协同效应”。

经典案例 JING DIAN AN LI

宋代的大学者朱熹读书破万卷。在其漫长的治学过程中，也总结出一套独到的读书方法，其中的一种便是“三到”读书法。所谓“三到”读书法，就是:“心到、眼到、口到。心不在此，则眼看不仔细，心眼既不专一，却只漫浪诵读，决不能记，记亦不能久也。三到之中，心到最急，心既到矣，眼、口岂不到乎？”而在朱熹之后的几百年，美国心理学家格斯塔做了这样一个实验：他把智商相近的10个学生均分为两组。第一组的屋里只有5张椅子和5本《圣经》；第二组的室内除5本《圣经》之外，还有几本宗教故事画集，并播放宗教音乐。然后要求两组被试都背诵《圣经》，结果他发现第二组被试成绩远远优于第一组。

通过这个实验，科学家发现：人们从听觉获得的知识，能够记住15%；从视觉获得的知识能够记住25%；但是如果把听觉和视觉结合起来，就能记住二者所获得的知识的65%。

既然感官之间共同工作、互相协作能够使得人们吸收知识又快又准，那么在平常教育孩子时，注意调动孩子的全部感官，使其从不同侧面了解、吸收同一则知识，必将会取得事半功倍的效果。

保龄球效应：卡内基的神奇驭人之道

词条解析

两名保龄球教练分别训练各自的队员。他们的队员都是一球打倒了7只瓶。教练甲对自己的队员说：“很好！打倒了7只。”教练乙则对他的队员说：“怎么搞的？还有3只没打倒。”结果，教练甲训练的队员成绩不断上升，教练乙训练的队员打得一次不如一次。“干工作越多错误越多”，潜台词就是为了避免错误，最好的办法是避免工作，这就是批评、处罚等“消极鼓励”的后果。受到积极鼓励的行为会逐渐占去越来越多的时间和精力，这会导致一种自然的演变过程。

美国钢铁大王安德鲁·卡内基亲自

选拔了其第一任总裁查尔斯·史考伯。这位总裁用人眼光独到，为卡内基钢铁发展做出了卓越贡献。他曾经总结他的人力资源观为："我认为，我那能够使员工鼓舞起来的能力，是我所拥有的最大资产。而使一个人发挥最大能力的方法，是赞赏和鼓励。""再也没有比上司的批评更能抹杀一个人的雄心。我赞成鼓励别人，因此我乐于称赞，而讨厌挑错。如果说我喜欢什么的话，那就是我诚于嘉许，宽于称道。"这就是史考伯的做法。史考伯说："我在世界各地见到许多大人物，还没有发现任何人——不论他多么伟大，地位多么崇高——不是在被赞许的情况下，比在被批评的情况下工作成绩更佳、更卖力气的。"史考伯的信条同安德鲁·卡内基如出一辙。卡内基甚至在他的墓碑上也不忘称赞他的下属，他为自己撰写的碑文是："这里躺着的是一个知道怎样跟他那些比他更聪明的属下相处的人。"

史考伯巧妙抓住员工心理，利用了保龄球效应成功激励了手下的员工，使他们在一种被承认、被鼓励的氛围下充分发挥潜能，最终为公司创造了更多的利润。而实际上，学校里的孩子也可以看作没有充分发挥自身潜能的员工们，多一些鼓励、少一些责备，是一种让孩子更好成长的方法。

莫扎特效应：音乐并不是富人与贵族的专利

词条解析

音乐对于孩子的启发作用早已不是什么医学秘密。《D大调钢琴奏鸣曲》在世界上成为知名的胎教音乐，深受将要做父母的人青睐。而近年来，医学家们通过研究还进一步发现，莫扎特的许多乐曲不仅对儿童多动症有一定疗效；而且对老年痴呆症、口吃、疼痛、神经衰弱等病也能起到一定的治疗效果，另外它还可改善人体机能和对空间的感知能力。

经典案例
JING DIAN AN LI

生活在英国伦敦的儿童劳伦斯已经6岁了，但是他从小就发育缓慢，并患有严重的多动症和语言障碍。哪怕是很简单的问题，例如1加1等于几之类的，劳伦斯总是要一声不吭地想上半个小时才能做出回答。面对这样一位可怜的儿童，许多医学专家都一筹莫展。就在大家认为对劳伦斯已经回天乏术之际，有一个偶然的机会，改变了一切。一天，劳伦斯的父亲把他带到市政音乐厅，这一晚演奏的是莫扎特的曲目。在听到莫扎特的音乐时，劳伦斯明显表现出了莫名的兴奋，甚至随着曲调哼了起来。其父亲受到了启发，随即便用莫扎特的音乐对他进行了几个疗程治疗。果然，经过了这段时间，奇迹出现了，劳伦斯的多动症现象不但大有好转，也喜欢同人讲话了。当别人提出一个问题之后，小劳伦斯立即就可做出相应的回答。

各位父母，如果您有小婴儿即将来到人世，不妨将教育从娘胎抓起，让莫扎特的魔力交响乐陪伴孩子的成长吧。

情绪 ABC 理论：老渔民的生活智慧

词条解析

这一个理论是由美国心理学家埃利斯通过科学的研究创建的。之所以称为 ABC 理论，是因为与以下几个关键因素有关：埃利斯认为激发事件 A（activating event 的第一个英文字母）只是引发情绪和行为后果 C（consequence 的第一个英文字母）的间接原因，而引起 C 的直接原因则是个体对激发事件 A 的认知和评价而产生的信念 B（belief 的第一个英文字母）。同样一个事件，发生在不同的人身上会导致不同的结果，那是因为 B 因素对于每个人而言起的作用都是不同的。那些导致不良结果的错误信念也称为非理性信念。

经典案例
JING DIAN AN LI

有一个在生活上遇到很多波折的年轻人，认为自己很有才华，却总是怀才不遇。失去了生活希望的他，有一天决定跳海，但他刚跳下去，就被一个老渔民用渔网捞了起来。

他很生气，冲着老渔民嚷道："你真是多管闲事，把我捞起来干什么？"

老渔民说道："年轻人，什么事情想不开，为什么跳海呀？你这么年轻，多可惜呀！"

于是年轻人对老人诉说了他怀才不遇的苦衷。

老渔民听完，说道："哎呀，你今天遇到我，运气来了。我正好有医治怀才不遇的偏方，我帮你治治吧。"

年轻人很诧异，急忙问老渔民医治之法。

老渔民说："我有秘诀，如果你想知道，就必须答应我一个条件。"

老渔民说完，随即从沙滩上捡起一粒沙子，往旁边一扔，说："年轻人，帮我去把我刚才扔掉的那粒沙子捡回来，然后我就告诉你。"年轻人听了很生气，说道："你想耍我呀？这么多沙子，我怎么知道哪粒是你扔掉的呀？"

老人听了，笑着说："别生气，我这儿还有个条件，如果你满足了我这个条件，我也可以把秘诀告诉你。我这里有一颗珍珠，我把它扔到沙滩上，你去给我找回来。"

很显然，年轻人轻而易举地把珍珠捡了过来，交给了老渔民，并很虔诚地说："老人家，我把珍珠捡回来了，可以告诉我秘诀了吧?"

老渔民一脸安详，说道："年轻人，秘诀我已经讲完了。"

这个故事告诉我们：有些人之所以怀才不遇，是因为自己是无数沙子中的一粒，跟旁边的沙子没有太大的区别。怀才不遇、不被认可的事件（A）导致其非常沮丧甚至有伤害自己或他人行为（C），主要的原因是产生了错误的认知（B），认为自己是一个与众不同、能力非凡的人，而实际上可能只是一个普通人。同样的道理，在教育孩子时也适用。家长在孩子遇到问题时，可以引导其树立合理信念 B，使其正确看待问题，健康快乐地成长。

优势效应：鹬蚌相争，渔翁得利

词条解析

社会心理学家认为，在人类这种社群性的动物中，人们与生俱来有一种竞争的天性。每个人都希望自己比别人强，每个人都不能容忍自己的对手比自己强。因此，人们在面对利益冲突的时候，往往会选择竞争，拼个两败俱伤也在所不惜。哪怕就是在那种双方有共同的利益的时候，人们也往往会优先选择竞争，而不是选择对双方都有利的"合作"。

经典案例
JING DIAN AN LI

传说很久以前，在一块干枯的河滩上，有一只河蚌正张开壳悠闲地晒太阳。不承想，过了一会儿飞来了一只鹬鸟，伸嘴去啄它的肉。河蚌遇到了攻击，便急忙合起两张壳，紧紧地钳住鹬鸟的嘴巴。

鹬鸟啄着河蚌的肉，而河蚌夹着鹬鸟的嘴，双方就这么干耗着谁也不肯松开。

鹬鸟心想："今天不下雨，明天不下雨，我就能耗死你，到时候就会有死蚌肉了。"

河蚌也心想："只要今天不放你，明天也不放你，你肯定会是一只死鹬鸟了。"

两个谁也不肯松口，并且越咬越紧。就在这种僵持不下的情况下，一个渔夫走了过来，他马上兜开一张大网，不费吹灰之力就把它们一起捉走了。

虽然这只是一个寓言，说的是大家都知道的"鹬蚌相争，渔翁得利"的道理，但是因为鹬蚌相争而被别人得利的事情还是层出不穷的。在当今的社会，主流是合作而非竞争。虽然孩子都是要强而不服输的，并且这种不服输的精神也是很可贵的，但也不能教育孩子在任何事情上都要跟别人争得你死我活。从某种程度上而言，让孩子学会合作比学会竞争更重要。

模仿效应：接近少年使人变年轻

词条解析

在人群当中，人们不难发现这样的现象：那些经常和年轻人在一起的大龄者，和一般大龄者明显不一样，这些人看上去比他们的同龄人明显年轻许多。正所谓，近朱者赤，接近年轻人久了也会变年轻。

经典案例 JING DIAN AN LI

这种现象与直接模仿不同。直接模仿是指员工受到榜样的影响，就可能即时地或者在环境条件有利的情况下相当精确地复制榜样行为。模仿效应是指员工多半会做出与榜样所做的动作同类的动作。也就是说，它适用于与所观察到的活动同属一个大类，但实际上又在所有特点上有所不同的那些活动。

泡菜效应：不同的水泡出味道迥异的蔬菜

词条解析

同样的蔬菜在不同的水中浸泡一段时间后，将它们分开煮，其味道是不一样的。人在不同的环境里，由于长期的耳濡目染，其性格、气质、素质和思维的方式等方面都会有明显的差别。这正如人们常说的“近朱者赤，近墨者黑”。“泡菜效应”揭示了“人是环境之子”的道理。环境对人的成长具有不可抗拒的影响作用。

经典案例 JING DIAN AN LI

幼儿直接“浸泡”在幼儿园与家庭的环境之中，每一位教师和父母是否认真细致地考虑过孩子所处环境的各种因素是否健康？每一种因素将对幼儿产生怎样的作用？对显在的有害因素是否予以了积极的消除或控制？从心理健康角度看，精神环境对孩子的影响作用往往超过了物质环境的作用，老师与父母为孩子营造了怎样的精神环境？是否是多支持、多鼓励、多表扬、多肯定、多欣赏、多自由、多自主、多选择？

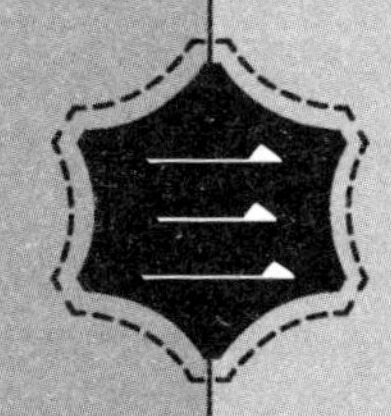

ZHICHANGXINLIXUE

换老板、换员工、换环境、换城市……在不停的盲目探索中，我们到底浪费了多少时间，花费了多大的成本？与其不停地期望有一劳永逸的工作出现，不如主动换掉我们自己的“心”，职场是人心的江湖。通过这一章，你可以了解到人性的复杂及其根源，学会如何洞察人的心理，懂得如何建立威信、施与影响，进而掌控你周围的人和事。另外，你还可以了解到如何与领导、同事、下属、客户、朋友、同学、亲人、陌生人等不同群体相处，懂得如何洞察他们的内心，并自信自如地与之交往，从而营造和谐的人际关系。

BUZHANERQURENZHIBING

不战而屈人之兵

一、领导心理学

自己人效应：冯玉祥的治军之道

词条解析

在人际交往中，彼此会相互影响。这种相互影响有时是无意的，有时则是有意的，即一方对另一方有意识地施加影响，以便矫正对方某种行为。有意施加影响的技巧很多，其中“自己人效应”便是其中之一。所谓“自己人”，是指对方把你与他归于同一类型的人。“自己人效应”是指对“自己人”所说的话更信赖、更容易接受。

经典案例
JING DIAN AN LI

冯玉祥将军在他的“丘八诗”中号召士兵：“重层压迫均推倒，要使平等现五洲。”他体贴士兵，关心他们的生活，曾亲自为伤兵尝汤药，擦身搓背，甚至和士兵一样吃粗茶淡饭。所以，士兵们都感到冯将军没有架子，与自己处于平等地位，因而都尊重和听他的话，有什么想不通的事都愿意找他说。

中国人好讲感情、讲关系、讲派系，这样的特点对于领导而言是十分不利的，没有一位领导希望其手下帮派林立、各自为政，要打破这样的中国式管理壁垒，实际上就应该学习冯玉祥将军，以同样的方法让大家都觉得领导是能够理解自己、帮助自己，能够照顾团体内部的不同需要和不同价值选择的，这样内部的各种小派系就自然会土崩瓦解，最终促使领导下达的指令得到有效执行。

布利丹效应：荒诞的硬币决策机

词条解析

布利丹效应是从一个外国成语引申而来的。14 世纪，法国经院哲学家布利丹，在一次议论自由问题时讲了这样一个寓言故事：“一头饥饿至极的毛驴站在两捆完全相同的草料中间，可是它始终犹豫不决，不知道应该先吃哪一捆才好，结果活活被饿死了。”由这个寓言故事形成的成语“布利丹驴”，被人们用来喻指那些优柔寡断的人。后来，人们常把决策中犹豫不决、难做决定的现象称为“布利丹效应”，又称布利丹之驴、布利丹选择或布利丹困境。

经典案例
JING DIAN AN LI

有个故事说的是一个企业家，随着事业发展，手下人手日增，人多嘴杂主意多，逢事必争个不休。企业家不知听谁的好，根本无法形成决策，企业运行陷入瘫痪。企业家怀疑自己无能，不敢见人，整日闭门看报学经。这日，见报上介绍一个新产品，名曰“决策机”，立即买来一台，并严格按照使用说明进行操作。这一来，凡有需决策之事，他就进小黑屋叮叮当当按几下机器，便回身答复“行”或“不行”。手下人不明就里，直夸老板变得果断英明。一日，企业庆功，企业家酒后吐真言，英明者乃“决策机”也。手下大喜，既如此，我们何不把这个英明的钢铁家伙拆开来研究透了，仿制了来卖？说干就干，切割机开始工作，切开一层又一层，厚厚的彩色钢板终于被切开，核心部件露出真面目——硬币一枚，一面写着 YES（行），另一面写着 NO（不行）。

在一个团队中，领导往往是最终拿主意的人，而在企业经营或者组织任务中，事实上很少会出现完美的选择。各种选择都有利有弊，这时就需要领导进行取舍。而对团队活动而言，有时候效率和执行力往往比决定本身更为重要。所以领导必须果断决定、立即执行，这样反而会比犹犹豫豫、踌躇不决对于团队更加重要。

波特定律：为人们的心灵系紧每一根鞋带的表演大师

词条解析

英国行为学家 L. W. 波特通过大量的实验和观察发现，当遭受许多批评时，下属往往只记住开头的一些，其余就不听了，因为他们忙于思索论据来反驳开头的批评。所以实际上，如果总盯着下属的失误，一天到晚批评员工或者下属，是最没有效率和效果的行为。

经典案例
JING DIAN AN LI

日本是个讲究细节和严谨的民族，并且有着浓厚的人文氛围。有一个日本表演大师，总是用一种充满禅意的方式教育他的弟子。有一次在上场前，他的弟子告诉他鞋带松了。大师点头致谢，蹲下来仔细系好。可是等到弟子转身后，他却又蹲下来将鞋带松开了。有位慕名来采访的记者也看到了这一切，演出结束后，便不解地问大师：“您为什么又要将鞋带解松呢?”大师回答道：“因为我饰演的是一位劳累的旅者，在经过了这样的苦难之后不可能还保持鞋带的规整，长途跋涉让他的鞋带松开，可以通过这个细节表现他的劳累憔悴。”“那你为什么不直接告诉你的弟子呢，让他直接知道这是表演的真谛不是更好吗?”这时，大师哈哈笑道：“他能细心地发现我的鞋带松了，并且热心地告诉我，证明他为人非常细致和友善，这是做表演最重要的素质，我一定要保护他这种热情的积极性，及时地给他鼓励。至于说如何表演倒在其次，我想教育的机会将来会有更多，可以下一次再说嘛。”

这位表演大师并没有因为弟子看不出自己的用心而责怪他，反而对弟子的细心进行了嘉奖，可谓一种高超的领导艺术。波特定律就是教导领导们应该尽量学习这位表演大师，使用这种保护手下自尊心和能动性的方式，这样既没有打消弟子以后细心面对生活的热情，又为后面的教导埋下了良好的伏笔。

布利斯原则：企业的弱管理困局

词条解析

这个法则的意思是当你授权的时候，要把整个事情托给对方，同时交付足够的权力让他做必要的决定。概括起来便是要让人独当一面，必须使其独立自主的法则。提出者是美国管理学家艾德·布利斯，该法则因此而得名为布利斯原则。

经典案例 JING DIAN AN LI

中国的民营企业从弱小到强大，经历了一段时期的管理阵痛和经营误区。在早年的江南地区，A公司是某民营集团公司下属的一家塑料生产企业。由于集团公司业务经营规模的扩大，1998年开始，集团公司老板决定将A公司交由企业聘请的总经理及其经营管理层全权负责经营管理。其间，公司老板基本上不过问玩具企业的日常经营事务；同时，既没有要求玩具企业的经营管理层定期向集团公司汇报经营情况，也没有对经营管理层的经营目标做任何明确要求，对于管理层能够做出的决定的权限毫无规定；更为关键的是管理层的薪酬制度也没有因为所谓全权负责获得改变。结果，经过两年的经营，到2000年底，问题出现了。

公司老板发现，玩具企业的生产管理一片混乱，账务不清，在生产中经常出现用错料、装错模、次品率过高、员工生产纪律松散等现象，甚至出现个别业务员在采购中私拿回扣、收取外企业委托、加工费不入账等问题。老板发现这两年公司投入了几千万元，而没有得到回报，属于企业经营管理不善。而企业经营管理层则认为这两年市场环境不好，没有更大规模的负债和亏损已经是他们认真工作的辛苦功劳了。

于是，双方不断扯皮，老板指责管理层滥用权力、妄想将公司据为己有。面对企业管理中存在的问题，老板决定将企业的经营管理权全部收回，重新由自己负责企业的经营管理。已经在经营上逐渐熟悉的企业原经营管理层一下觉得大权旁落，认为老板对自己不信任，情绪低落。而这时，再一次的交接变动，也使得经销商、员工当中有意无意流传着一些对企业不利的消息。整个企业变得人心涣散，经营陷入困境，没撑过两年便以被收购告终。

随着企业的发展，原来的企业管理者受困于自身的素质和知识，应该要退出企业的实际经营管理，将经营权交给专业的经理人。但是很多老板对于经理人并不放心、处处刁难，稍有不顺心之处便要收回权力，实际上这对企业是很有害的。拿得起放得下，方为新时代的理智领导，方能让自己一手创办的企业成为百年老店。

拜伦法则：希尔顿长盛不衰的秘密

拜伦法则是指将某事授权给他人后就完全忘掉这回事，绝不去干涉。换句话说也就是要充分信任受托人，给受托人充分的自我执行空间，而不要横加干涉。

经典案例
JING DIAN AN LI

希尔顿酒店举世闻名，那是一段辛勤创收故事，其中尽显领导风格和管理风格的革新。

话说，在希尔顿 21 岁那年，父亲把一个小酒店经理之职交给了他，同时转让给了他部分股权。虽然有经理之职，但实际上在这段时期中小希尔顿的父亲经常干预，他并没有达到自由运作的境界。这一方面是因为父亲总觉得儿子还太年轻，另一方面也许是因为事业尚未稳固，如果儿子失误那么将带来重大打击。小希尔顿认为实际上在运营过程中，自己的许多想法和决定是正确的，但是得不到执行，否则公司将发展得更快。终于在品尝了有职无权、处处受制约之苦后，希尔顿得到了有权任命他人的机会。于是，他总是慎重地选拔人才，但只要一下决定，就给予其全权。

实际上全球如此多的希尔顿饭店，希尔顿本人不可能把握到他酒店王国的每一个角落。许多高级职员都是从基层逐步提拔上来的。由于他们都有丰富的经验，所以经营管理非常出色。希尔顿的秘诀是，对于提升的每一个人都十分信任，放手让他们在各自的工作中发挥聪明才智，大胆负责地工作。如果他们之中有人犯了错误，他常常单独把他们叫到办公室，先鼓励安慰一番，告诉他们干工作的人都难免会出错。然后，他再帮他们客观地分析错误的原因，一同研究解决问题的办法。

希尔顿对下属犯错误采取的是宽容，而非放任的态度，是因为他认为，只要企业的高层领导，特别是总经理和董事会的决策是正确的，员工犯些小错误是不会影响大局的。如果一味地指责，反而会打击一部分人的工作积极性，从根本上动摇企业的根基。希尔顿是一个成功的领导，能够摆脱作为领导的刚愎自用、自以为是，能够尊重员工、下属的能动性，给予他们充分权力发挥他们的才智。

磁力法则：玫琳凯的心情化妆术

词条解析

无论你的手段多么巧妙，高压手段终会招致他人的抵制和报复。这一法则的效力主要体现在领导批评下属的场合。如果在领导召见下属的时候，看到对方抓耳挠腮，扭捏不安，就说明领导肯定还有什么没有替下属想到。领导在批评下属时不充分为下属着想，而是暴风骤雨地猛批，这样必然会造成下属的磁力场效应，会像领导对待自己一样产生相对应的逆反心理。

经典案例
JING DIAN AN LI

玫琳凯化妆品公司的创始人是个具有感染力的魅力领袖。她的管理信条里面有很重要的一条就是：人才是一个企业中最宝贵的财产，企业管理的关键是人才管理。泛泛地谈人才管理很容易，记者随即追问她会如何对待不合格或犯错误的员工，她这才把自己看家本领说了出来："最重要的就是学会宽厚待人。我们应该学会换位思考，其实当做不好一项工作的时候，最难受的是员工。而作为管理者，我们应该帮助员工发现问题、改正问题，而不能只是一味地去批评他。每个人都有自己的优点，员工之所以会做不好，很大程度上可能是因为这个工作本身就不适合他。此时领导不因势利导、人尽其才，那么就完全是领导的责任了。"

有了这样的领导，在她的公司里，员工的满意度自然都非常高。每个人都卖命地工作，即使被她批评，员工们也会感到有了更大的动力，会兴奋地对玫琳凯说声谢谢。

玫琳凯的管理经验值得我们认真地学习和实践。试想一下，一个处处为员工着想的公司怎么会留不住员工呢？一个处处为员工进步着想的管理者怎么会不受到员工的爱戴和尊敬呢？当一个员工犯了错误的时候，不是急着去批评他，而是和他站在一条战线上，帮助员工寻找工作没有做好的原因，这样的领导释放出的磁力全部是善意而友好关怀的，如何能不吸引员工还给自己同样友好的磁场呢？

改宗效应：所有人的赞美敌不过反对者的一个微笑

词条解析

来自美国的社会心理学家哈罗德·西格尔通过他的研究，证明了一个心理学现象，那就是在一个问题对某人来说是十分重要的时候，相比于那些一向忠于自己观点，总是逢迎和奉承的人，人们更喜爱改变观点转而支持自己的人。改变自己原来的观点便是所谓的"改宗”。显然，人们在批评某人、诱使某人改变观点时，感到自己是有能力的，从而克服了因为此人最初持有某种“可怕的”观点而不喜爱他的倾向，而因此也使得观点持有者对于自身观点的感觉更佳、自信状态也更好。

经典案例
JING DIAN AN LI

在大多数人循规蹈矩的办公室格子间，人们往往会发现，总是有一两个人喜欢唱反调，或者说，他的观点总是与人不一样。这些人在表面上可能会让人觉得有可能成为办公室的刺头、不招人待见，可实际上，办公室的枯燥生活往往少不了这类人物的调剂。许多时候，办公室里常常会聚集一批人，这些人同质化很严重。而这时候出现一个“异类者”或者说顽固的自我意见坚持者，则会起到意想不到的反应。这时往往会形成这样的情况：一个东西，别人都说好没有用，只有他说好，才是真的好；一件衣服，别人都称赞也没用，远远比不上他一个人的肯定；一篇文章，得到了90%以上人的肯定，如果没有他点头，那么，当事人心里总是疙疙瘩瘩。久而久之，办公室的人群就会形成以这个人的意见为核心，大家似乎都以征服他的意志为最高境界。尽管都知道他的肯定性表达总是很稀缺，但是如果缺少了他，办公室的日常谈话将变得极度的乏味无趣。

有一天，一个刚刚乔迁的同事早早来到办公室，在电脑上展示新家的装修图。在喜欢唱反调的那个人到来之前，大家对这位同事的各种吹捧声不断，可是这个同事不为所动。那个人姗姗来迟，看了一眼，没说话，被逼急了，终于说，“恕不评论”。于是整个下午，这个同事都试图说服这个反对者。别的无数肯定者，权重都不及这个反对者。可是，无论他怎样找角度，找论据，就是改变不了反对者的心意。而越是改变不了，反对者的意见就显得越重要。

拱道效应：名校光环照耀，自信便成活水之源

词条解析

这是由法国心理学家爱德华·德·波诺首先提出的一个效应。优秀的学校、公司往往犹如一个拱道，他们自身所积淀的名牌效应就会产生积极的拱道效应。通常这种地方都会吸引一群优秀人物走进拱道，然后自然而然就会从拱道里冒出一串优秀人物。优秀的团队所形成的“拱道”，往往使人们在穿过其中时产生积极的心理反应，增加了自己的优秀者和强者的心理暗示。

经典案例
JING DIAN AN LI

在领导一个团队和一个公司时，必须学会利用员工或者下属的拱道效应心理，尽量增加这个团队、公司的荣誉

感、归属感，并且要用心塑造整个公司、团队的文化、品牌氛围。这样使得整个团队产生优秀的拱道效应，那么其成员自然就会倍增使命感和自信心，工作起来必然会更有成效，最后就能够产生使用物质激励都不一定能够产生的神奇效果。

篮球架效应：跳一跳，才能够得着

词条解析

经常看篮球比赛的人们会发现篮球架的高度设计其实很有讲究。设想一下，如果篮球架跟一个人差不多高，随便谁不费多少力气便能“百发百中”，大家也会觉得没啥意思；而如果篮球架有两层楼那样高，那么对着两层楼高的篮球架子，几乎谁也别想把球投进篮圈，也就根本引不起人们对篮球的兴趣了。正是由于现在这个一般人大概能够着，优秀运动员可以驾驭其上的高度，才使得篮球成为一个世界性的体育项目。一个“通过努力能够够得着”的目标最有吸引力，对于这样的目标，人们才会以高度的热情去追求，这就是篮球架子的高度对我们的启示。

经典案例
JING DIAN AN LI

篮球架效应对教育的启示是，我们给学生树立的目标一是要让学生力所能及，二是要不断提高。也就是说，既要让学生有机会体验到成功的欣慰，不至于望着高不可攀的“果子”而失望，又不要让学生毫不费力地轻易摘到“果子”。只有不断给学生定出一个“篮球架子”那么高的目标，让大家都能“跳一跳，够得着”，才能收到好的效果。具体地说，我们要做到以下两点：

第一，我们必须全面分析学生各个方面的情况，注意教育目标的可行性、合理性。在制定目标时，一定要考虑学生的心理发展水平和学生的心理承受能力。提出的目标要与学生心理发展水平处于同一层次，使学生通过努力就可以达到，让学生“跳一跳，摘到苹果”。

第二，我们要注意教育目标的层次性和具体性。学生之间的差异是客观存在的，教育也要落实因材施教的原则。必须分析不同层次学生现有的发展水平，根据学生的不同情况，制定不同层次的、具体的目标。使每个学生都能获得成功的喜悦，进一步增强前进的信心。如对学习有困难的学生，教师不宜一下子对他们提出过高的要求，而是先提出一个比过去有进步的小要求，当学生达到这个要求后再逐步向其提出更高的要求，学生往往更容易接受并达到。

特里法则：坚持者总能得胜

词条解析

这是由美国田纳西州银行的前总经理特里先生提出的心理法则。他认为承认错误是一个人最大的力量源泉。正视错误的人，才能够获得进步；而刻意回避错误的人，只能面临后退和更大的失败。

经典案例
JING DIAN AN LI

1973年，肯德基就已经瞄准了大中华区这个巨大的市场，随后就迅速决定在同年的6月大举进军香港市场。刚刚进入市场的那段时间，由于广告宣传和人们的好奇心理，生意十分火爆。

然而好景不长，随着人们的好奇心理渐渐退去，肯德基在香港的生意遇到了水土不服的情况，在1975年仅仅进入香港两年之际，肯德基就决定全面撤离这个已经亏损严重的新市场。但是，肯德基的高管层并没有就此灰心，经过了精心的总结和筹划，肯德基终于在第二次进军香港时取得了市场的巨大成功。

无独有偶，2001年时，沃尔玛就已经成为全球500强企业之首，在很多国家简直是所向披靡，一些地方政府甚至要给予沃尔玛极大的优惠才能将这尊“大神”请到自己的地盘上来。然而，当2002年来临，沃尔玛信心满满进入德国市场时，却受到了当地政府和法律的强力阻击。不仅损失过亿，而且还要按照德国法律披露许多公司经营的细节信息。在这种情况下，很多行业分析师都认为，平时财大气粗的沃尔玛必定受不了这样的窝囊气，将放弃德国市场。

但是，出人意料的是，沃尔玛的高层并没有就此灰心丧气。公司的董事会经过一系列严密而巧妙的经营战略调整，并对自己的内部运行体制采取了新的整顿措施，反而更大规模地铺开在德国的业务，最终在德国收获了成功。

特里法则无时无刻不在提醒着公司的领导层，正视错误、直面失败，认真总结失败原因，而不是过分地怨天尤人、埋怨各种客观条件的不具备，这样才能做到从失败中再一次站起来。当然，作为领导者要让自己承认错误并且认真改正错误，这其实是一件很难的事情，需要足够的企业家胸怀以及充分的理性反省能力。

三明治效应：老师如何教导迷途班长

词条解析

通常在批评别人的时候，如果把批评的内容夹在两个表扬之中，那么将会使受到批评的人更能在愉悦、诚恳的心态下接受批评。三明治效应在人们的批评中有着广泛的影响，巧妙运用类似三明治夹层一样的批评模式，必将使作为领导的批评更加“美味可口”。

经典案例 JING DIAN AN LI

王琳是一位市立高中的政治老师。刚刚大学毕业不久就走上教师岗位的她，与那些老教师相比，在学生中的威信要弱很多；再加上许多中学生又对学习政治有天生的抵触感，所以在她的课堂上经常会出现学生酣睡、聊天、打游戏的现象。虽然她一再公开批评，然而情况却没有明显的改观，而整个班级的政治成绩也一降再降。

有一回小测验，她发现班长居然夹带纸条作弊。她非常生气，但并没有当面训斥班长，而是走到班长身边轻轻敲了敲桌子，让班长意识到自己的错误行为，先停止作弊行为。

测验结束后，王琳把班长叫到她的办公室。班长到来的时候已经是红着脸、低着头，王琳随即对班长说：“老师知道你学习很用功，也非常在意自己的成绩，这是你要强的一面，你也是老师求之不得的好学生。”意外的表扬，让班长的脸更加火红起来，王琳接着说：“老师发现你在用功的同时，也是一个非常有天赋、很聪明的学生，对于你这样的学生而言，根本不需要作弊去提高成绩，是不是？”班长这时候已经羞愧得潸然泪下。王琳最后对班长说：“你只要意识到自己的错误就可以了，老师给你充分的信任和个人调整空间，但是如果再有下次，那老师就要动真格了，知道了吗？”

班长听完这些话，擦干了眼泪，回到班级上以后，主动回答问题、认真学习、帮助同学建立对政治的兴趣，最终在班长的带领下，整个班的政治学习氛围完全改变。

三明治效应强调的是三层情感基调的结合：第一层总是认同、赏识、肯定，关爱对方的优点或积极面，中间这一层夹着建议、批评或不同观点，第三层总是鼓励、希望、信任、支持和帮助，使之回味无穷。这种批评法，不仅不会挫伤受批评者的自尊心和积极性，而且还会使其积极地接受批评，并改正自己的不足。

自圆心理：陆游的积极理想与领导的过度膨胀

词条解析

在职场中，许多人都有着非常充沛的事业心，他们都有把一件事情做得足够完美的心理倾向，这种倾向在心理学上被称为“自圆心理”。积极的自圆心理是促使个体产生完成某项活动的强大内动力。而一旦“自圆心理”过度膨胀，就会使得本人神经过度紧绷，反映到身体和生理上就会出现一种过分的透支。

经典案例
JING DIAN AN LI

自圆心理在人类的活动中具有非常大的普遍性，不仅现代人有此心理，古人也会在心中自圆。南宋爱国诗人陆游曾写过一首《示儿》："死去元知万事空，但悲不见九州同。王师北定中原日，家祭无忘告乃翁。"诗人陆游，从来都是兼济天下的知识分子，他年老多病，自知不久于人世，然而放心不下遭异族入侵、深受战乱之苦的国家和人民，所以叮咛儿子等将来国家统一时，不要忘记告诉已长眠于九泉之下的自己。在传统中国文化中，国人将心里还有所牵挂，不达目的誓不罢休的情形称为"死不瞑目"；而将达成了某个特定的人生目标称为"功德圆满"，这些都生动而形象地反映了自圆心理。

在组织中，领导者自然希望下属都有着充分的自圆心理。然而自圆心理过度也有一定的消极作用，它有时会以相反的形式表现出来。表面好强而固执的人同时内在有虚荣软弱的一面，因为在潜意识里担心这件事完成不了，或者害怕见到自己不愿意见到的不良结果，于是寻找种种外部原因来作为借口，一再拖延，导致事情虎头蛇尾，不了了之。所以，在组织内部，领导要强调下属和团队的积极性，但是也不能过分强调功利的考量标准。

社会时差感：拥挤城市的上班跋涉透支职场锐气

词条解析

许多人的自然作息规律和日常工作时间并不完全吻合，所以他们每天始终处于一种"社会时差"状态。这种状态和长途旅行后由于时差造成的状态十分相似，是一种人造的"时差"。尽管足够的日光照射可以帮助人们克服这种"社会时差"，但大部分办公室工作人员无法得到充足的日光照射，所以他们更加难以摆脱睡眠不足的状态。

经典案例
JING DIAN AN LI

德国慕尼黑大学的专家对500名职场人士进行了一项调查，结果发现，虽然这些人的生物钟差别较大，但平均来说，他们晚上12点30分左右就寝，早上8点30分左右起床，对于很多职场人士而言，这实际上就是他们身体的自然作息规律。但是，这种生物钟往往与上班时间无法匹配。在大城市由于上班路途遥远，所以一般情况下，7点左右就必须起床。于是，这样的"时差"就会导致职场人士的精力不足、精神不振，所以需要使用吸烟等方式提神。而在那些生物钟与日常工作时间相差1小时的人群中，只有10%左右的人吸烟。

但在那些“社会时差”达到7小时以上的人群中，这一比例上升到70%。

作为职场领导或者主管，应当注意到这种现象，尽量给办公室提供充足的光照。让阳光照进办公室可能只是非常简单的事情，却能够有效缓解社会时差感，从而提高团队的工作效率。

独家激励法则：重要的不是红烧肉而是独家红烧肉

词条解析

现代社会的群伙、组织结构在提高生产效率的同时，往往会在一定程度上让人无法发挥独立个体的力量。当所有的工作都变得流程化，所有的工人都变成了流水线上一个机械的零件时，实际上工人们更加期望有人能够单独承认自己的价值。而这种额外的单独表扬，往往会成为工人个体加大努力程度的一个重要诱因。

经典案例
JING DIAN AN LI

老板接到一桩业务，需要把一批货物搬运到码头上去，又必须在半天内完成。任务相当重，可他手下就那么十几个伙计。

这天一早，老板亲自下厨房做饭。开饭时老板给伙计一一盛好，还亲自端到他们每个人的手中。

伙计王某接过饭碗，拿起筷子，正要往嘴里扒，一股诱人的红烧肉浓香扑鼻而来。他急忙用筷子扒开一个小洞，三块油光发亮的红烧肉被焐在米饭当中。他立即扭过身，一声不吭地蹲屋角，狼吞虎咽地吃起来。

这顿早饭，伙计王某吃得特别香。他边吃边想：老板看得起我，今天我要多出点力。

于是搬运时，他把货装得满满的，一趟又一趟，来回飞跑着，搬得汗流如雨。

整个上午，其他伙计也都像他一样卖力，个个挑得汗流浃背。一天的活，一上午就干完了。

中午，伙计王某不解地问伙计张某：“你今天咋这样卖力？”

张某反问王某：“你不也干得起劲吗？”

王某说：“不瞒你说，早上老板在我的碗里塞了三块红烧肉啊！我总要对得住他的关照嘛。”

“咦！”伙计张某惊讶地瞪大了眼睛，说：“我的碗底也有红烧肉哩。”

两个人又问了其他的伙计，原来老板在大家的碗里都放了肉。众伙计恍然大悟，难怪吃早饭时，大家都不声不响闷头吃得那么香……

如果这碗红烧肉放在桌上，让大家夹来吃，可能就不会这样感激老板了。

同样是这几块红烧肉，同样是这几张嘴，却产生了不同的效果，不能不说这也是一种智慧！

二、管理心理学

霍桑效应：丑小鸭与白天鹅的对调

词条解析

1927 年到 1932 年，乔治·埃尔顿·梅奥教授在美国西部的一家霍桑工厂进行了一项实验。实验证明，提高生产效率的决定因素是员工情绪，而不是工作条件。必须关注员工的心理因素，才能让员工们获得更多的额外动力。

经典案例
JING DIAN AN LI

曾经有一所国外的学校，每次在入学时都会对每个学生进行智力测验，并以这次智力测验的结果将学生分到优秀班和普通班。这样的惯例持续了多年，始终让这所学校保持着很高的升学率以及很好的声誉。结果，意外的情况发生了，在有一次的例行检查时发现，一年前进行的一次智力测验中，整整这一批学生的测验结果都由于某种失误被颠倒了，也就是说现在的优秀班其实是普通的孩子，而真正聪明的孩子却在普通班。

然而，对比这一年两个班的成绩，却依然如同往年一样，优秀班明显高于普通班，并未出现异常。这所学校所出现的这种有趣现象，其实也是因为霍桑效应在其中起着作用。原本普通的孩子被当作优等生关注，他们内心就对自己的身份产生了认同感，额外的关注加上心理暗示使得丑小鸭真的成了白天鹅，他们自然在平时表现得更加自律和努力。相比于那些理论上看似聪明的孩子，他们这种主动努力的精神和学习态度，很自然让他们收获到了更多的成果。

这样的例子启示我们，作为管理者管理一个团队时，必须关注团队的心理情绪，只有让整个团队的成员都产生了强大的认同感，有自己主动努力的动力，才会产生额外的生产效率，使得整个团队的工作积极性显著提高。

阿伦森效应：老人智退愣头青

词条解析

阿伦森效应是指人们最喜欢那些对自己的喜欢、奖励、赞扬不断增加的人或物，最不喜欢那些显得不断减少对自己的奖赏的人或物。此效应由著名心理学家阿伦森的研究而得以发现，并最终命名。

经典案例
JING DIAN AN LI

国外一位老人，退休后想图个清静，于是就在湖区买了一所房子。住下的前几周倒还太平，可是不久，有几个年轻人开始在附近追逐打闹、踢垃圾桶且大喊大叫。老人受不了这些噪声，出去对这些年轻人说："你们玩得真开心。我喜欢热闹，如果你们每天都来这里玩耍，我给你们每人 1 元钱。"年轻人当然高兴，既玩了还能得钱，何乐而不为呢？于是他们更加卖力地玩闹起来。过了两天，老人愁眉苦脸地说："我到现在还没收到养老金，所以，从明天起，每天只能给你们 5 毛钱了。"年轻人虽然显得不太开心，但还是接受了老人的钱，每天下午继续来这里打闹。又过了几天，老人"非常愧疚"地对他们讲："真对不起，通货膨胀使我不得不重新计划我的开支，所以每天只能给你们 1 毛钱了。""1 毛钱？"一个年轻人脸色发青，"我们才不会为区区 1 毛钱在这里浪费时间呢，不干了。"从此，老人有了安静悠然的日子。

这位老人虽然没有管理一家公司企业，却成功运用阿伦森效应实现了自己希望达成的目标。老人的做法也启示我们，在日常的管理中，要注意防止阿伦森效应对于团队目标的减损，时时检视团队的行动是否合乎团队共同的目标和原始创业冲动。一旦有偏离必须及时调整，防止由于兴趣减损而造成团队无效。

热炉法则：诸葛亮斩马谡背后的心路历程

词条解析

当人用手去碰烧热的火炉时，就会受到"烫"的惩罚。纪律是一切制度的基石，组织与团队要能长久存在，其重要的维系力就是团队纪律。每个企业都有自己的规章制度，任何人触犯了都要受到惩罚。制度明确规定了员工该做什么，不该做什么。就好像是标明了在哪里有"热炉"，一旦碰到它，就一定会受到惩罚。

经典案例
JING DIAN AN LI

三国时代孔明挥泪斩马谡的故事，相信许多人都很了解。马谡曾经是诸葛亮非常喜欢的一员爱将。有一回，诸葛亮与司马懿对战街亭，马谡气盛地自告奋勇要出兵守街亭。诸葛亮当时虽然很赏识、抬爱他，但了解马谡其实做事轻率，并且缺乏实战经验，因而不敢轻易答应他的请求。但马谡表示愿立军令状，若失败就处死全家。诸葛亮在众将面前驳不过面子，只好同意给他这个机会，并指派王平将军随行，并交代马谡在安置完营寨后须立刻回报，有任何行动计划都必须与王平商量，马谡都一一答应下来。然而，马谡的军队到了街亭之后，他却执意扎营在山上，完全不听王平的建议，而且没有遵守约定将安营的阵图送回本部。司马懿一看这个情况，派兵进攻街亭之前，在山下切断了马谡军的粮食及水的供应，极轻易就使得马谡兵败如山倒。蜀国的重要据点街亭就此失守。事后，面对爱将的重大错误，诸葛亮为了捍卫军中的铁律，只能忍痛挥泪将马谡就地处斩。

火炉面前人人平等，谁摸谁挨烫。诸葛亮不因为马谡是自己的爱将就网开一面，从而保证了惩罚的平等性。在进行每一项事业时，总是有着这项事业所必须坚持的不可违反的守则，每一个团队都要建立起自己的“热炉”地带。这些“热炉”地带没有任何“弹性”，无论什么人，无论何时何地，只要触碰了“热炉”，都会被灼伤。“伸手必被捉。”只要做到“不辨亲疏，不异贵贱，一致于法”，除恶务尽，有贪念者就不敢再去触碰“热炉”，就能够保证团队的基本清廉和根本利益。

软化效应：专制的学校引反感

词条解析

“软化”是相对于“硬化”而言的。虽然在日常管理活动中，权力、制度作为管理者的手段，有着对团队成员最为强大的支配力。但是，仅仅依靠权力和制度所创造的管理气氛显得冷冰冰、硬邦邦的，可以称之为一种“硬化”的环境。而尽量减少这种硬碰硬的思维，在员工中形成一种平等、沟通、不数落、不批评的氛围，则可以造成一种团结向上的人文环境，这种环境就是所谓的“软化”环境。

经典案例
JING DIAN AN LI

美国曾经有位教育专家，以“心目中喜欢的老师”为题对9万名学生做了调查。结果显示，学生们最喜爱教师有12种素质：友善的态度、尊重教室里每一个人、耐性、兴趣广泛、良好的仪表、公正、幽默感、良好的品行、对个人关注、勇于认错、宽容、颇有办法。总括这12条，实际上只导向了一个趋势，那就是学生们希望老师，特别是班主任能够民主一些，有一个适合他们成长的“软化”的学习环境。“软化”的环境可以使学生情绪镇定、安静，意志上振作、向上，可以减少学生的偏激、冲动、生硬等行为，可以缓解学生心理的紧张度和烦躁感。

“软化”和“硬化”虽然只是一字之差，但效果却有天壤之别。“硬化”的管理环境，往往导致专制，产生对立。诚然，专制可以营造鸦雀无声的氛围，可以养成下属服从的习惯，在“应试教育”的条件下，很多管理者对此习以为常甚至心安理得；实质上，这种教育氛围的营造和学生习惯的养成所带来的后果是十分可怕的。它不仅泯灭了下属最宝贵的“天性”——好奇心、探索欲望、创新精神和独立意识，而且还很容易造成下属的表里不一、口服心不服以及上下级之间的对立。

阿尔布莱特法则：一群聪明人的叠加也有可能导致巨大的愚蠢

词条解析

这个法则是指：把一群聪明人收编进组织后，结果往往变成集体性愚蠢。单纯的团体组合并不能达到一加一等于二的效果，反而有可能造成智慧的减损。提出这个法则的并非心理学家，而是国际知名的学者、演说家及管理顾问卡尔·阿尔布莱特。

经典案例
JING DIAN AN LI

美国宇航局向来以国际领先的航天技术闻名于世，然而历史上美国宇航局也有过巨大的失误。

在1999年，美国宇航局在火星进行的气象人造卫星任务失败，事后美国政府开始彻查事故原因。经过了数年的排查，也没有发现原因。最后终于发现，原来错误的源头，就是因为一组工程师使用公里和公斤的公制单位撰写程序，另一组却使用英里和英镑的英制单位运算。这个小小的错误产生了连锁反应，最终造成了雪崩一般的后果。

美国宇航局工作人员、科研人员不可谓智商不高，不可谓知识不丰富，然而在每一个环节，这些人都默认为上一步必定是正确无疑，并且对自己这一步也信心满满，于是最后造成了集体性的愚蠢发生。聪明人各有各的聪明，办事情往往比较飘逸，常常会发生过分自信以及疏忽大意。而且聪明人时常不愿意承认自己的错误，没有主动改错的精神。事实证明，在公司管理中，架设团队时必须注意人员性质的不同组合。不但要有聪明人主导，也必须有踏实、性格沉稳的普通人参与其中，这些人和聪明人会起到互补的作用，最终将团体的智慧发挥正向的效果。

艾德华定理：双头鸟自相残杀，害人之余终害己

词条解析

在一个组织内，如果领导之间的合作没有处理好的话，组织的命运就值得担忧了。有好的领导集体，才会有好的集体领导，领导之间的人际关系气氛往往决定了整个公司的氛围。

经典案例
JING DIAN AN LI

传说在很久以前，在某个国家的森林里，生活着一只双头鸟。双头鸟行踪诡异，人们很难一见。大家都将其当作

神鸟，并且为其命名“共命”——意味着这鸟的两个头“相依为命”。

实际上，这只鸟一旦遇事，两个“头”都会讨论一番，才会采取一致的行动，比如到哪里去找食物，在哪儿筑巢栖息等。而有一天，人们发现一个“头”不知为何对另一个“头”发生了很大误会，造成谁也不理谁的仇视局面。这时，其中有一个“头”想尽办法和好，希望还和从前一样快乐地相处。另一个“头”却很不买账，对于对方的善意表示睬也不睬，根本没有要和好的意思。

但是这两个头依然连在一起，此时为了食物开始争执，那表示善意的“头”建议多吃健康的食物，以增进体力，这样对两个头都好；但另一个“头”则坚持吃“毒草”，以便毒死对方以消除心中怒气。和谈无法继续，善意的那头此时也觉得自己被深深误解，主动屈尊还不被买账，于是也琢磨着自己如果吃多些毒草，熬过对方，提前把另一头毒死就消停了。于是，最终这只两头鸟终因吃了过多的有毒的食物而死去了。

两个头实际上象征着企业的领导层。在企业的管理决策当中，管理层必须意识到为了个人的一时意气，而故意反对对方，领导层无法形成一致的决策，将会造成企业不断进食“毒草”。虽然看起来企业依然在勤快地运作，然而这时的运作将会造成企业的加速衰落。

安泰效应：如何对付外强中干的大力神

词条解析

安泰是古希腊传说的一位著名的大力神，此效应便源自大力神的神话传说故事。安泰效应是指：一旦脱离相应条件就失去某种能力的现象。实际上，无论能力多么强悍的人，都需要外界的帮助。学会依靠大家、依靠集体，也是人类作为一种社群动物的天然心理需求。

经典案例
JING DIAN AN LI

话说古希腊神话中有一个大力神叫安泰，他是海神波塞冬与地神盖娅的儿子。他力大无比，百战百胜。但他有一个致命的弱点，那就是他一旦离开大地，离开母亲的滋养，就失去一切力量。有一回，有其他的神明试图挑战他，安泰一看对方的块头，觉得完全不是自己的对手，便非常轻敌，不但没有速战速决，反而任由对方接近自己。安泰认为以自己的实力，站着不动便足以打败对方这个小角色。然而，安泰不知道他的对手早已经刺探了他的所有秘密，所以对手从一开始便设法接近安泰，死死地抱住他，最后把他高高举起，让安泰离开大地。安泰一旦悬在空中，便失去了一切力量。对手一只手拎起安泰，另一只手腾了出来，从容出刀把安泰杀害了。

后来，人们把一旦脱离相应条件就失去某种能力的现象称为“安泰效应”。在团队当中，肯定会有一些聪明人，觉得自己的力量很强大，难免会看不起其他人，认为自己完全可以脱离集体而单干。而一旦有人产生这样的心理实际上是非常糟糕的，必须及时洞察。单打独斗的力量毕竟比不过团体合作互相支持的效果。作为管理者，为团队提供坚实的大地土壤，是团队建设的重中之重。

事前计划定理：用工业化流水线标准建公司

词条解析

人类的心理情感趋向总是喜欢按照一定的规矩和流程来进行活动，这样心里能够获得更多的安定感；而目标明确的活动，也会使得人们因为事先了解某个步骤而产生更多的成就感，从而能够更有动力地进行下一步工作。所以用较多的时间为一次工作事前计划，做这项工作所用的总时间就会减少。

经典案例
JING DIAN AN LI

澳大利亚有一家颇具规模的制造公司。它设有三个事业部：蔗糖部、建筑与建筑材料部和矿业与化学品部。每个事业部下面又分为若干分公司。近年来，这个公司在经营管理方面，为符合公司总目标的战略计划，经常召开各种会议，通过这些会议使各级管理人员了解整个公司的业务情况和各种目标。在每个月的董事会会议之后，公司总经理要会晤各部门的 50 名高级主管人员，同他们商讨公司的业务情况。另外，公司每年还召开 2 次中级经理人员会议，使他们了解外界环境的各种变化及其对公司业务的影响，并制订出详细的应对计划。

这个巨大的公司，不但在总的层面上有着复杂而明确的各种层级、各种时间段目标，而且各个事业部内部也有自己的子目标体系系统，其中以矿业与化学品部的计划工作最为成功。他们计划工作程序是自下而上的。参与制订计划的人员包括该部所属的 10 家公司的经理，某些情况下这些分公司的厂长和业务经理也会参加。各个分公司从每年的 4 月（该公司会计年度开始的月份）开始制订自己的战略计划，在 8 月之前制订完毕，并交给大部的经理，再就计划进行修改、增补，最后提交事业部团体讨论通过。每一个计划一实行就是 5 年，有很大的长期性和不变性。

在公司管理中，很多时候做计划看起来是非常沉闷而不太靠谱的事情，并且很多时候计划展现的愿景并不能得以一一实现。虽然计划没有实际工作来得立竿见影，却是十分重要的。如果将公司看作一个完整的人，那么管理层显然就是大脑，而下面的员工与分公司就是人的手与脚，负责实际的践行。那么，如何沟通头和手的关系呢？显然计划就好像是神经传导系统一般，将高层的指令以一种文本的信息形式传导到公司的各个执行层面，这样整个公司才能平稳地运转起来。

伯恩斯定律：赵王用人剑走偏锋

词条解析

美国历史学家J. M.伯恩斯领导考古团队做研究时，却无意中发现下属在工作中越感到自己有能力和有效率，则在完成工作时就越不想被命令和指挥。命令和指挥也有自己的边际生命值，在员工已经高度自觉时，就没有必要下任何指令了。

经典案例
JING DIAN AN LI

春秋时候，盛产各种故事。话说鲁国曾经有个人叫阳虎，这是一位在野的政治观察者。他经常说，君主如果圣明，当臣子的就会尽心效忠，不敢有二心；而君主若是昏庸，臣子就敷衍应酬，甚至心怀鬼胎。因为圣明的君主不怒自威，而昏庸的君主哪怕有严刑峻法也无法从心底做到服众。

阳虎这番话触怒了鲁王，阳虎因此被驱逐出境。他跑到齐国，齐王对他不感兴趣，他又逃到赵国，赵王十分赏识他的才能，拜他为相。

这时有近臣认为赵王的决定很不妥，向赵王劝谏说：“听说阳虎私心颇重，因为散播君主昏庸臣子就可以不忠诚的言论，曾经不被多个国家接受。您怎能用这种人料理朝政？”

赵王听罢，哈哈笑道：“阳虎或许会寻机谋私，但我会小心监视，防止他这样做。只要我拥有不至于被臣子篡权的力量，他岂能得遂所愿？而且他也只不过说出了一个事实的客观情况而已，你敢说你自己不是这样想的？只是你不说出来罢了。”

果然，赵王在一定程度上控制着阳虎，阳虎也因为得到了信任而大展宏图，终使赵国威震四方，称霸于诸侯。

赵王的管理手段，实际上是疑人不用、用人不疑的另一个版本，阳虎是个头脑清晰，洞悉君臣之间各种小手段的人，所以面对他也就没有必要使用指令、命令去特别地约束，让他充分发挥主动性，这样也可以增加君臣之间的信任，这种做法与伯恩斯定律异曲同工。

邦尼人力定律：筷子故事揭露人性黑暗

词条解析

邦尼人力定律由著名的邦尼橡皮筋

实验而来的，一个人一分钟可以挖一个洞，60 个人一秒钟却挖不了一个洞。合作是一个问题，如何合作也是一个问题，需要管理人员拿出计划，针对不同的情况做不同的合作组合。放任一盘散沙的团队状态，绝对没有富有合作精神的组合更能达到经营目标。

经典案例
JING DIAN AN LI

传说在远古的时候，上帝忙着创造人类。而随着人的增多，上帝也开始担忧起来，他怕人类的不团结，会造成世界大乱，世界有可能会变得更差。为了检验人类之间是否具备团结协作、互助互帮的意识，上帝决定做一个实验：他把人类分为两批，然后在每批人的面前都放了一大堆可口美味的食物。随后，上帝给每个人发了一双细长的筷子，要求他们在规定的时间内，把桌上的食物全部吃完，并且不许有任何的浪费。

实验就这么开始了，第一批人各自为政，一直拼命地用筷子夹取食物往自己的嘴里送，可是筷子太长，他们总是无法够到自己的嘴，而且因为你争我抢，盘中的食物被挑落了一地，造成了食物极大的浪费。上帝看到第一组摇了摇头，为此感到失望。

轮到第二批人了，他们上来之前总结了第一组的教训，并没有急着用筷子往自己的嘴里送食物，而是一起围坐成了一个圆圈，大家事先商量好了，一个人先用自己的筷子夹取食物送到坐在自己对面人的嘴里，然后，由坐在自己对面的人用筷子夹取食物送到他的嘴里。就这样，每个人都心满意足地吃到了整桌食物，并丝毫没有造成浪费。第二批人带着快乐满意而归，他们不仅享受了美味，还获得了更多彼此的信任和好感。上帝看了第二组，随即点了点头，为此感到欣慰。

最后，上帝为了以示奖惩，在第一批人的背后贴上五个字，叫“利己不利人”；而在第二批人的背后也贴上五个字，叫“利人又利己”！

管理的艺术正如遇到筷子难题时，管理者如何协调、规划所有人的利益与合作。团队之中只有暂时让个人放下私人利益，才能优先实现团队管理的最优化。

杜利奥定理：塞尔玛与荒漠做伴，生活中处处有美好

词条解析

这是由美国自然科学家、作家杜利奥提出的，是指没有什么比失去热忱更使人觉得垂垂老矣。其实人与人之间，在天赋和基因上只有很小的差异，但这种很小的差异最后体现在个人行为和成就上，却往往造成了巨大的差异！而成功人士的首要标志，就在于他们有热情积极的心态。一个人如果心态积极，乐观地面对人生，乐观地接受挑战和应付

麻烦事，那他就成功了一半。

经典案例
JING DIAN AN LI

成功学是一本专门教人突破心理障碍的学问。而这个领域的大师拿破仑·希尔曾经讲过这样的一个故事：

塞尔玛的丈夫是一位军官，她长年陪伴丈夫驻扎在一个沙漠的陆军基地里。这一段时间，丈夫奉命到沙漠里去演习，只剩下她一个人留在陆军的小铁皮房子里，天气热得受不了，同时她也没有人可谈天，身边全部都是印第安人，而他们不会说英语。她非常难过，于是就写信给父母，说实在过不下去了，现在要丢开一切回家去。结果，令她意外的是，父亲的回信只有两行，但是这短短两行字却永远留在她心中，完全改变了她的生活。

信的内容是："两个人从牢中的铁窗望出去，一个看到泥土，一个却看到了星星。"

读完这封信，塞尔玛便立刻着手开始和当地人交朋友，他们的反应使她非常惊奇。塞尔玛主动对他们的纺织、陶器表示兴趣，并且高度赞赏了这些工艺品的精美，令人意外的是，仅仅如此，当地人就把最喜欢且舍不得卖给观光客人的纺织品和陶器送给了她。从此以后，塞尔玛开始研究那些引人入迷的仙人掌和各种沙漠植物，又学习了有关土拨鼠的知识。她耐心观看日落的美丽，寻找海螺壳——沙漠里的海螺壳都是几百万年前这里还是海洋时留下来的。于是，原来难以忍受的环境逐渐变成了令人兴奋、流连忘返的奇景。

而其实在这个过程中，沙漠没有改变，印第安人也没有改变，是什么使塞尔玛发生了这么大的转变呢？其实是她的心态发生了巨大的变化。重燃的生活热情，使她把原先认为恶劣的情况变为一生中最有意义的冒险。其实企业的发展也和塞尔玛遇到的情况一样，在许多情况下，团队都会因为遇到困境而遭遇瓶颈，导致失去热情最终失去工作激情。在这个时刻，作为管理者实际上可以学习塞尔玛的父亲，利用最有效的手段重新唤醒大家创业初期的热情。

达维多夫定律：清洁工一语道破电梯设计玄机

词条解析

心理学家达维多夫研究团体生产的效率问题，根据研究成果他提出了达维多夫定律：没有创新精神的人永远都只能是一个执行者，一个团队要想有所成就，就必须突破心理定式，改变墨守成规的情况，勇敢做出创新与改变。

经典案例
JING DIAN AN LI

几十年前有家酒店生意日渐兴隆，然而因为电梯不敷使用，在很大程度上影响了效益。因此，酒店很快请来了诸多专家商量对策。经过一番研商后，专家们一致认为，要多添一部电梯。最好的办法是每层楼打一个大洞，地下室多装一个马达，而这意味着酒店大堂几乎要瘫痪几周时间。专家坚持这是唯一的方案，于是也只能就此施行。定案之后，两位专家到前厅坐下来商谈细节问题，恰巧这时有一位正在扫地的清洁工路过，听到他们的计划。

清洁工一听说要如此大动干戈，顿时觉得自己的工作量会激增，立刻对他们说："每层楼都打个大洞，不是会弄得乱七八糟，到处尘土飞扬吗？"

工程师无奈地回答道："这是不可避免的。到时候还有劳你多多帮忙。"

清洁工又说："我看，你们动工时最好把酒店关闭一段时间。"

专家说道："我们也是这么建议的，但是老板说酒店关不得，说关门一段时间，别人还以为倒闭了。所以，我们设计出的方案肯定是打算一面动工，一面继续营业。"

清洁工一听这还得了，随即挺直腰杆，双手握住拖把柄，说道："如果我是你的话，我会把电梯装在酒店外头。"两位专家一听到清洁工这个建议，立刻傻愣在那里。"对啊！我们怎么没想到呢？"他们眼前为之一亮，马上修改了方案，率先创造了近代建筑史上的新纪录——把电梯装在室外。清洁工这一个颇富创意的点子，最后成功地为商家省了大把大把的钱。

清洁工是整个酒店团队的最底层一员，然而他从自己的实际工作经验出发，富有创造力地提出了意见，最终收到非常好的效果，这充分说明在团队中，打破心理偏见、心理成规，勇敢提出新意见、新点子是多么重要。

峰终定律：宜家让小利博大益的经营之道

词条解析

心理学现象的发现并非心理学家的专利，2002 年诺贝尔经济学奖获奖者丹尼尔·卡纳曼经过深入研究，发现了我们对体验的记忆由两个因素决定：高峰（无论是正向的还是负向的）时与结束时的感觉。这就是峰终定律。

经典案例
JING DIAN AN LI

宜家在全球大举扩张，秘诀便是其紧紧抓住了顾客的心理。实际上，宜家的很多设计并不完全合理，但是宜家依然成为顾客络绎不绝的家居淘宝圣地，其原因就是大家都觉得在那里购物的"峰终体验"是好的。一位客户关系管理顾问（也是宜家的老顾客）说："对我来说，来宜家其实就只有一个出发点，那就是'峰'。物有所值的产品，而这些产品搭配在实用高效的展区，配合随意试用的体验就使得其可以满足我的期待。此外，出口处那 1 元的冰激凌是额外的小收获，在购物结束时，让我的‘终’也得到了很大满足！”

同样的例子也体现在星巴克的消费体验上。在星巴克喝咖啡，尽管整个过程中有“排长队”“价格昂贵”“长时间等待咖啡制作”“不容易找到理想座位”等很多差的体验，但是促使消费者一次次光临的关键因素还是“峰终体验”。峰是“友善而且专业的店员”和“咖啡味道”，终是“店员的注视和真诚的微笑”。

这条定律实际上是基于我们潜意识总结体验的特点：我们对一项事物的体验之后，所能记住的就只是在峰与终时的体验，而在过程中好与不好体验的比重、好与不好体验的时间长短对记忆差不多没有影响。记住，如果希望从事餐饮、服务业，那么这条最具震撼力与影响力的管理概念与行为模式就是你不可不知的。

古德曼效应：没有沉默就没有沟通

词条解析

言简意赅地表述这一效应便是：没有沉默就没有沟通。这一效应的提出者是心理学教授古德曼。事实上，最有价值的人，不一定是最能说的人。善于倾听，才是成熟的人最基本的素质。

经典案例
JING DIAN AN LI

传说，古时候曾经有个小国给大国进贡了三个一模一样的金人，个个金灿灿的，把大国的皇帝高兴坏了。可是这个小国有些夜郎自大，居然还要同时出一道题目考考大国皇帝——这三个金人哪个最有价值？

幸亏皇帝这天心情不错，这才陪小国玩了玩。于是，皇帝想了许多的办法，请来珠宝匠检查，称重量，看做工，可都是一模一样的。这一下该怎么办呢？泱泱大国，不会连这个小事都不懂吧？

在皇帝干着急，事关国家面子之际，最后，有一位退位的老大臣说他有办法。皇帝将使者请到大殿。老臣胸有成竹地拿着三根稻草，插入第一个金人的耳朵里，这稻草从另一边耳朵出来了；第二个金人的稻草从嘴巴里直接掉出来；而插入第三个金人耳朵里的稻草进去后掉进了肚子，什么响动也没有。老臣说：第三个金人最有价值！结果这个答案是正确的，而小国实际上是借此想让大国皇帝知道，必须了解他们国家的心声，不能左耳进右耳出。

人的心理很奇怪，很多时候大家都会发现如果事情憋着比说出来难受多了。虽然很多时候说出来也不见得能够得到解决，然而说出来以后就能让人们很容易放下心理包袱。在团队管理中也是一样的，善于倾听，才是成熟的人最基本的素质，管理者必须学会倾听，整个团队都必须拥有一个合理正常的出气管道。

古德定律：贾诩借古说今规避君臣尴尬

词条解析

这是由美国心理学家P. F.古德提出的。古德定律是说：成功的沟通，靠的是准确地把握别人的观点。人们在沟通中都有希望得到交谈对象回应的心理，如果能够很好把握到对方谈话的重点，无疑将在沟通交往中如虎添翼。

经典案例 JING DIAN AN LI

传说魏晋时期，曹操很喜爱曹植的才华，因此想废了曹丕转立曹植为太子。但是当曹操将这件事征求贾诩的意见时，贾诩却一声不吭。曹操顿时觉得很奇怪，就向他提问道："你为什么不说话?"

贾诩说："我正在想一件事呢!"

曹操问："你在想什么事呢?"

贾诩答："我正在想袁绍、刘表废长立幼招致灾祸的事。"

曹操听后心领神会地哈哈大笑，立刻明白了贾诩的言外之意，从此就不再提废曹丕的事了。

跟皇帝共事，总是一件比较棘手的事情。若干年以后的南朝，也发生了一件类似的故事：

据说，当年齐高帝曾与当时的书法家王僧虔一起研习书法。有一次，高帝突然问王僧虔："你和我谁的字更好?"这着实是个两难的问题，如果说高帝的字比自己的好，是违心之言；而说实话呢，说高帝的字不如自己，又会使高帝的面子搁不住，弄不好还会将君臣之间的关系弄得很糟糕。

王僧虔想了一下，结果提供了非常巧妙的回答："我的字臣中最好，您的字君中最好。"

曹操和齐高帝所提的问题对于下属来说可谓非常棘手的，这正是建立在属下准确理解领导背后意图的基础之上的。设想一下，如果在一个公司中，上下级之间不知道对方在想什么，那么自己所想的也自然是会不着边际的。

酒和污水定律：一粒老鼠屎坏了一锅粥

词条解析

这个定律实际上源自非常简单的道理：一匙酒倒进一桶污水，得到的是一桶污水；把一匙污水倒进一桶酒里，得到的还是一桶污水。意思是说，要净化一个腐朽、低效的组织，仅靠投入一个人或者少量力量并不足够；而要使一个原本高效、团结透明的组织受到污染，则一个坏成员的力量便足矣。

一部曾热播的电视剧《媳妇》中，有一位深为观众所厌恶的角色——胡燕。无中生有、搬弄是非是她的长项，专门编排自己分析出来的故事，生动地讲给领导，把别人踩下去，自己得到点小便宜。正是她的不断挑拨、不断制造各种事端，使得主角不断遭受各种误解和困难。而在现实生活中，每个职场办公室里最怕的就是胡燕式人物。一个办公室中一旦出现了这么一位挑拨离间者，则整个办公室的同事日子都会变得不好过。中国有谚语："一粒老鼠屎坏了一锅粥。"酒与污水的定律告诉我们，若其中一个组员总是把事件弄糟，或者搬弄是非、传播流言，破坏整个组织内部和谐，这样的组员就是一个组织内的污水。一个组织往往就因为这样一个组员而整体瓦解。因为这少部分的组员都有着惊人的破坏力，使集体分化，组员相互猜忌，一个组织便因此而不再团结、不再高效。

三、交际心理学

首因效应：一块小牌子换来一份好工作

首因效应也叫首次效应、优先效应或"第一印象"效应。它是指当人们第一次与某物或某人相接触时会留下深刻印象。第一印象作用最强，持续的时间也长，比以后得到的信息对于事物整个印象产生的作用更强。

经典案例
JING DIAN AN LI

一个新闻系的毕业生正急于寻找工作。一天，他到某报社对总编说："你们需要一个编辑吗？""不需要！""那么记者呢？""不需要！""那么排字工人、校对呢？""不需要，我们现在什么空缺也没有了。""那么，你们一定需要这个东西。"说着他从公文包中拿出一块精致的小牌子，上面写着"额满，暂不雇用"。总编看了看牌子，微笑着点了点头，说："如果你愿意，可以到我们广告部工作。"这个大学生通过自己制作的牌子表达了自己的机智和乐观，给总编留下了美好的"第一印象”，引起其极大的兴趣，从而为自己赢得了一份满意的工作。

同样，一位心理学家曾做过这样一个实验：他让两个学生都做对 30 道题中的一半，但是让学生 A 做对的题目尽量出现在前 15 道题，而让学生 B 做对的题目尽量出现在后 15 道题，然后让一些被试对两个学生进行评价和比较，选出谁更聪明一些。结果发现，多数被试都认为学生 A 更聪明。

首因效应提示我们，在与其他人交际的过程中，给对方留下美好的第一印象往往是交往成败的关键。成功的交流和交际，往往从第一印象开始便已经注定。

中心品质原理：你要足够热情

词条解析

一个人的品质往往很多元，性格有非常多面，然而人际交往中的心理规则告诉我们，在良好印象的形成过程中，热情始终是第一个被对方感知到的品质，足够的热情始终是人际交往中中心的品质。

经典案例
JING DIAN AN LI

早在 1946 年，美国心理学家所罗门·阿希做了一个实验。他先将被试分成两组，在第一组中，阿希列出一个人的七项品质，包括聪明、熟练、勤奋、热情、实干和谨慎等。在第二组，阿希只将这个人品质中的“热情”换成“冷酷”，其他不变。在描述完毕之后，阿希让所描述的那个人出来与两组人进行谈话，结果仅仅一个“热情”与“冷酷”的区别，却引起了两组被试对这个人完全不同的印象。第一组被试见到此人时，谈得很投机，并且认为他同时具有幽默感等各种优秀品质。第二组被试则明显不愿与此人接近，敌视他、讨厌他，同时把自以为是、虚伪、脾气暴躁等各种恶劣品质统统罗列在他“冷酷”的品质之下。

于是，阿希得出这样的最后结论：“热情—冷酷”这一对品质是人际交往中的中心品质。在这对中心品质中，人们对热情的评价总是正面的，而冷酷却陷入无限负面的评价中。

在人际交往中，往往出现这样的情况，有这样两个人：他们都勤奋、实干，有着坚强的性格，做事果断，坚决又不失严谨。在所有人眼中，他们都是极为聪明的人。但可能他们之间唯一的区别就是，其中一位遇人处事极其热情开朗，而另一位却是冷酷、不苟言笑。所谓酒香也怕巷子深，在当今的社会不热情、冷漠的人，纵使再聪明，在人际交往中也会处于不利的地位。

名片效应：相似性博得面试官的认同

词条解析

真实的名片是将自己介绍给对方的最好媒介。而在人际交往中，其实有一种心理层面的名片更加有用。恰当地使用“心理名片”，可以尽快促成人际关系的建立。掌握“心理名片”的应用艺术，对于人际交往以及处理人际关系具有很大的实用价值。所谓名片效应就是指在交际中，如果表明自己与对方的态度和价值观相同，就会使对方感觉到你与他有更多的相似性。

经典案例
JING DIAN AN LI

金融危机之下，工作难觅。有一位求职青年，应聘几家单位都被拒之门外，感到十分沮丧。然而他依然没有放弃，在总结了多次失败的经验之后，他又抱着一线希望到一家公司应聘。这一次他做了充分的准备，出发之前，他先打听该公司老总的历史。通过了解，他发现这个公司老总以前也有与自己相似的经历。他觉得自己如获珍宝，在应聘时，他就与老总畅谈自己的求职经历以及自己怀才不遇的愤慨。果然，这一席话博得了老总的赏识和同情，最终他被录用为业务经理。

实际上，在工作面试这种特定的人际交往类型之中，随机性和感觉是很重要的。巧妙利用所谓的名片效应，也即两个人在交往时，如果首先表明自己与对方的态度和价值观相同，就会使对方感觉到你与他有更多的相似性，从而很快地缩小与你的心理距离，更愿同你接近。这往往会使得面试的过程变得异常的顺利，最终能有更大的机会博得面试官的认同。从现在开始，勇敢地将自己如同名片一样介绍给对方吧。

握手研究：勤练握手于关键时刻显峥嵘

词条解析

握手研究实际上是心理学的一个小技巧，然而将其运用到面试当中，却能够收到意想不到的效果，如果想要得到那份非常好的工作，那你要从“体力”上小小表现一下。一份新调查研究显示，握手坚定有力的求职者比握手软弱无力的人更有可能竞聘成功。

经典案例
JING DIAN AN LI

面试前后的握手动作要比着装和相貌更为重要。负责这项研究的乔治·斯图尔特副教授说：“我们发现以握手开始的第一印象决定了接下来面试的基调。”

这个实验实际上是这样进行的：他

们在商学院挑选了98名学生，让他们参加由当地负责招聘的公司代表进行的模拟面试。面试结束后，“老板”被要求对求职者的印象和他们的“能力”进行打分。然后5位旁听面试官（其实这是5位经过培训的握手专家）逐一跟求职者握手打分。之后，将这两组评分结果进行对比。

结果发现：握手坚定有力的学生与老板最想聘用的学生名单是一致的。而握手软弱无力的通常也被列在面试官评分表的最下方。

实际上，在人际交往中，我们可能不会有意识地记住一个人的握手是好还是坏，但握手是我们了解一个人整体性格的首条非语言线索，而这个印象就是我们能记住的。紧接着，斯图尔特讲解了什么是好的握手。他说，好的握手应该是坚定有力的，但不要太用力；是有力地上下运动，同时伴随着眼神交流。

坐向效应：电视辩论节目的激烈对抗

词条解析

人际交往实在是一门很深的学问，任何细节都可能决定交流的成败。而在人际交往心理学中，交流对象坐向的不同都可能影响到交流者的态度。人们把因为坐向而影响交往质量的现象，称为坐向效应。

经典案例 JING DIAN AN LI

关于坐向效应，最为典型的一个例子是：美国有位评论型电视节目制作人，苦恼于自己所制作的节目，总是因为缺乏辩论高潮，每回都在气势不足中收场。他百思不得其解，后来请教了一位心理学家，怎样才能把节目办得更为叫座儿。心理学家听后，亲自参加了一次节目现场录制。在节目结束后，心理学家给制作人的建议是：“改变一下座位的横排方式。”也就是说，改变一下每个论辩者的坐向，由以往的横排而坐，改成两人相对而坐。自从接受这个建议后，每次的节目都能掀起激烈的论战。不久，这个节目就成了众人争看的节目。

现代社会，讲究所谓小组讨论，而在小组谈论中能否形成良好的人际交往氛围，如何才能产生激烈的团体讨论效应，坐向的调整实际上非常重要。

配套效应：狄德罗也难免陷入盲目购物的陷阱

词条解析

配套效应也被称为“狄德罗效应”，它反映的是人们对和谐的一种追求。在人们的观念里，高雅的长袍是富贵的象征，应该与高档的家具、华贵的地毯、豪华的住宅相配套，否则就会使主人感到“很不舒服”。这种“配套效应”的哲学依据是：在事物的联系中为整个事物的发展提供了动因，从而促进了周围事物的变化发展和更新。

经典案例
JING DIAN AN LI

启蒙时期的大学问家狄德罗，曾经写过这样一篇文章，题目叫《丢掉旧长袍之后的烦恼》。这篇文章讲了这样的故事：有一天，一位朋友送给狄德罗一件质地精良、做工考究、图案高雅的长袍，狄德罗非常喜欢。于是，他马上将旧的长袍丢弃了，穿上了新的长袍。可是不久之后，他就产生了烦恼。因为当他穿着华贵的长袍在书房里踱来踱去时，越踱越觉得那张自己用了好久的办公桌破旧不堪，而且风格也不对。这样的东西，怎么能够跟自己身上这件漂亮的长袍相搭配呢？

于是，狄德罗叫来了仆人，让他去市场上买一张与新长袍相搭配的新办公桌。当办公桌买来之后，狄德罗神气十足地看着自己的书房。可是他马上发现了新的问题：挂在书房墙上的花毯针脚粗得吓人，与新的办公桌不配套！

狄德罗马上打发仆人买来了新挂毯。可是，没过多久，他又发现椅子、雕像、书架、闹钟等摆设都显得与挂上新挂毯后的房间不协调，需要更换。慢慢地，旧物件挨个都更新完了，狄德罗得到了一个神气十足的书房。

这时，这位哲人突然发现“自己居然被一件长袍胁迫了”，更换了那么多他原本无意更换的东西。于是，狄德罗十分后悔自己丢弃了旧长袍。

正如狄德罗的家居布置一般，人们对他人的印象也是整体性的。这些印象完全环环相扣，配套起来形成一个对别人的总评价，所以我们必须时刻注意保持自我的整体配套感。例如学生就不宜表现得过于轻浮、健谈，教师就不能总是表现得情绪激动等。不配套的行为和性格表现，将会大大降低自己的印象分。

多看效应：见面长不如常见面

词条解析

我们在发展人际关系时，时常有一个误区：大多数人认为谈话时间长，就能尽快与他人熟悉起来。实际上，与其想尽办法拉长和陌生人的聊天时间，还不如增加两人见面的频率，即所谓的见面长不如常见面。

经典案例
JING DIAN AN LI

心理学家做了一个这样的实验：他准备了一些陌生人的照片，将这些照片分别拿给被试看。在此过程中，他是这样做的：将其中一个人的照片让大家看二十几次，另一个人的照片看十几次，以此类推……最后，他请看照片的人对自己喜欢的照片做出评价，不但是对照片本身，同时也是对照片上的人物本身做一个评价。结果，参加实验的人看到某张照片的次数越多，就越喜欢这张照片上的人。也就是说，他们更喜欢那张看过二十几次的人。推而广之，便是多次看一个人增加了喜欢的程度。其实，人们往往对熟悉的东西有偏向、喜爱的心理定式，也就是对更熟悉的人容易产生好感。想要将陌生人变成朋友就要运用心理学上的多看效应，让对方“多看到”你，熟悉你，进而喜欢你。

出丑效应：有小缺点的总是比完美的那个更可爱

词条解析

出丑效应是指才能平庸者固然不会受人倾慕，而全然无缺点的人，也未必讨人喜欢。最讨人喜欢的是优秀而带有小缺点的人，这也就是为什么喜剧表演中总是要有一个严肃者去衬托一个小丑的缘故了。

经典案例
JING DIAN AN LI

某个电视台访谈节目组为了制作更好的节目，适应市场，在制作第一期节目前，预先进行了一次观众调查实验。他们给被试先后播放四段采访录像：在第一段录像里，给主持人访谈的是个非常优秀的成功人士，他在自己所从事的领域里面取得了很辉煌的成就。在接受主持人采访时，他的态度非常自然，谈吐不俗，表现得非常自信，没有一点羞涩的表情。他的精彩表现，赢得台下观众的阵阵掌声。第二段录像中接受主持人访谈的也是个非常优秀的成功人士，不过他在台上的表现略有些羞涩，在主持人向观众介绍他所取得的成就时，他表现得非常紧张，不小心把桌上的咖啡杯碰倒了。第三段录像中接受主持人访谈的是个非常普通的人，他不像上面两位成功人士那样有着不俗的成绩。整个采访过程中，他虽然不太紧张，但也没有什么吸引人的发言，一点也不出彩。第四段录像中接受主持人访谈的也是个很普通的人。在采访的过程中，他表现得非常紧张，和第二段录像中的人一样，他也把身边的咖啡杯弄倒了，淋湿了主持人的衣服。

当四段录像全部播放完毕之后，被试被要求从上面的这四个人中选出一位他们最喜欢的，选出一位他们最不喜欢的。结果显示，最不受被试喜欢的是第四段录像中的那位先生，几乎所有的被试都选择了他；可奇怪的是，测试者们最喜欢的不是第一段录像中的那位成功人士，而是第二段录像中打翻了咖啡杯的那位，有95%的被试选择了他。

这个实验告诉我们，实际上在人际交往的场合，没有必要将自己粉饰成十全十美、无所不知的样子，有点小缺点、小糗事，反而会让自己显得更加可爱和平易近人。

小世界链效应：小心，地球村很小

词条解析

小世界效应，也称六度分隔理论（Six Degrees of Separation）。理论指出：你和任何一个陌生人之间所间隔的人不会超过6个，也就是说，最多通过6个人你就能够认识任何一个陌生人。

经典案例
JING DIAN AN LI

有这样一个故事，来形容世界之小：一个未过门的女婿准备去拜见丈母娘。他路过一家食品店，看见一条长蛇般的队伍延伸而出，原来是人们在排队购买脱销已久的一种名牌火腿。他忽然想起，心上人说她妈妈最喜欢用火腿煮汤喝，于是决定买几个去讨老人家的欢心。因此，他使出浑身解数，插到了队伍前边。一位大娘看不惯，批评了他几句。他恼羞成怒，脱口便骂，把那个大娘气得怏怏离去。他心里想，反正茫茫人海，谁也不认识谁。

当他提着火腿，敲开心上人的家门时，一下子惊呆了，原来开门的就是那个大娘。他这才明白，刚刚得罪的那位大娘就是他未来的丈母娘！这个世界本来就没有我们想象的那么大。

我们通常以为碰见认识的或者有关联的人不是那么容易，事实上，这种事情的发生比我们想象的容易得多。

相似相惜律：管宁和华歆，历史转角处的两块磁石

词条解析

在日常生活中我们经常可以看到，人生观、宗教信仰、对社会时事看法比较一致的人，更容易谈得来，感情更融洽。相似性包括很多方面，如态度、信念、兴趣、爱好和价值观等。同年龄、同性别、同学历和相同经历的人容易相处；行为动机、立场观点、处世态度、追求目标一致的人更容易相互扶持……有相似爱好、性格、习惯的人，往往也会较容易组成良好的工作组合。

经典案例
JING DIAN AN LI

三国时期的管宁和华歆，在年轻的时候，曾是一对非常要好的朋友，经常一起吃、一起住、一起读书。有一天，他们两人一块儿在地里锄草时，管宁意外地挖到了一块黄金，但管宁对此毫不在意："这破金子这么硬，还好没伤了我的锄头。"随即便扔掉了这块在他看来碍手碍脚的黄金，接着锄草。

华歆一看管宁这边扔出一块金光闪闪的东西，便赶忙跑过来，激动地从地里捡起来看，显露出贪婪之色，啧啧称道这真是一块足赤的黄金啊。管宁看到华歆这个样子，立刻很不高兴地对他说："钱财应该是靠自己的辛勤劳动去获得的，一个有道德的人不该贪图不义之财。"华歆虽然很不赞同管宁，并且很想把这块金子捡回去，但是看到管宁如此坚持，便也不好意思再说些什么。

又有一次，他们坐在一张席子上读书，忽然外面沸腾起来，一片鼓乐之声，夹杂着人们看热闹的声音。华歆迫不及待地拽着管宁来到窗前看，原来是一位达官显贵从这里经过，他的马车后面跟着一串长长的队伍，个个衣着华丽，威风凛凛。管宁看完了，就回到原处继续读书。而华歆却完全被这种张扬且豪华的排场吸引住了，丢下了书本，立即跑到街上去看个仔细。

管宁看到华歆这样的表现，顿时感到非常失望。等到华歆终于过足眼瘾回来，只见管宁拿出一把刀子，将他们共同坐的席子从中间割成两半，并对华歆说："我们两人的志向和情趣太不一样了，从今以后，我们就像这被割开的草席一样，再也不是朋友了。"

这就是著名的管宁割席典故。这个典故告诉我们，人际交往中，志趣相投是多么重要。没有志趣上的共识，很难使得双方产生良好的认同感和协作精神。

人际关系心理距离：面对面交流距离必胜指南

词条解析

人与人之间需要保持一定的空间距离。任何一个人，都需要在自己的周围有一个自己把握的自我空间，它就像一个无形的"气泡"一样为自己"割据"了一定的"领域"。而当这个自我空间被人触犯就会感到不舒服，不安全，甚至引起恼怒。

经典案例
JING DIAN AN LI

一位心理学家做过这样一个实验。在一个刚刚开门的大阅览室里，当里面只有一位读者时，心理学家就进去拿椅子坐在他或她的旁边。心理学家整整实验了 80 人次。结果证明，在一个只有两位读者的空旷的阅览室里，没有一个被试能够忍受一个陌生人紧挨自己坐下。

就一般而言，交往双方的人际关系以及所处情境决定着相互间自我空间的范围。美国人类学家爱德华·霍尔博士划分了四种区域或距离，各种距离都与对方的关系相称。

1. 亲密距离。这是人际交往中的最小间隔或几无间隔，即我们常说的"亲密无间"。其近范围在 6 英寸（约

15 厘米）之内，彼此间可能肌肤相触，耳鬓厮磨，以至相互能感受到对方的体温、气味和气息。其远范围是 6—18 英寸（15—46 厘米）之间，身体上的接触可能表现为挽臂执手，或促膝谈心，仍体现出亲密友好的人际关系。

2. 个人距离。这是人际间隔上稍有分寸感的距离，已较少有直接的身体接触。个人距离的近范围为 1.5—2.5 英尺（46—76 厘米）之间，正好能相互亲切握手，友好交谈。这是与熟人交往的空间。人际交往中，亲密距离与个人距离通常都是在非正式社交情境中使用，在正式社交场合则使用社交距离。

3. 社交距离。这已超出了亲密或熟人的人际关系，而是体现出一种社交性或礼节上的较正式关系。其近范围为 4—7 英尺（1.2—2.1 米），一般在工作环境和社交聚会上，人们都保持这种程度的距离。社交距离的远范围为 7—12 英尺（2.1—3.7 米）。

4. 公众距离。这是公开演说时演说者与听众所保持的距离。其近范围为 12—25 英尺（3.7—7.6 米），远范围在 25 英尺之外。

显然，相互交往时空间距离的远近，是交往双方之间是否亲近、是否喜欢、是否友好的重要标志。因此，人们在交往时，选择正确的距离是至关重要的。有这样一个小伙子，他爱上了一个姑娘，向姑娘求婚遭到了当众拒绝。姑娘后来恼怒地说："他竟在离我 8 英尺（约 2.5 米）的地方谈这种事。"自然，这种社交距离不是谈婚论嫁的场合。人际交往的空间距离不是固定不变的，它具有一定的伸缩性，这依赖于具体情境，交谈双方的关系、社会地位。

交往适度定律：一斗米养个恩人，一石米养个仇人

词条解析

在日常生活的交往中，相信很多人都会有这样的经验：如果你对别人适度地好，可能得到别人相应的回报；但是你对别人过度好，却可能无法得到别人的回报。这叫作"交往适度定律"。

经典案例
JING DIAN AN LI

在社会交往中，如果你对别人过分好，也就是在人际交往中"过度投资"，可能会引起不良后果。

首先，对一个有劳动能力、理智健全的人来说，独立和付出是个性成长的需要。人际交往中如果不能满足这种需要，那么这种关系维持起来就比较困难。

人与人的交往本质是一种社会交换。这种交换同市场上的商品交换所遵循的原则一样，就是人们希望在交往中得到的不少于所付出的。但是，如果得到的大于付出的，也会让人心理失去平衡，使人感到无法回报，或没有机会回

报，而在心理上产生愧疚感。这种心理会使受惠的一方选择远离。

出入社交圈的人容易犯一个错误，就是"好事一次做尽"，以为自己全心全意为对方做事，会使关系更融洽、更密切，而事实恰恰相反。因此在人际交往中，我们对待别人要留有余地，最好不要把好事一次做尽，或者要给对方回报的机会。

第二个不良后果是，对对方过于好，这可能会使对方对这种恩情感到麻木，而且一旦达不到原来的标准，反而可能引起对方的不满。古话说，"升米恩，斗米仇"，就是这个道理。

四、营销心理学

留面子效应：买的再精明终究斗不过卖的

词条解析

人都是讲究面子的，成熟的人做事情也时时刻刻必须注意给别人留面子，于是便有了这个效应。留面子效应是指人们拒绝了一个较大要求后，对较小要求的接受程度增加的现象。相应地，为了达到推销的最低回报，先提出一个明知别人会拒绝的较大要求，可以提高顾客接受较小要求的可能性。在日常生活中，售货人的标价和砍价就是对这种技术的应用。

经典案例
JING DIAN AN LI

B厂原来是一家做代工的某市服装生产企业，后来自己创立了一个品牌，准备打开内地市场。奈何产品推出后经销商反应平淡，产品积压，老板急得像热锅上的蚂蚁。这时销售主管出了个主意：趁当地举办一场全国性服装展览会的时机，以B厂的名义，邀请全国100多家经销商来参展，这些经销商的所有路费、食宿费用由厂方全包。果然客商纷至沓来。客户到后，B厂先安排他们参观展览会，然后用一天时间游玩当地的风景名胜。到第三天，才把他们集中到厂里召开了一个内部交流会。会上B厂老总提出了一个要求：请大家协助厂方在各个经销商的地头上开一家B厂的品牌专卖店。并把开店的费用逐项列了出来，大概有十几万元，随后问大家愿不愿意接手。听完，所有的客商都觉得是个不靠谱的事情，不敢吭声。旋即，B厂老总见时机已到，马上按计划提出第二个要求："如果大家觉得开专卖店有困难，那就下一步再说。但现在还是先请大家带点货回去试销一下。如果销量好，大家对我们的品牌有信心，我们再谈专卖店的事。"众位经销商听了这个要求，和第一个一对比觉得合理了许多，而且自己受厂方邀请和款待，在拒绝了厂方第一个要求以后，如果再拒绝第二个看起来还挺合理的要求，实在是太不给别人留面子了。于是，众人纷纷响应，100多万元的服装很快就订完了。

这个例子运用的就是留面子效应，开专卖店只不过是个幌子。B厂老总知道没有人会冒险投十几万元，所以他随后又把要求降低以给客商一个台阶下。实际上，留面子效应在商店销售中也很常见。当一个顾客走进商店，热情的服务员服务很周到，那个顾客本不想买，但感动于服务员的热诚，最后可能会挑一件价格不高的商品。

低球技巧：汽车销售内有乾坤，虚报低价不可不察

词条解析

低球技巧，是指先向他人提出一个小要求，别人接受小要求后再马上提出一个要别人付出更大代价的要求。人们的心理感觉总是循序渐进的，如果劈头盖脸就提出大的要求，通常会把对方一下吓退，而慢慢地迂回进展，通过不断的小要求刺激，最终让对方觉得接受这个大的要求也没有什么不得了。

经典案例
JING DIAN AN LI

汽车是大件商品，其价格往往不菲，这也就造成了实际汽车的销售中，有很大的价格空间可以被卖车人所利用。做汽车贸易的人都知道如何通过报虚价诱导买主。首先，他们说要削价促销，给想要买车的顾客报一个吸引人的低价位。一旦顾客同意购买，他们就会在成交以前用各种各样的手段提高价格，例如详细说这个车的车型有新款、配置有多少改善，甚至说自己弄错了价位之类的。在这些典型的汽车销售过程中，低球技巧包括两步，首先使你同意买车，随后使你感到车子的现有条件尚不够如意。如果你觉得这个例子离你的生活比较远，那么看这个例子：一个同学向你借25元钱，说明天就还你。这看起来没什么，你把钱借给了他，但他拿到钱后又说，这钱也许不能如期归还，并说如果两周后再还钱对他更方便。这时如果你同意了这个延期还钱的要求，就说明他使用的低球技巧获得了成功。

贝勃定律：如何在物质过剩年代制造消费需求

词条解析

第一次刺激能缓解第二次的小刺激，即“贝勃定律”。也就是说人们一开始受到的刺激越强，对以后的刺激也就越迟钝。或许在面对第一次刺激时人们是清醒的，但是当第二次刺激到来时，人们就变得有些麻木和顺从了。

经典案例
JING DIAN AN LI

有研究发现，人们对报纸售价涨了5元或汽车票由200元涨到250元会十分敏感，但如果房价涨了100万元甚至200万元，人们都不会觉得涨幅很大。

事实上，贝勃定律是一个“狡猾”的定律，它的效应在各个方面几乎都能屡试不爽。因为，不论在生理上还是心理上，人总是会有一种逐渐适应的机制。

我们经常会在街上看到这样的情形：一家商店门口拉上了一条安全带，控制进入商店的人数，而店门外，准备入店选购的人居然排起了一条“长龙”。这在到处打着“不计成本、疯狂减价”标语的步行街，简直是“奇迹”。看着一堆人大包小包地“满载而出”，很多顾客都被吸引了，跃跃欲试地排起了队，准备进去“洗劫”一番。可好不容易轮到自己进去了，却惊讶地发现：里面都是一些质量并不怎么好，但原价却奇高的物品。当然，那些物品是以2折的低价发售的。但即使是2折，也让人觉得它们并不值那个价。

有些顾客会提出疑问：“应该不是吧？这条街我经常逛的，这家店新货上市时，确实是那个价格，而且都不打折。他们平时真的是门可罗雀，但一换季，就打折打得很厉害，那时就会人满为患啦！”

说对了！他们就是这样成功地吸引了你的注意。对不对？你想想，折扣越多，你是不是越兴奋？而同一折扣的话，你会对原价1000元，现在2折销售的物品感兴趣，还是对也是2折销售，不过原价是100元的物品感兴趣？可以说，那个商店完全就是利用贝勃定律来赚钱的。谁都知道，相比100元2折发售的物品，绝对是原价1000元打2折的物品更吸引人的眼球，这让人们更有“物超所值”的感觉。

真正高明的商家，会按照奇贵的“原价”销售一段时间（哪怕不赚一分钱）后，才进行轰轰烈烈的“减价销售”。其实，前面的原价销售，就是为之后的“让利促销”做铺垫的，这是贝勃定律的应用方式之一。

“贝勃定律”还经常应用于经营中的人事变动或机构改组等。一家公司想要赶走那些被视为眼中钉的人，应该先对与这些人无关的部门进行大规模的人事变动或者裁员，使其他职员习惯于这种冲击。然后在第三次或第四次的人事变动和裁员时再把矛头指向原定目标。很多人受到第一次冲击后，对后来的冲击就麻木了。

拆屋效应：出走学生“开窗”

词条解析

文学作品往往是人类情感和心理的大观园，所以很多的心理学现象也由文艺作品抽象而来。鲁迅先生曾于1927年在《无声的中国》一文中写道：“中国人的性情总是喜欢调和、折中的。譬如你说，这屋子太暗，须在这里开一个窗，大家一定是不允许的。但如果你主张拆掉屋顶，他们就会来调和，愿意开窗了。”这种先提出来很大的要求，接着提出较小、较少的要求，在心理学上被称为“拆屋效应”。

经典案例 JING DIAN AN LI

学校的一名学生犯了错误后离家出走，把班主任急坏了。没过几天学生安全地回来后，班主任反倒不再过多地去追究这名学生之前所犯的错误了。实际上在这里，离家出走就相当于“拆屋”，是班主任没办法接受，也是不希望再发生的一种结果。学生之前犯的错误就相当于“开天窗”，虽然原来难以接受，但相对于离家出走就显得可以接受。实际上这就是拆屋效应，当然，这种做法是不提倡的。

拆屋效应是在商品销售谈判中常用的和有效的技巧。有时候我们需要在谈判一开始就抛出一个看似无理而令对方难以接受的条件，但这并不意味着我们不想继续谈判下去。这是个非常有效的策略，它能让你在谈判一开始就占据着比较主动的地位。但记住这只是“拆屋”，如果想让谈判真正有所进展，不要忘记“开窗”。所以，如果你的一个要求别人很难接受时，在此前你不妨试试提出个他更不可能接受的要求，或许你就会有意外的收获。

弗洛伊德式口误：超级推销员的察言观色宝典

词条解析

一般人从不重视口误，而弗洛伊德却对此非常有兴趣。在人们的日常生活中，人们往往会因为各种原因说错话，那些原本不是发自内心的话也被称为“口误”。这些“口误”其实都在有意无意地提醒我们，口误并非偶然；恰恰相反，口误的内容往往是内心深处真实想法的反映和写照。

经典案例 JING DIAN AN LI

一个精明的营销人员，在正面推销很难奏效时，往往采取迂回的方式，旁敲侧击地从客户的一些言谈中发现线索，并获得重要信息。实际上，在营销中，这是一种“可控性的口误”，也就是销售人员通过一些主动问询的方式，广泛获取对方信息，在对方并没有心理提防的领域将真实信息挖掘出来。这种方式，适用于那些经验并不怎么丰富的客户，他们往往在销售人员“东拉西扯”中暴露了目标。

而要获得弗洛伊德式的口误，通常需要注意以下细节：

1. 主动问话。为了能将销售洽谈尽快展开，同时更多地获取客户信息，最好采用问询式的谈话方式，将话语引导给客户。

2. 改变立场。销售手法应该避免急功近利和斩尽杀绝。销售人员应该站在客户的角度去想问题，去帮助客户分析需求，甚至把自己当成客户的顾问去讨论产品。这样是非常有助于获取客户的真实想法的。所谓“口误”在这种环境下也是比较容易出现的。

3. 直面缺点。任何一种产品都不可能十全十美，客户需要的是满足自己需求的产品或服务。任何不切实际的吹嘘和掩盖只会加剧客户的戒备、不满甚至排斥。不加掩饰的真实情况，才是客户愿意了解的。

4. 控制主动。当一次交流开始后，销售人员应该学会控制话语权。这个时候，销售人员或提问或聆听，都是主动控制着进程，引导着客户意识往自己期望的轨道行进。

5. 不要打断。很多销售人员喜欢滔滔不绝，甚至妙语连珠，像是一场表演。某些销售人员特别喜欢打断客户的表述，接话题，以此来显示自己的聪明和预见性。其实在客户未完成话语前，过早放弃倾听很不聪明。

6. 全力倾听。应该把自己所有感官的注意度都放在客户身上。仔细观察客户任何细小动作给你的信息，就像聚光灯一样照射着你对面的客户。即便没有出现“口误”，任何反常的动作或习惯性的动作都可能给你带来提示。

自由信息：能够成功与顾客聊上天的推销员就已经成功了一半

词条解析

自由信息是指说话者内容里的除去问题本身的回答外各类信息的总称。在日常对话中，对话双方除了针对谈话主体进行各种信息的汇总和提供之外，还会在直接回答的过程中附带着说出一些其他的信息，这些附属的信息就叫作自由信息。

经典案例
JING DIAN AN LI

只要用心去注意，你就会发现谈话的对方经常都给出很多细小的自由信息。如果对话中仔细收集这些自由信息，就能够进一步打开话题。稍加训练以后，迅速处理这些信息，并立即加以采用加入到整个谈话内容中去，将会对整个谈话气氛起到意想不到的正向促进作用。惯例上，人们也经常利用这些自由信息转移到别的话题，而不用担心无法回到原来的话题。实际上，很少有社交性的谈话能够数分钟都停留在一个话题上。

而经过行为心理学家的常年研究，要利用自由信息，所要做的就是就此做一番评论或是提一个问题。与别的情况一样，开放式问题最能够得到对方深入的回答。例如，格伦说：“比利，你的皮肤晒得很漂亮。”比利说：“谢谢，格伦。我是这个周末和多林一起去野营晒的。”格伦说：“我从来没有野营过，很想知道你们都是怎么野营的。”这时，甚至可以往回退，重新提起刚才忽视了的自由信息。“你刚才说你和妮娜上个夏天在委内瑞拉度假，带着孩子旅行有些什么不便的地方？”神奇的是，自由信息也包括对方的衣着、行为、身体特征以及所处的位置。所有这些都可以被用来开启谈话。“我注意到你穿着一件印有‘费城’字样的T恤，你是从费城来的吗？”有时候，你的自由信息只是一些大体的印象。“你好像对乔叟非常精通，这些知识你是如何得来的？”“你比上次见面时轻松多了，能说说因为什么吗？”“看上去你好像非常喜欢跳舞！”

在商业推销中，如果直接提出销售某种商品的要求，往往会让对方感到十分反感，如果能够善于利用自由信息的作用，充分地与对方熟悉起来，再进行推销的话，效果会更好。

心理账户：同为200元，丢卡与丢钱的效果大相径庭

词条解析

除了金钱这种实际账户外，在人的头脑里还存在另一种心理账户。人们会把在现实中客观等价的支出或收益在心理上划分到不同的账户中。比如，正经工作所取得的工资通常会被我们划归到“辛劳收入”账户中；而那些博彩偶尔获得的收入则通常会被划在“意外之财”的账户中。划分了这两个账户之后，我们就会根据账户的不同，决定消费这笔钱的态度。对于“辛劳收入”通常会省吃俭用，有度节俭进行花销，而对于意外所得则会显得比较不在意，大手大脚便可能将其全部花掉。

经典案例
JING DIAN AN LI

印小寒是一个典型的都市白领，喜欢听音乐会等比较高雅的精神享受活动。这一天他准备去听一场音乐会，票价是200元。正当他做好了各种准备，喷上了新买的淡香水，马上要出发的时候，他突然发现最近买的价值200元的购物卡丢了。虽然如此，他仍旧决定去现场买票听这场音乐会。

又过了一周，正当印小寒荷包瘪瘪、有些入不敷出之际，他突然发现有一部话剧是他期待已久的，现在终于上演了。而这个话剧显然是非常热门的，于是他咬咬牙提前在网上购买了200元钱的特价门票。结果，没有料到这个周末居然要加班。眼看着晚上7点就要开始演出了，6点才回到家的印小寒马上冲出家门。这时候，他突然发现出发得太匆忙，把门票给弄丢了。此时，印小寒如果还想要看话剧，就必须再花200

元钱买张门票。他一想到还要再花 200 块买第二张票，顿时兴致全无，当即返回了家中。

为什么倒霉的印小寒两个礼拜会做出两种不同的决定？看似有一周丢了电话卡，有一周丢了门票，两周丢的是不同的东西，可本质上，不管丢的是电话卡还是演出门票，总之是丢失了价值 200 元的东西。从损失的金钱上看，并没有区别。既然都是 200 块的损失，之所以出现上面两种不同的结果，其原因就是大多数人的心理账户的问题。其实，在印小寒的脑海中，他把购物卡和音乐会门票归到了不同的账户中，所以丢失了购物卡不会影响音乐会所在的账户的预算和支出，他仍旧选择去听音乐会。但是丢了的话剧门票和后来需要再买的门票都被归入了同一个账户，所以看上去就好像要花 400 元看一场话剧了。人们当然觉得这样不划算。

蹲跪效应：服务的姿态决定服务的最终接受度

词条解析

一位教育心理学家在散步时，发现一个小女孩趴在草丛中神情专注地喃喃低语。心理学家站在小女孩旁边观察了好一会儿，也没有发现小女孩这样做的原因。于是心理学家同小女孩一样趴了下来，发现小女孩正在与草丛中的蚂蚁对话，于是理解了小女孩的行为。这就是“蹲跪效应”。

有位家长双休日领着 3 岁的孩子去逛商场，家长逛得兴趣盎然，而孩子却噘着嘴不愿意逛。妈妈很奇怪，觉得商场这么热闹孩子为什么不愿意逛，就蹲下来问他。就在她蹲下来问孩子的一刹那间，她自己找到了答案，因为孩子很小，在他的高度看见的都是人的大腿。这位妈妈赶紧让孩子骑在她的肩膀上，孩子顿时有了精神和笑脸，说：“妈妈，商场有这么多好看的东西啊！”

这两则故事虽然都是大人和孩子的故事，但举一反三，这也可以运用到市场营销当中去。这充分说明了销售者如果总是以“俯视”的姿态去对待消费者，不了解消费者的认知特点，不能站在消费者的角度去思考问题，尽管你是正确的，效果也常常不佳。不论是多么强大、富有实力的品牌，都必须蹲下来、跪下来，和富裕的、平凡的，甚至贫穷的消费者对话。这样才能深入地了解消费者的需求，从而打造长久、畅销的百年老店。

等待效应：海底捞餐餐火爆的独家秘诀

词条解析

由人们对某事的等待而产生态度、行为等方面的变化，这种现象称为等待效应。人们都有这样的心理趋向，就是当某一个事物比较容易得到时反而显得没有那么期待和珍惜了；相反，如果需要等待才能得到一个机会或者一个物品，那么将更加激发人们对这种东西的期望。

经典案例
JING DIAN AN LI

海底捞火锅连锁企业非常有名，除了其菜品、汤底本身比较优质外，最为大家津津乐道的是他们的服务，比如给戴眼镜的顾客赠送眼镜布，给每位顾客发一个专门装手机的小塑料袋，还有拉烩面表演等。

其实在他们的服务之中，巧妙利用等待效应更加使得他们的生意如虎添翼。在他们对排队的处理中，在大厅或者一楼，顾客们能看到免费美甲、上网的区域，还有类似小咖啡座那样的小桌子和椅子，并提供免费的水果、零食、水、虾片（吃完了可再拿），还放着跳棋、扑克等，总之就是想尽一切办法让顾客在排号等待的时间里不那么无聊。这里每天到饭点的时候，场面都比较壮观：有人美甲，有人上网，而一张张桌子旁围坐着或聊天或下棋或打牌的人们，让你会误以为这里是什么休闲娱乐场所。这样壮观的场面也让我们不难猜出这里的生意有多好。本来听到“客满，没位置”应该掉头就走的顾客，因为他们的排队文化而乐意等候——反正有那么多项目可供选择，等上一个小时又算得了什么？

之所以在所不惜地费大量笔墨去描述一个火锅店，是因为同为服务行业，海底捞的案例让我们看到了排队文化的确不容忽视。

言行一致原理：跟风不分年龄，不论经验

词条解析

这个原理说明，人们在自己明确地详细地做出某种承诺后，会更加倾向于兑现自己的这种承诺；而当承诺不那么确定具体时，人们就会有更多的逃避理由。而实际上，客观而言，两种类型的承诺最后追求的效果是差不多的，只是人们对于承诺的形式产生了不同的看法而已。

经典案例
JING DIAN AN LI

在美国，某小区居民曾经进行过一

项表决，其内容为是否同意为残障人士建立一个娱乐休闲中心。在当时的热烈演讲和宣传气氛下，几乎所有人都同意此项慈善活动。但由于工作人员太少，所以只有少数人在同意书上进行了书面签名，而其他的居民在呼喊了口号之后，并没有工作人员找他们填表格，他们就自然地离开了会场。

两周后，组织这个活动的人员回访了这批居民，这一次是来请求他们为此项目捐款的。结果，基金会的工作人员惊讶地发现，那些未在请愿书上签名的人，只有半数的人捐款；而书面签名的人则有92%的人捐款。要知道，签名与否在那个会场场合下只是纯偶然事件。

同样的事情也发生在这个基金会组织的另外一项活动中，这是一项艾滋病教育志愿者征集活动，其中有一组大学生被要求填写一份表格，表示自己愿意为一项针对艾滋病教育项目做志愿者；另一组学生也被要求为同一项目做志愿者，但是在确认的方法上，这个小组的工作人员偷了懒，并没有让他们签署书面的同意表格。几天后，当这些志愿者报到的时候，到场者中的74%是第一组学生。

这个基金会的两项活动经历，表明只有当承诺具体、明确时，人们才更有兑现这种承诺的动力。

这样的现象其实也启示着销售者的销售策略，假设你希望你的客户在提交报告或者做出回应的时候能够更加及时，就应该要求他将决定写成备忘录，那么他履行承诺的可能性就会大大增加。营销的一大忌讳就是在口头交流无比融洽的情况下，没有趁热签下任何的书面协议或者证书。

波什定律：村落里的和谐社会模式

词条解析

法国学者罗瑟琳·波什提出，在面对需要鼓励的对象时，表扬越具体，越能达到鼓励的目的。这个定律是非常符合一般人的心理趋向的，因为一旦知道了什么地方做得很好，人们就会去努力把这一地方做得更好。

经典案例 JING DIAN AN LI

传说一个小村庄保留了一个古老的传统，那就是当有人犯错误或做了对不起别人的事情的时候，这个村里的人对他不是批评和指责，而是全村人将他团团围住，每个人一定要说出一件这个人做过的好事。村子里的每个人，不论男女老幼，轮流诉说。不管整个过程耗时多久，总是要一直说到再也找不出他的一点点优点或者一件好事为止。犯错的人本来非常内疚，一开始总是站在那里，心里忐忑不安。然而，随着众人的赞美不断到来，犯错者反而会感到十分欣慰和感动，一般这种场合都以犯错者涕泪流淌而结束。众人那真诚的赞美和夸奖，就如一副良药，使村子里的犯错者再也不会重复以前的错误。

曾经的卡耐基钢铁公司董事长查尔斯·施瓦普，总结他的领导之道时说："我很幸运具有一种唤起人们热忱的唯一有效的方法，就是赞美和奖励。没有比受到上司批评更能扼杀人们的积极性的了。我绝不批评人，而是激励人自觉去发挥他的作用。嘉许下属我从不吝啬，而批评责备却非常小气。只要我认为某人出类拔萃，就会由衷地给予赞美，并且不惜拿出所有的赞词。"

赞美是人际关系走向融洽的法宝之一，人人都需要赞美。在市场营销中同样如此，毫不吝惜地给自己的客户送去真诚而到位的赞美，无疑会使得商品推销成功的概率大大地增加。

牛鞭效应：销售全书里的决胜专章

词条解析

这本是经济学上的一个术语，指供应链上的一种需求变异放大现象。是信息流从最终客户端向原始供应商传递时，无法有效地实现信息的共享，使得信息扭曲而逐级放大，导致了需求信息出现越来越大的波动。此信息扭曲的放大作用在图形上很像一根甩起的牛鞭，因此被形象地称为牛鞭效应。可以将处于上游的供应方比作梢部，下游的用户比作根部，一旦根部抖动，传递到末梢端就会出现很大的波动。

经典案例
JING DIAN AN LI

营销过程中的需求变异放大现象被通俗地称为"牛鞭效应"。它是市场营销中普遍存在的高风险现象，是销售商与供应商在需求预测修正、订货批量决策、价格波动、短缺博弈、库存责任失衡和应付环境变异等方面博弈的结果，增大了供应商的生产、供应、库存管理和市场营销的不稳定性。企业可以从6个方面规避或化解需求放大变异的影响：订货分级管理；加强入库管理，合理分担库存责任；缩短提前期，实行外包服务；规避短缺情况下的博弈行为；参考历史资料，适当减量修正，分批发送；提前回款期限。

牛鞭效应是市场营销活动中普遍存在的高风险现象，它直接加重了供应商的供应和库存风险，甚至扰乱了生产商的计划安排与营销管理秩序，导致生产、供应、营销的混乱。解决"牛鞭效应"难题是企业正常的营销管理和良好的顾客服务的必要前提。

杜彻尼微笑：敷衍的笑容容不下肌肉的天然忠诚

词条解析

现在的商业服务都倡导微笑服务，而在一片热情的微笑中，如何辨得出这微笑是发自内心的欢迎，还是职业性的表演？法国解剖学家杜彻尼从脸部肌肉的角度给出了标准，其认为眼周轮匝肌是判断是否为虚假微笑的关键。

经典案例
JING DIAN AN LI

达尔文的年代，是一个科学大发展的时期。与达尔文同一时代的，就有法国解剖学家杜彻尼·博洛尼，他通过自己的研究发现了藏在笑容背后的秘密。杜彻尼于1862年在一本题为《人体生理机制》的书中阐述了他的整套理论。杜彻尼的具体做法是：使用“电生理和放大的技术”，对“每一部分的肌肉的细小变化和其带来的面部褶皱”进行分析。他认为：“欢悦的情绪表达在颧骨肌肉和眼周轮匝肌上，前者可以被有意识地控制，后者却只能为真实的快乐所驱使。那些虚假的笑容无法引起后者的收缩。眼周的肌肉不会听我们的话，它们是情绪的真实传达者。”

杜彻尼的研究成果固定下来以后，这一个发现人类内心秘密的研究项目便被忽略和停止了下来。直到进入20世纪90年代，美国科学家艾克曼才重拾这个命题，开始致力于证明“杜彻尼微笑”真的与众不同。他认为，之前人们没有发现表情和情绪之间的联系，是因为忽视了“杜彻尼微笑”中关键的肌肉部分。1990年，艾克曼在《人格和社会心理学》上发表的实验里让被试观看悲剧和喜剧影片，并记录观看影片时被试的面部表情。在观看喜剧片时，人们脸上的“杜彻尼微笑”明显增多，而其他类型的“笑”则很少在人们看喜剧时出现。被试所报告的积极情绪也和“杜彻尼微笑”的频率密切相关。而进一步通过更加精密的脑电波探测，杜彻尼的研究还被大大地向前推进了一步。脑电波的探测表明，真实的微笑多引起左侧前额叶的反应，而其他的“虚假微笑”则与右侧额叶更相关。

总而言之，要识破对方的笑里藏刀，最好的方法便是观察对方的眼周。但是在识破了对方的虚假微笑后，也请记得尽量不要使用虚假微笑战术，因为谈话的对方同样可能阅读过本书！

星期天抑郁症：推销员必须了解的大城市病

词条解析

如果一个人长期单独地在大城市里努力，可能常常有这样的体会：莫名其妙的抑郁情绪，常常会伴随星期天等节假日闯入你的生活。你会感到孤独烦躁、心神不宁。心理学家称这种现象为“星期天抑郁症”。

经典案例
JING DIAN AN LI

“星期天抑郁症”既是心理疾病也是社会病。最重要的是无法解决星期天“想要做什么和应该做什么”这一心理冲突。例如，出国人员、外地打工族、异地做生意者一到星期天、节假日看到周围人家团聚、共享天伦之乐，焦躁情绪会尤为突出，往往会产生敌对心理。所以，常常利用周末去采取行动的推销员，最好提前了解客户近期的心理感受，或者在当下进行察言观色。如果发现客户这一天有忧郁、不开心的现象，就应当立刻停止推销，否则会产生相反的作用。

五、投资心理学

马太效应：富者更富，穷者更穷

词条解析

这是指一种强者愈强、弱者愈弱的现象。其名字来自圣经《新约·马太福音》中的一则寓言：“凡有的，还要加给他，叫他多余；没有的，连他所有的也要夺过来。”反映了世界上一种力量聚集的现象，越是强大的事物获得更多的力量便越容易，而越是弱小的事物却常常就此日益弱小下去。

经典案例
JING DIAN AN LI

传说在古代，有一个国王要出门远行，临行前便叫了自己所有的仆人过来，把自己的家业全部托付给他们，依照各人的才干给他们银子。给了第一个人5000元，给了第二个人2000元，给了第三个人1000元，随后，国王就了无牵挂地出发了。结果，那个领了5000元的仆人，把钱拿去做买卖，另外赚了5000元。领2000元的，也另赚了2000元。但那个领1000元的，去掘开地，把主人的银子埋了。

过了许久，国王远行回来，和他们算账。那个领5000元的，又带着那另外的5000元来，说：“主人啊，你交给我5000元，请看，我又赚了5000元。”主人说：“好，你这又善良又忠心的仆人。你在很多事上有忠心，我把许多事派给你管理，可以一起享受你主人的快乐。”那个领2000元的也来说：“主人啊，你交给我2000元，请看，我又赚了2000元。”主人说：“好，你这又善良又忠心的仆人。你在很多的事上有忠心，我把许多事派给你管理，可以一起享受你主人的快乐。”那个领1000元的，也来说：“主人啊，我知道你是仁心的人，没有种的地方要收割，没有散的地方要聚敛，我害怕，就把你的1000元埋藏在地里。请看，你的原银在这里。”主人回答说：“你这又恶又懒的仆人，你既知道我没有种的地方要收割，没有散的地方要聚敛。就当把我的银子放给兑换银钱的人，到我来的时候，可以连本带利收回。”于是夺过他的1000元来，给了那个有1万元的仆人。

没错，世界确实是不公平的，在资本市场中同样如此。大资本有着巨大的能量，通常能够很容易地撬动股票价格，从而获得丰厚的收益。而小资本如果要做到平均收益，则必须紧紧跟随着大资本的运作逻辑；一旦与大资本的运作方向背道而驰，那么将很难逃脱马太效应的规律。

羊群效应：地狱里的石油矿井

词条解析

羊群效应是指由于对信息掌握不充分和缺乏了解，投资者很难对市场未来的不确定性做出合理的预期。人们往往是通过观察周围人群的行为而提取信息。在这种信息的不断传递中，许多人的信息将大致相同且彼此强化，从而产生从众行为。

经典案例
JING DIAN AN LI

一位石油大亨到天堂去参加会议，一进会议室发现已经座无虚席，没有地方落座，于是他灵机一动，喊了一声：“地狱里发现石油了！”这一喊不要紧，天堂里的石油大亨们纷纷向地狱跑去，很快，天堂里就只剩下那位后来的大亨了。这时，这位大亨心想，大家都跑了过去，莫非地狱里真的发现石油了？于是，他也急匆匆地向地狱跑去。

法国科学家让·亨利·法布尔曾经做过一个松毛虫实验。他把若干松毛虫放在一只花盆的边缘，使其首尾相接成一圈，在花盆的不远处，又撒了一些松毛虫喜欢吃的松叶。松毛虫开始一个跟着一个绕着花盆一圈又一圈地走，这一走就是七天七夜，饥饿劳累的松毛虫尽数死去。而可悲的是，只要其中任何一只稍微改变路线就能吃到嘴边的松叶。

我们知道，作为中小散户，其在股市中的地位就跟待宰的羔羊差不多。而往往中小散户自己还不争气，时常陷入羊群效应之中。散户通常倾向于相信那些以讹传讹的信息，抛弃自己的理性。一旦市场出现某种狂热，便开始疯狂地追逐和热捧，最终导致大量的套牢。

热手效应：千万不要由着手气买股票

词条解析

如果篮球队员投篮连续命中，球迷一般都相信球员“手热”，下次投篮还会得分。而在轮盘游戏中，赌徒往往认定其中的红黑两色会交替出现，如果之前红色出现过多，下次更可能出现黑色。可是，这种觉得自己“手热得发烫”的直觉是靠不住的。事实上，第一次投篮和第二次投篮是否命中没有任何联系，转动一回轮盘，红色和黑色出现的概率也总是50%。

经典案例
JING DIAN AN LI

金融学专家曾做了一项研究，研究对象共285人，全部是硕士或者硕士以上学历较高的投资者。研究的第一步，假设每位投资者中了1万元的彩票，所得奖金必须全部投资于股市。研究人员提供了两只基本情况几乎相同的股票，唯一的差别是，一只连涨而另一只连跌。结果在第一步大多数的被调查者都选择了连续上涨的那只股票。

这个研究充分说明，投资者在投资时，大多数时候依靠的是自己的直觉。虽然有部分投资者有一定的投资分析能力，然而，在面对一些看似很有说服力的所谓市场趋势面前，这部分投资者也会或多或少地迷失。因此，他们通过自己之前的经验、直觉以及仅仅依据看到这只股票前期的涨势喜人，从而就觉得这是一个“手热”的股票而加以购买。

路径依赖规律：股市从来不相信一招鲜的故事

词条解析

路径依赖是指人类社会中的技术演进或制度变迁均有类似于物理学中的惯性，即一旦进入某一路径（无论是“好”还是“坏”）就可能对这种路径产生依赖。

经典案例
JING DIAN AN LI

一个证券分析节目中，一位分析师提到过这样一件事情：他曾经接到过一个朋友的电话，这个朋友很沮丧地告诉分析师今年做股票亏了。因为该朋友是老股民了，分析师就问他买什么股票了，答曰××股份；再问为什么买××股份，回答是“因为去年买××股份赚了不少钱”！曾经买过的赚钱的股票，现在仍然对它情有独钟，投资时依然将它作为首选，这就是经济学上所说的路径依赖。这也是不少朋友在牛市行情中反而亏钱的问题所在。

实际上证券投资的路径依赖现象比

比皆是，随处可见。有人偏爱科技股，投资时非科技股不买；有人喜欢行业龙头股，买股票时总要想法给它找个龙头名目；也有人钟情重组股、ST 股，不一而足。这是选股方面的路径依赖，在投资模式、操作思路上的路径依赖情况一样很多：听消息炒股、看 K 线买卖、涨停板追买或跌停板抄底、热点概念追买。

投资时有路径依赖情结的，大体上都是过去在此类股票或此种投资模式上获得过利益的。举例来讲，偏爱科技股的过去一定在科技股上赚过钱；听消息的一定是过去某个消息让他获益不菲。利益驱动本来就是投资的动力，出现众多的路径依赖现象自然也在情理之中。

路径依赖原本无所谓对错，但问题的关键是市场总是在变化，尤其是进入全流通时代以后，市场的基础、投资的理念、投资者结构等都发生了巨大的变化。在此背景下仍以过去的思路、方式等投资不可避免会处处碰壁，即使是牛市，亏钱也是很好理解的。

过度自信倾向：巴菲特也不知道股市明天是否会涨

词条解析

人们往往倾向于认为自己的错误判断只是偶然发生的事件，与自己的能力缺陷无关。尽管这时人们知道自己过去出过错，但往往认为自己对未来的成功预期与错误经验完全无关。

股神巴菲特在一般人看来肯定是精通股市一切的人物，然而他自己却认为其投资诀窍仅在于自己超越了过度自信的倾向。这类似于恪守“知之为知之，不知为不知”的古训。有过一定投资经验的股民们都会觉得股指基金组合太没有技术含量，单单凭购买股票指数的高低根本无法体现出自己的分析能力。然而，据统计，只有 10%的投资者投资收益能够跑赢大盘。与一般过于自信的股民们不同，巴菲特清楚地认识到自己的局限性，认为大盘是无法预测的，能够把握的是对股票背后公司价值的评价与未来收益的预测，因此他从不期望于通过预测大盘来获益。

可以说在做任何投资行为时，过度自信，过度相信自己那点浅薄的所谓经验都是非常危险的。

巴菲特定律：股神原来是天线宝宝的幕后贵人

词条解析

在其他人都投了资的地方去投资，你是不会发财的。它是由美国“股神”巴菲特提出的，是他多年投资生涯的经验结晶。

经典案例
JING DIAN AN LI

1995 年，电视屏幕上已经有了《芝麻街》，有了《恐龙巴尼》，但它们适合大一些的小朋友看，而 0—3 岁的婴幼儿娱乐表演市场简直就是一片巨大的空白蓝海。

于是，巴菲特大胆地投资了一家公司。随后这家公司推出了《天线宝宝》，这个动画片讲述的是四个可爱的外星人（即天线宝宝）的日常生活，主要的收视对象是 1—5 岁的孩子。《天线宝宝》没有明确设定的教育目标，所以它并不是一个教育节目，它只是呈现孩子们在游戏中学习、发展的有趣经验。相比于《芝麻街》《恐龙巴尼》等放入很多信息的节目，低龄儿童的心理特点是“知道的东西不多，只会玩”。因此，创作《天线宝宝》者的出发点不是成心“想要教孩子什么”，而是让孩子们感到认同和好玩。《天线宝宝》最大的成功之处在于它发掘出了“最年轻的电视观众”这一市场。当然巴菲特也因为投资这家公司，获得了可观的收益。

巴菲特告诉我们，很多时候必须相信自己的判断，不能人云亦云，在某些逆势而动的情况下，反而会取得非常好的回报。

棘轮效应：俭，德之共也；侈，恶之大也

所谓棘轮效应，又称制轮作用，指的是当人们的消费习惯一旦形成就会出现不可逆性，向上不断增加消费很容易，而向下调整消费数额很难。棘轮效应是经济学家杜森贝里提出的。

经典案例
JING DIAN AN LI

宋代的大政治家、大文学家司马光很小就有闻名天下的德育故事。到了司马光年长的时候，他在写给儿子司马康的一封家书《训俭示康》中，记载着他对儿子的种种期望，其中有一条警示便是“由俭入奢易，由奢入俭难”的著名论断。此外，他还教育儿子：“俭，德之共也；侈，恶之大也。”

富甲天下的微软公司创始人比尔·盖茨对于财富的态度是，他死后只有几百万美元的遗产会属于自己的孩子，其他部分，将都捐给慈善事业。比尔·盖茨认为，拥有很多不劳而获的财富，对于一个站在人生起跑点的子女来说并不是件好事。他觉得子女的人生和潜力与出身的富贵或贫寒无关。因此，家长从小培养孩子艰苦朴素的生活习惯是很重要的。

在中国，关于节俭的故事每天都在上演：北京市一对年轻的父母，他们是IT界的精英，年纪轻轻便已经积累了不少的财富。他们的女儿从一出生就有良好的生活、教育环境，所以难免有些骄纵。于是，有一天，这对父母带着刚上小学的女儿去逛街。在一个繁华的路口，一位老爷爷正在卖《北京晚报》，父亲从口袋里掏出了5元钱，让女儿买了10份晚报，并让孩子按原价把10份报纸卖出去，看要花多长时间。孩子花了几个小时才把10份报纸卖完，然后父母让孩子问老爷爷一份报纸能赚多少钱。当她得知一份报纸只赚几分钱时，孩子理解了赚钱的不易，以后不再随便问父母要钱了。

对于投资而言，赚钱的同时，更为重要的是学会理财，否则承受了巨大风险进行了巧妙投资而赚得的收益，将可能很快化为水漂。而理财之于中国人而言，固守传统的守财、节俭之道在任何一个时代都有着重大意义。

减法哲学：犹太老板的境界

词条解析

现在的时代，各种投资哲学总是奉行加法和乘法，不断地追求更大的利益和权力，不断地索取。其实，在做投资时也应该注重减法哲学：化复杂为简单，化多为少，化粗为精。人生的减法哲学实际上来自佛教，就是减去疲惫、减轻烦恼、减弱沉重、减去心灵上的沉重负担、减去一些奢侈的欲望、减去没有价值的身外之物。

经典案例
JING DIAN AN LI

有一位踌躇满志的犹太老板，他精明、干练，通过自己的艰苦努力，在事业上发达了，买了别墅也买了车。他的公司年纯盈利上百万元，可是他对员工非常小气，平时对待自己也非常节俭。为了省钱，他能坐火车的时候就不坐飞机；商务旅行时，他吃的是方便面，住的是小旅馆。有一次外出谈判归来，不幸路上翻了车，他负重伤进了医院，但是幸好他非常幸运地保住了自己的两条腿。

结果，经历这次劫难后，这位平时备受员工诟病的老板，前后变得判若两人，他对人开始变得温和谦恭，对员工态度也有了改变，一改往日的凶横。有相熟的朋友，问他其中的原因，他直言不讳地说："以前，我都是用加法来衡量人生，人活着要日积月累地发展，要像滚雪球一般地攒钱。自出事以后，我发觉人生适宜于减法，假如我上次被压死，那一切也就都不复存在；如果上帝要去我的两条腿，人生也就会少了很多意义。"所以，在进行风险巨大、有得有失的资本市场投资时，必须要有充分的减法意识和减法心态，这样才能在面对得到与失去时泰然自若。

80/20 法则：一分耕耘加上一分聪明才等于一分收获

词条解析

80/20 法则指的是，在众多现象中，80%的结果，来自 20%的原因；20%的努力，常产生 80%的结果。这一法则在日后被拓展到各个方面：如 80%的劳动成果取决于 20%的前期努力，20%的人做了 80%的工作或者 20%的维基人贡献了 80%的维基条目等。

经典案例
JING DIAN AN LI

一位石油界的老板请来一位效率专家，让专家教自己如何提高工作效率。专家请石油老板写下自己认为最重要的 10 件事情，石油老板为此花了 5 分钟。效率专家又让他花 5 分钟时间写下明天最重要的 10 件事情，并且按照重要程度编号。效率专家告诉石油老板，每天写计划，并且按照事情的重要程度依顺序完成。效率专家同时希望将这个做法在公司内推广，并要求石油老板在一个月以后按收效付款。一个月后，石油老板给效率专家寄来 1.5 万美元酬金。若干年后，这家石油公司发展为大型连锁企业。

人们在日常生活中。常常强调“一分耕耘一分收获”的道理，80/20 法则却提供了另一种说法，它强调“一分耕耘多分收获”。对于投资而言，尤其是这样的。这时只需要抓住重点，便可以获取多数的成果。这也是启示我们，做任何一种投资时，都不能大而全，而应该有自己的关注点和侧重点，只是集中研究一个或者几个行业，公司往往会收到非常好的投资回报。

幸福消费观：独乐与众乐，后者方为科学之乐

词条解析

金钱能够给人带来消费的快感，然而如何花钱，才能真正让自己更加快乐、更加幸福，其实大有门道。人们都有一种获得赞扬、得到外界承认的心理，如果在对赚到的金钱进行处置的同时能够让别人过得更好，无疑将使自己的心理获得更大的满足感，这样的花钱模式不失为一种双赢的方法。

经典案例
JING DIAN AN LI

在赚到钱之后，许多人反而会陷入疑惑当中，钱怎么花才能幸福？以下为单选题：当你领到奖金的时候，是：A）存起来；B）付账单；C）吃一顿大餐；D）给自己买东西。

如果你选的是以上皆非，那么恭喜你，根据最新的研究成果，你很有可能

是真正懂得幸福何在的人。因为这笔钱，你多半是花在了别人身上。不论是给爸妈买东西，还是资助一个失学的小孩，美国《科学》杂志发表的一篇文章证明，把钱花在别人的身上，比花在自己身上更能带来幸福。

哈佛商学院市场营销方面的研究文章也分析过日常花费习惯与幸福指数的关系，奖金的去向与幸福指数提高值之间的关系，并实验研究了“飞来横财”的用法与幸福指数提高之间的关系。去除收入水平因素，日常经常给别人买东西或捐钱的人更幸福；去除奖金高低的因素，用奖金给别人买东西或捐款的人变得更幸福；而那些必须把飞来横财花在别人身上的人，比必须花在自己身上的人更幸福。

四 人生阶段心理学

RENSHENGJIEDUANXINLIXUE

人的一生就如一条线段，生是开头，死是结尾，中间的便是我们的生活。我们追求的就是中间的过程，也许我们不会事事如意，也许我们总是病痛缠身，但我们可以选择快乐地生活着，因为我们追求的本来就是欢乐。积极的心态就是我们能够美好生活的万能钥匙。人的一生只有两件事要做：1. 弄清楚什么是幸福。2. 千方百计找寻幸福！

岁岁年年人不同

SUISUINIANNIANRENBUTONG

一、儿童心理学

皮肤饥饿效应：无论多忙抽空给孩子尽可能多的拥抱

词条解析

对于婴幼儿而言，通常情况下，健康的婴幼儿啼哭，是饥饿引起的，只要给以哺乳或喂食，啼哭就会停止。但有时婴幼儿啼哭，并非要求进食，只要家长把他抱起或抚摸其头等部位，哭声就会停止。这种啼哭，反映的是婴幼儿的另一种需求，科学家称之为皮肤饥饿，只要通过爱抚搂抱就能解饥。

经典案例 JING DIAN AN LI

法国有个孤儿院，因为接收的弃婴太多，保育员的人手不够，只好采用“自动哺乳法”来喂养。后来发现，这些婴儿虽然都能吸到奶，营养并不缺乏，但都好哭闹，容易生病，发育不良，死亡率很高。后经心理学家指点，增加几个保育员，规定喂奶时都要抱起孩子，结果婴儿死亡率大大降低。

其实这个孤儿院遇到的事情，也正好印证了临床医生的发现，皮肤老是处于“饥饿”状态的孩子，往往性情抑郁、孤僻、爱咬嘴唇或啃指甲，有时甚至莫名其妙地用头或肢体去碰撞墙壁。研究显示，消除皮肤饥饿的最好“食品”就是父母的亲吻、抚摩等肌肤之亲。据外刊报道，欧美等国的儿童中近年来流行精神饥饿症，表现为动作迟缓、反应迟钝、表情淡漠、平均身高低于同龄健康儿童等，这就是缺乏父母肌肤之亲的结果。

既然“皮肤饥饿”有如此多的坏处，那么要防止“皮肤饥饿”，父母就必须要多抚摸、搂抱孩子，使孩子满足皮肤和情感上的需要，促进小儿的身心发育。已有的研究证明，婴幼儿受到抚摸后，大脑中的某些化学成分会升高，而这些成分能产生促使大脑、心脏和其他主要器官活动的激素，有利于机体发育。所谓皮肤饥饿，就是渴望相互间的接触和爱抚，这也是人类和其他热血动物的一种特殊的天然需求。这以婴幼儿表现得更为强烈，他们需要经常的爱抚。当婴幼儿得到父母温柔的爱抚时，心理上会产生良好的刺激，大脑的兴奋和抑制也变得十分自然协调。因而适当的爱抚有助于小儿大脑的发育和智力的提高，并有助于消除紧张、疲劳。如果这种需求得不到满足，就可能引起婴幼儿食欲不振、发育不良、智力衰退和行为失常。对于婴幼儿，父母每天可搂抱一次，睡觉前再在背部摩擦数次，以满足其皮肤饥饿之需。

心理制裁效应：法国父母的耐心教导之道

词条解析

“心理制裁效应”指的是：父母对不能实现期望目标和犯有过失的孩子，不采取体罚、责骂等强硬方式，而是用临时取消对他们的注意、关爱、赞扬、鼓励，使其暂时失去心理上的满足，引起其内心矛盾斗争，激发他们正确的行为动机，并抑制其错误行为的动机。

经典案例
JING DIAN AN LI

在有些家庭，如果一个10岁的孩子因为淘气，意外地摔坏了家里的电视机，孩子可能会很内疚和恐慌，其父亲可能会冲上来将孩子痛打一顿。这时，孩子的内疚和恐慌很快就消失了，从此他的心里就会有“我摔坏了电视机，爸爸打了我，这就相互抵消了”的想法。可见，一味地惩罚并不利于孩子反思和从心理上认识到自己的错误，反而容易引起孩子的逆反心理。

让我们反观一位法国家长的做法。在一个法国普通家庭，一个孩子不小心打破了很值钱的花瓶，然后又用胶水将花瓶黏合，这样的小伎俩自然瞒不过大人。晚上，母亲就发现了花瓶的“变化”，于是询问儿子：“谁打破了花瓶?”孩子撒谎说“是一只猫从窗户钻进来，打破了花瓶”。母亲一听这一套，就知道必定是孩子的谎言，因为窗户一直是关着的，不可能有猫会自己打开窗户。但是母亲并没有当面批评孩子，而是在晚上睡觉前，将孩子叫了过来，拿出一块巧克力递给孩子说：“这块巧克力奖励给你，因为你运用神奇的想象力，设计出了一只会开窗户的猫，记住以后千万不能丢弃这难得的想象力。”

紧接着，母亲拿出了第二块巧克力，对孩子说：“再奖励你第二块巧克力，因为你精心修补了花瓶，虽然不那么完美，但对于一个新手来说已经很不错了。修花瓶需要特殊的胶和专业的技术，如果你感兴趣，我明天带你到古玩店看看艺术家的手艺。”给完两块巧克力后，孩子脸已经彻底红了，随即他主动承认了错误。以后，每当他想撒谎时，两块巧克力就会浮现在他眼前。

这位法国家长的高明之处就在于，家长对孩子的错并没有进行体罚，反而是利用奖励的方法，使孩子自我产生了一种内疚的心理，从而实现了心理制裁的目的。在效果上，这比单纯的体罚来得更加深刻和有效。

祖母原则：彤彤的墙壁变化与心理耐力的提高

词条解析

祖母原则认为：如果有一件愉快的事等着我们，我们会很快完成另一件不喜欢做的事情。这个原则之所以叫作祖母原则，也是因为时常祖母都是这么教育小孙子的："把作业做完了，你就能去玩了。"

经典案例
JING DIAN AN LI

有研究者做过一个实验：让接受实验的孩子们从两种活动中选一种：玩弹球游戏机或吃糖。结果，有的孩子选择了前者，有的孩子选择了后者。有趣的是，对于喜欢吃糖的孩子，如果把糖作为玩弹球游戏机的前提物，便可增加他们玩弹球游戏机的频率；相对更喜欢玩弹球游戏机的孩子，如果把玩弹球游戏机作为吃糖的前提物，则可提高他们吃糖的数量。

彤彤已经是初一的学生了，可是在许多方面却还连一些小学生都不如。例如，他存在学习不用功、作业总是拖拖拉拉、挑食、作息时间不恰当等各种琐碎的问题。这些问题令大家非常苦恼，可是彤彤的妈妈发现自己的儿子也有自己的爱好，他喜欢玩游戏、上网、踢球、看动画片、喝饮料。于是妈妈经过了周密设计，列出了下面的这个清单，并将它贴到靠近彤彤写字台的墙上，让彤彤按照章程执行。清单分为明确的两个部分，首先完成以及随后可以做的事情。只要首先完成当天的家庭作业，然后就可以玩游戏；只要首先完成打扫自己的房间，然后就可以出去踢球；只要首先完成洗自己的袜子，然后就可以看动画片；只要首先完成吃蔬菜，然后就可以喝饮料……

结果这张清单出现以后，彤彤的表现呈现曲线递增状态：第一周他完成得比原来好一些，但也有完不成的情况；然后，第二周比第一周要好……到了期末考试时，就已经做得不错了。

预防针效应：控制儿童"漫天要价"必须事先"明码标价"

词条解析

儿童的心理大多比较单纯而趋向直线思维，因此他们对大人的各种承诺非常在意，一旦其他人无法兑现一些事前的承诺，儿童就会产生极大的心理反弹。所以，预防针效应就是在某种不利于孩子成长的事情发生前，事先给孩子做思想准备，从而让孩子能够抵抗诱惑、侵害或攻击。

经典案例
JING DIAN AN LI

明明是家里的独子，自小就很受爷爷奶奶的溺爱。而明明的爸爸妈妈工作又太忙，所以明明平时都由爷爷奶奶带着。小时候，每次明明的爸爸出差回来，明明总是要缠着爸爸带他到商场去选购玩具，可是上了小学以后，他就再也不缠着爸爸逛商场了，转而开始缠着奶奶带他去买玩具。这是因为爸爸每次在去商场之前都要和明明做个约定："今天你只能消费 50 元，你自己看着买，不许超支。"而和奶奶逛商场则完全不同，明明可以任性地挑选自己喜欢的贵重玩具。明明的爸爸与奶奶相比，正是合理运用了"预防针效应"，才避免了孩子养成花钱大手大脚的习惯。而明明的奶奶每一次都没有提前给孙子打"心理预防针"，所以常常在商场里遇到某个昂贵玩具明明硬要不可的尴尬局面。其实，对于孩子而言，事先讲好道理要远比事后的强力阻挠来得有效很多。

依恋心理：小猴子也不要的铁丝妈妈

词条解析

对孩子而言，对于母亲的感情不仅仅来源于物质上的供养，更多的是一种精神、言语、肌肤上的接触和交流。儿童对于亲人的依恋并非产生于单纯的供养，各种富含情感的亲密接触才是让儿童感受亲情的最好手段。

经典案例
JING DIAN AN LI

心理学家哈洛等人设计了一个实验，他们设计出了两种假的猴妈妈：一种假妈妈是用铁丝网编成的；而另一种则是用海绵状橡皮和长毛绒布做成的布娃娃妈妈。实验的时候，把刚刚出生的小猴放进一个笼子里，观察它究竟喜欢里面的铁丝妈妈还是布妈妈。

一个有趣的现象出现了：如果铁丝妈妈身上没有奶瓶，而布妈妈身上有，小猴很快就和布妈妈难舍难分；即使奶瓶放在铁丝妈妈身上，小猴也不愿意在铁丝妈妈身边多待一会儿，只有感觉饿了才跑去吃奶，其余的时间都依偎在布妈妈的怀里。而如果在小猴子离开布妈妈出去玩耍时，突然给它看一个模样古怪的庞然大物，小猴就会惊恐万状地撒腿奔向布妈妈，紧紧地依偎着它，逐渐定下神来。可是，如果把布妈妈换成铁丝妈妈，小猴就不会跑去寻求安慰。

布妈妈的受欢迎无疑给那些忙碌的父母们上了重要的一课。现代社会，越来越多的父母在抱怨说，自己整天在公司没日没夜地工作，目的就是能给孩子创造更好的物质环境，送孩子上更好的学校……父母们，请不要再吝啬自己所能给予孩子的那举手投足的温暖，也许就是那点点滴滴改变了孩子的一生。

关键期：儿童早期教育，错过某阶段时机便不可再来

词条解析

奥地利动物学家劳伦兹长期跟踪研究小雁、小鸭、小鹅等动物的行为，发现它们出生数小时就能跟随自己的母亲，所以会很自然地形成与母亲的紧密感。出生后数小时是形成亲密感的关键期，在这个关键期，如果将小动物与其他动物放在一起，不久小动物就会将其他的动物当作自己的母亲而紧紧跟随。人类也存在这个关键期。

经典案例
JING DIAN AN LI

心理学家发现儿童很多行为的形成也有所谓的关键期。儿童由于刚刚出生就到了母亲的怀抱中，所以可以很自然形成与父母的亲密感。而2—3岁则是儿童学习口头语言的关键期，4—5岁就到了学习书面语言的关键期。培养音乐的能力也许在5岁开始最好。瑞士心理学家皮亚杰也指出，人的智力发展的关键期是从出生到4岁。在这一点上，我国一些心理学家则认为是1—7岁，也有的说是5岁前或9岁前是人的智力发展的关键期。这些关键期的分野不同，但是总体上大多数心理学家实际上都是把人生的早期看作智力发展的关键期。

美国心理学家布鲁姆甚至曾形象地说，如果把人在17岁时达到的智力水平看作100%，那么人的智力50%是在4岁前获得，80%是在8岁前获得，即智力的大部分得之于人生的早期。由此可见，人生早期对智力发展有重要作用，早期教育具有特别重要的意义。然而，早期教育由于不像成人后的教育那样能够产生立竿见影的成绩，所以往往会被忽视。早期教育是会起到一些实际作用的，重视早期教育对儿童的未来发展来说并没有坏处。

照镜：小朋友的争宠历程

词条解析

照镜是儿童成长中几乎必经的一个过程，这是指个体对自己的行为缺乏自信时，必须要通过外界的回应才逐渐明了自己行为的价值。孩童阶段是最热衷于吸引大人或者其他伙伴注意的时期，唯有获得外界的称赞，孩子才能认识到自己的价值。

经典案例
JING DIAN AN LI

豆豆刚刚上幼儿园小班，冬天里总是妈妈送她去上学。以往妈妈牵着豆豆

的小手，豆豆总是感到很开心，可是最近这段时间，每天早上去上学的路上，豆豆不让妈妈再牵她的小手，而到了放学再接回来的时候，豆豆又主动要牵起妈妈的手。

妈妈大惑不解。终于在某天早上去幼儿园的路上，豆豆一边搓着自己的小手一边说："王老师每天早上都会摸摸我们的手。"

"为什么呀?"妈妈问。豆豆继续搓着自己的小手说："看看谁的手最热!""哦?"妈妈接着问，"然后呢?""老师会挑一个最热的手，给老师焐手。"豆豆答。"那你给挑中过吗?"妈妈接着问。"很少，只有几次。"豆豆有点遗憾地说，"妮妮的手总是比我暖和!"原来豆豆每天早上之所以不让妈妈牵她的手，就是害怕热气流失，这样就无法与其他孩子竞争焐手的机会了。

每个孩子其实都有天马行空的想法，总想实现远超出自己能力的理想，这就是孩子的天真所在。好的父母，不应该一味打击孩子的这种天真，而应该在孩子的面前充当一面镜子，让孩子看到他的行为是有人欣赏和赞同的。很多时候，正是因为有了父母的欣赏和赞同，孩子才能不断地将自己的才能发挥出来。可在实际生活中，很多父母不懂得这一点，对孩子横加评判，长此以往很容易就会将孩子天真、富有想象力的天性消耗殆尽。

社会化历程：不要苛责孩子

词条解析

人类的进化，使得每一个人从一生下来就天生拥有了很多自我保护能力，以保证他们在与社会接触的时候，能尽量减少外界对自身的伤害。这些自我保护能力虽然能够确保人类在婴儿、儿童时代不受到危害，但是随着年龄的增加，儿童必须将这些本能完美地社会化，使用社会接受而非纯粹发自本能的表达方式保护自己。

经典案例
JING DIAN AN LI

一名家教辅导班里的教师讲了这样一个典型情况：每当孩子和家人一起出去，在电梯内遇见了大人的朋友，大人为了缓解尴尬，而要求孩子和他们的朋友打招呼，但孩子往往会不开口，甚至会躲避到大人身后，此时大人会很生气，一方面会斥责自己的孩子不懂礼貌，说"你怎能这样没有礼貌、没出息"；另一方面又会为自己开脱，找借口否定孩子，说"他就是这样，不会叫人的"。介绍完这种典型情景后，老师介绍了正确的做法：自己主动和朋友打招呼，并主动介绍自己的孩子给朋友，让你的朋友主动给你的孩子打招呼。当你的孩子还是表示出不愿意、不接受的时候，不责备、不否定，并告诉孩子，你这样是对的，因为你很会自我保护，对陌生的事物产生恐惧与不安是正常的，孩子，你没做错，我们理解你。

同样的事情还会出现在很多的场合，比如孩子在玩耍时摔倒了，身体某个部位受伤了，孩子刚要哭，这时候大人通常有两种做法：好一点的是“不要紧、自己起来，你是大孩子了，受伤了不怕痛，胳膊破了，不要紧，一会儿擦点药就好了”；糟糕一点的是“你怎么这么不小心，看才洗的裤子，慌什么慌，总是给我惹事，看胳膊都破了，赶紧回家擦药”。

上面没有一个家长是真正关心孩子当时的感受，而只关心自己的感受。受伤的是孩子，流血的也是孩子，他一定很痛，也很怕大人的指责，但这个时候的你偏偏要忽视他们的疼痛，让他们坚强，偏偏要指责他们的脆弱，给孩子更大的心理压力和自责感。正确的做法应该是抱住孩子，安慰他，“痛吗？没关系，想哭就哭吧，我们不会责怪你的”，亲吻孩子的脸、爱抚孩子的身体、仔细查看孩子的伤口，要持续到孩子情绪稳定，再让孩子自己决定下一步该怎么办。

孩子实现社会化的过程对于塑造孩子的一生是十分重要的，父母必须十分注意放手让孩子扩展自己的自我保护本领，不能过于苛责和溺爱。

自闭症识别法：早发现，早干预

词条解析

对于年纪很小的孩子而言，他们的自闭往往体现在许多细节之中，如果不能从各种行为的细枝末节之处，提前识别出孩子的自闭倾向，那必将会留下许多心理隐患。

经典案例
JING DIAN AN LI

自闭症儿童在婴幼儿时期可能表现得很乖，整天躺在小床里，不哭也不闹；也可能表现为哭闹不止。但他们大部分不喜欢让别人抱或抚摸，缺乏与亲人的目光对视，对亲人表现冷淡。有些孩子6个月以后对父母还无明显的情感反应。对玩具也不感兴趣，而是着迷地玩自己的手，机械地重复某一个固定的动作。孩子学会走路后，喜欢到处舔、嗅或闻某些物品，如有的孩子专门舔桌子、椅子等有棱角的地方，或闻别人坐过的地方或穿过的鞋，有的孩子整天拿着一个塑料袋、化妆瓶或一块香皂、一个小瓶盖等，连吃饭睡觉也不能离开手。

绝大部分自闭症儿童，不会与小朋友发展伙伴关系，送入幼儿园的集体环境也是独自一个人在一边玩。其他小朋友学儿歌、唐诗，他们从不会主动加入。对周围环境视而不见、听而不闻，致使他们的家长或幼儿园阿姨误认为孩子有听力问题。但同时发现他们对某些声音又极度敏感，如对某些交响乐、广告音乐、脚步声等，离他们很远或很轻微的声音，他们也能分辨并表现得十分感兴趣，听到后激动不已或长时间迷恋地倾听或配合节奏摇摆、扭动身体等。但有的患儿对某些声音又极度反感，如厕所抽水马桶的抽水声、鼓声、鞭炮声、雷声等，听到后立即双手捂耳朵，尖叫或哭闹。

自闭症儿童的语言发育大部分落后于正常同龄儿童。他们或者缺乏语言或者使用语言的方式独特，比如鹦鹉学舌般地重复别人刚刚讲过的话，或在玩耍时自言自语一些很久以前听到过的话，或反反复复提问一个问题、陈述一件事情却不理会别人的反应，或说话的语音语调异常等。

二、青春期心理学

罗密欧与朱丽叶效应：青春期宛若压力锅

罗密欧与朱丽叶的故事尽人皆知，这个故事的重点是年轻人逆反父母追求真爱。而实际上，心理学家在对爱情进行科学研究时发现，在一定范围内，父母或长辈越是干涉儿女的感情，这时青年人之间的爱情越深。换句话说，如果出现干扰恋爱双方关系的外在力量，恋爱双方的情感反而会更强烈，恋爱关系也会变得更加牢固。这种现象就被叫作罗密欧与朱丽叶效应。

经典案例
JING DIAN AN LI

其实重点不在于这个心理学现象的发现，而在于这位心理学家对这个效应背后原理的解读：罗密欧与朱丽叶是因为两家是世仇，家人坚决反对，他们却在家人的百般阻挠下相爱更深，最终双双殉情。

青少年之所以面对爱情时，越是遭遇反对越是对对方感觉强烈，是因为越是得不到的东西，人们就越是觉得珍贵。所以，想办法提高人们的期望值和得到的难度，是促使人们拥有某种东西的简单办法。

在生活中，好多为人父母者对此都头疼不已。实际上，当父母非常不喜欢孩子的对象时，采取出面干涉，结果往往适得其反。越是干涉越是相爱，处理得好最终会使得孩子留下一辈子对初恋的残酷记忆，忘却一段可能是悲剧的恋情；处理不好就像前边说的，会引发真正的悲剧。所以，在面对孩子的棘手恋爱问题时，必须真正地了解到罗密欧与朱丽叶心理，不能一味地反对，那样反而会加重矛盾。

逆反心理：汤姆·索亚轻松实现刷墙外包

词条解析

很多家长都会发现，孩子到了青少年，本来小时候很乖的小宝贝，突然变成了“不受教”“不听话”的人，常与教育者“顶牛”“对着干”。这种与常理背道而驰，以反常的心理状态来显示自己的“高明”“非凡”的行为，往往来自“逆反心理”。逆反心理是指，人们彼此之间为了维护自尊，而对对方的要求采取相反的态度和言行的一种心理状态。

经典案例 JING DIAN AN LI

有一次，汤姆不但被姨妈处罚刷墙，而且很不幸地被其他小伙伴看到了，这个即将要去游泳的伙伴叫本。本开始嘲笑汤姆要做他不喜欢做的事情，不料汤姆回答：“不喜欢干？唉，我真搞不懂为什么我要不喜欢干，哪个男孩子能天天有机会刷墙？”听到了这个回答，本停止了啃苹果。汤姆灵巧地用刷子来回刷着，不时地停下来退后几步看看效果，在这补一刷，在那补一刷，然后再打量一下效果。本仔细地观看着汤姆的一举一动，越看越有兴趣，越看越被吸引住了。

后来他说：“喂，汤姆，让我来刷会儿看看。”

汤姆这时立刻说：“不——不行，本，我想这恐怕不行。要知道，波莉姨妈对这面墙是很讲究的——这可是当街的一面呀，不过要是后面的，你刷刷倒也无妨，姨妈也不会在乎的。”

看到刷墙还有如此大的讲究，本更想尝试了。“哦，是吗？哎，就让我试一试吧。我只刷一会儿。汤姆，如果我是你的话，我会让你试试的。”

“本，我倒是愿意，说真的，可是，波莉姨妈——唉，吉姆想刷，可她不叫他刷；希德也想干，她也不让希德干。现在，你知道我该有多么为难？要是你来摆弄这墙，万一出了什么毛病……”

“我把这苹果全给你！”汤姆把刷子让给本，脸上显示出不情愿，可心里却美滋滋的。

聪明的汤姆不但没有费力地刷墙，反而非常轻松地得到了一个香甜的苹果。汤姆正是利用了本的逆反心理，将其诱骗得手。青少年可以说是逆反心理最强的群体，其实逆反心理换一个角度想也是促进正面发展的契机。

禁果效应：皇家卫队严防死守土豆地的秘密

词条解析

禁果显然是指《圣经》中亚当与

夏娃出走的故事，但其实世界各国都有类似的表述。有一句俄罗斯谚语说“禁果格外甜”，中国也有一句古诗曰“抽刀断水水更流”。越是得不到的东西，就越想得到；越是不让知道的东西，就越想知道。这种逆反的心理现象在心理学上叫作禁果效应：理由不充分的禁止反而会激发人们更强烈的探究欲望。

经典案例
JING DIAN AN LI

据说从前，土豆在某国曾经被称为“鬼苹果”，没有人愿意种植它。

国王非常着急，于是请了一位法国著名的农学家到各地的田间地头百般劝说，但是，无论怎么引导，农民们就是不愿意引种土豆。农学家四处巡游之中，虽说没有劝服任何一家人同意种土豆，但是在这个过程中农学家也总结经验、勤于思考。最后，他终于想出了一个绝妙的主意，随即便将这个主意禀报给了国王，国王一听觉得可行。

于是，他开始执行他的计划。首先，他受国王的特准，在一块贫瘠的土地上种植土豆，并由一支身着军礼服、全副武装的国王卫队看守。这一块田地是绝对受到保护和限制的，其他人均不可以接近这块田地。久而久之，这里便成为全国人民热议的话题，大家都在谈论这里种的是什么东西，如此神秘，认为如果能够进去一看，这一辈子也就知足了。

这样的情况持续了一段时间，有一天的夜晚，农学家命令看守卫队故意撤走。结果，第二天农学家就发现，有些土豆被人偷走了。随后，每隔一段时间，农学家便故意放松守卫一次，于是人们受到“禁果”的引诱，到了晚上就来挖土豆，引种到自己的田地里。就这样，土豆种植很快就风靡全国。

青少年的好奇心非常重，所以一旦家长、学校无法传递足够的有效、科学的信息，那么将导致青少年产生很大的“禁果”心理。而其实巧妙利用“禁果”心理，反而可以让青少年主动去种下更多的“优质土豆”。

黑暗效应：模糊光线下的亲近感

词条解析

男女之情，通常萌发于某个特定的时刻。通过研究表明，在光线比较暗的场所，约会双方彼此看不清对方表情，就很容易减少戒备感而产生安全感。在这种情况下，彼此产生亲近的可能性就会远远高于光线比较亮的场所。心理学家将这种现象称为“黑暗效应”。

经典案例
JING DIAN AN LI

曾经有一位青年男子，看上了一位靠谱的女子已久，可以说已经非常钟情。而对方也对他有好感，但是每次约会，两个人总觉得双方谈话不投机，尤其是男方通常在寒暄结束后，就不知道该进行何种话题为好。而每次约会地点都选择在光亮的环境、吵闹的人群，也实在不适合双方慢慢谈话、细细品味对方的优雅。终于，有一天晚上，他成功地约那位女子到了一家光线比较暗的酒吧。结果很意外，在朦胧的灯光下，这次谈话非常融洽和投机。男方也惊讶于自己为何变得如此健谈，幽默感十足，而女方也充分地打开心扉，双方互诉衷肠。从此以后，这位男子将约会的地点都选择在光线比较暗的酒吧。几次约会之后，他俩终于决定结下百年之好。

青年时期应该说是仍然保留对未来期待和憧憬的时期，他们会对神秘的事物、未知的境遇非常好奇，所以在这个时期的神秘感能够很好地抓住异性的心。

完美笑话公式：把讲笑话上升到科学的高度

词条解析

曾有研究者总结了一个完美笑话的数学公式：x＝（fl+no）/p。根据这个公式，完美笑话可定义为："能在语句简练的叙述中，通过具有喜剧因素的妙语，让人笑得前仰后合，但又不会引起社交场合的尴尬。"

经典案例
JING DIAN AN LI

青春期的少男少女往往精力最为充沛，思维也最为活跃，人是没有负担而乐于与别人交往的。在这一时期如果因为某些原因不善言谈而沉默寡言，最终被隔离于学校、邻里团体的社交圈之外，将给幼小的心灵留下巨大的阴霾。如果您正有希望与人交谈却不知如何开口、不知如何活跃气氛的困扰，那么不妨好好研究一下完美笑话公式，成为一个幽默高手，这样保证你会成为社交活动中不二的中心。其中，x 表示笑话的完美程度，f 代表笑料的有趣程度，l 表示笑话的长度，n 表示听笑话者笑得前仰后合的次数，o 表示引起尴尬的程度，p 表示双关语的数量。x 的值在 0 到 200 之间，200 分的笑话就是最完美的笑话。

科学家认为，笑话成功的关键在于是否具备让人乐不可支的妙语。同时，笑话的长度也很有讲究，不能太短也不应太长。

心理相容效应：混混小帮派的形成不需要理由

词条解析

所谓"心理相容"，是指人与人之间的相互吸引和相互信任，呈现出不分什么是“我的”、什么是“你的”这样一种相容的心理气氛。当一个群体的成员在心理和行为上彼此协调一致，从而产生了强烈的情绪共鸣和高度的心理相容现象时，这个群体便会产生一种高度一致的信仰以及价值观。

经典案例
JING DIAN AN LI

拍摄于20世纪90年代末的香港电影《古惑仔》系列，以一种都市暴力美学、少年反叛社会的黑帮童话色彩蛊惑了一批青少年。在某市就有五名中学生模仿电影里五个古惑仔的行为。一开始，这五人都是在学校周边的小混混，经常欺负和敲诈学生。结识后觉得联合在一起更厉害，就“学习”了港片《古惑仔》，19岁的郑某是老大。五个人还特意模仿《古惑仔》海报，上身裸露，下穿牛仔裤，叉着腰，摆好海报上的姿势，合影。之后，他们准备闯荡江湖，抢够3万元后就开个小店做生意。做足了准备后，五个人自认为已经是生死相交的义气朋友，随后果真展开了抢劫、盗窃的生涯，并在一次抢劫中残忍地刺杀了受害者。在刺杀了受害者以后，五人非但没有收敛，还继续模仿电影，开始亡命天涯的旅程，最终在逃亡仅几日之后便被警察捉拿归案。

正处于青春反叛期的青少年，极其容易产生重度的逆反社会心理。而一旦这样的青少年三五成群地聚集在一起，产生了心理相容的群体反应，就更加会形成小团体内部的某种反叛狂热，从而最终滋生出犯罪以及越轨行为。在这种情况下，只要为了义气，和朋友在一起做什么事情都是对的，于是这时也是滋生“交友险情”的一大危险时期。就是说，你所选择、结交的朋友是“益者”还是“损者”，取决于你与对方是在什么思想基础、个性品质、人格特征方面的“相容性”。朋友关系作为人际关系需求的一种深化反映，它显现个体寻求满足需求的心理状态。

要杜绝这种不良心理产生相容后而被放大效果的现象，就必须注意将心理相容性建立在团结互助、真正有益于双方扮演的社会角色的基础之上，而不是盲目地受情绪支配，以为凡是能与自己“不分你我”的人都是好朋友。

成年孩子回家秘诀：人像候鸟，千里不忘回家路

词条解析

利用情感规律可以创造自己期望的结果，想要孩子成年后多回家，最好的办法是给孩子足够的爱、温暖、接受、肯定和尽可能多的快乐。这些美好情感留下的记忆是一个永久的、不可抗拒的吸引力。无论是散落到了天涯，还是漂流到了海角，成年的孩子都会被家这块磁铁不断地吸回去。

经典案例
JING DIAN AN LI

有人一想到回家就快乐兴奋不已，真恨不得一下子就回到家里；可是，对有些人来说，回不回家无所谓，没有喜悦，也没有激动；也有人一想到回家就心中焦虑、烦躁，但又觉得不得不回；还有人从准备回家的那一刻起，就变得脾气很坏，他们会一路上同其他旅客和服务员吵架。为什么回家会使人们产生不同的情绪？

原因是，人们把家同一定的情感相联系。越年轻，人情感上的体会和经历对人一生的影响越大。从小到大，如果人体会到了很多爱、友好、接受和肯定等温暖和美好的情感，那么给予这些情感经历的家人，对人就有着终身的吸引力。这时，人像候鸟，千里万里，多么远的路途，也难挡似箭的归心。相反，如果从小到大没有很多爱、友好、接受和肯定的美好情感经历，却有很多冷漠、生气、否定和贬低的情感体会，那么给人这些感觉的家对人就有很强的排斥力。这时，潜意识引导人躲避痛苦情感的体验，便为人回家设置了极大的感情障碍。人的情感规律在不知不觉中发挥作用。所以，家对一些人有很强的吸引力，对一些人没有吸引力，对另外的一些人甚至还有排斥力。

25 岁综合焦虑症：高不成，低不就

词条解析

25 岁综合焦虑症是指 25 岁左右的年轻人，因某方面不顺利而出现的焦虑状态。25 岁处在不再天真，却根本无法跟三四十岁的高端人士对比的阶段。因社会压力大、未来不确定因素较多，很多此年龄段的人，工作不稳定，感情也在漂泊。于是，他们会对未来生活表示怀疑，出现焦虑不安的情绪。

经典案例
JING DIAN AN LI

刚刚毕业的硕士研究生小易，在偶尔浏览校友录时，看到上面的本科同学大都有车有房，有的已经结婚生子，生活美满得意，为此大受刺激，郁闷难安。

小易就读于沿海某大学，学习数理统计。临近毕生，他开始找工作，但两个月过去了，皆因专业不对口，数次被拒绝。就在这样困难的时期，他偶尔登录本科班的校友录，看到同学留言，有人买房，有人升单位经理或主管，他大受刺激。一下子巨大的心理落差，让他觉得自己的研究生白读了——连工作都找不到；即使找到，起点也不如本科同学高。此后，他一直郁闷不安，晚上睡

不着觉。小易觉得眼前的日子，让自己看不到将来，每一天都是挣扎和痛苦的历练。

25岁，实际上正是个人施展抱负，将自己的能量、学识发挥到极致的时刻。如果在这时由于亲朋好友之间的比较，受到了刺激，就此沉沦，那么无疑是非常可惜的事情。此年龄段的人应适时给自己减压，不要对自己要求过高，过分追求完美，切记不要攀比。

以貌取人：裁判判罚也看颜值

词条解析

随着媒体的力量日益膨胀，消费主义的潮流完全席卷了社会的各个角落。当今的青少年一代，越来越受到媒体消费主义的感染，以貌取人的能力更加明显，对于长相和身材的追求日益显著，而对于内在素质以及修养则较为忽略了。

经典案例
JING DIAN AN LI

国外的心理学家，曾经以教师为被试进行过实验。他们给教师出示一批小学生的照片，其他什么资料都不给，就让教师猜测这些小学生的学习成绩，结果越漂亮的小学生，被猜测到的成绩越高。实验的第二部分，心理学家把一些大学生的照片出示给教师，然后告诉他们，这些人犯了盗窃罪，并且犯罪数额和性质都是一样的。让教师们充当法官，选择对于这些“罪犯”的量刑程度。结果，越是漂亮的大学生，受到的“模拟处罚”越轻！

研究体育运动的学者同样发现，有些漂亮的球星不仅讨观众的喜欢，而且能够在场上起到真正的实际效果。例如，在足球运动中，如今的后防越来越严密，时不时得扯作一团，滚作一处，再加上一些十分细微的小动作，裁判的凡胎肉眼在如此电光石火的时刻，无法完全准确地辨别是非曲直。于是，在场上就出现了这样的情况，长相俊美的球员可能会获得裁判的额外“照顾”。

“以貌取人”是非理性的，尤其是在目前多种媒体的影响下，青少年更是要保持冷静、富有分析能力的头脑。

求偶从众心理：青春期女孩用大众的眼光来衡量爱情的重量

词条解析

青年女性由于缺乏爱情的经验，在挑选配偶时非常倚重于其他同性的看法。如果其他女性认为这位男士在金钱、学识、地位上很有吸引力，那么她们的好胜心理会促使其最终选择外表看来与自己并不相称的配偶。研究人员将这一现象归因为“求偶从众心理”。

经典案例
JING DIAN AN LI

研究爱情形成心理的专家曾经对74名女性进行了专项测试，向她们展示了一些陌生人的照片，并询问这些受测者是否愿意与照片上的人约会。毫无疑问，每位受测者均喜欢外表具有吸引力的人。但女性受测者在考虑外貌的同时，却会同时加上一项考虑因素，那就是她们对于其他同性受测者如何看待自己看中的男子非常关注。研究同时还表明，女性受测者对于感兴趣的男性的条件是有钱、有幽默感以及亲切和蔼，而外表长相倒是其次。

从事这项研究的心理学博士说道："当一名女性看到其他女性对于某个男性趋之若鹜时，她可能会受到虚荣心和好强心的驱使，加入这一竞争行列中来，尽管这名男性外表看来可能并不十分理想。"女性在其青年时期，可能会遭遇几次不那么称心如意的爱情，究其原因可能就与这种择偶中的从众心理有很大的关系。毕竟对于爱情这种无法量化的感情配对行为而言，好的并不一定适合自己，而适合自己的则在别人眼里不一定是好的。

手机依赖症：机器的奴隶

词条解析

目前青少年几乎人手一部手机。在商家的鼓动下，手机微信俨然已经成了青少年们的另一张嘴巴。然而，过度依赖手机这样的机器设备，去开展人际沟通，会使青少年患上"手机依赖症"，最终成为机器的奴隶。

经典案例
JING DIAN AN LI

如今手机这种通信工具所承载的职能已远不只是一般沟通工具那么简单，它的发明和使用给无数职业经理人、白领精英和学生们增添了更多自我价值体现的途径。与此同时，它的存在也带给许多人群难以意识到的困扰和心理疾患。

症状表现：手机忘带心烦意乱、铃声不响左顾右盼、铃声一响条件反射、来电减少坐立不安等。专家诊断：心理学教授认为，有些人由于工作需要或其他原因，在日常生活中频繁使用手机，无意识中使手机成为其生活的一部分。在来电数量突然减少或手机丢失情况下，这些人通常会出现上述反应。这并不是什么严重的病症，它只是人们经常使用手机后产生的一种心理反应。问题的关键在于青少年要多爱惜自己，为自己营造这个年龄应有的“绿色生活”，如郊游、健身、看书、听音乐等，以此分散对手机的注意力，并适时给予自己“没有手机打扰的日子真好”的心理暗示。

网络依赖症：让阳光穿透昏暗的电脑屏幕

词条解析

近些年，随着电脑设备价格、网络资费的不断下降，互联网已经普及。网络的快餐化、视觉冲击快感让许多青少年放弃了许多传统的户外活动，沉迷于网络早已经成为现代青少年的普遍现象。而过度地依赖网络，将使青少年在形成自身世界观的关键时期丧失社会性的互动，从而造成性格上的缺失。

经典案例
JING DIAN AN LI

网络成瘾症的表现为：没电脑不知道该如何写字、没电脑无法工作、不上网没法安心睡觉等。

与传统的认知不同，实际上网络依赖症还可以细分为不同类型，并非所有网瘾青少年的情况都是同一的。这些不同的网络依赖大约可以包括聊天依赖、网上冲浪依赖、网络游戏依赖等。在欧美，心理医生已经开始高度重视这种由于网络依赖症导致的忧郁症。这种网络依赖症潜伏期很长，有时候网迷们往往不知道自己的痛苦来自何处，所以很难对自己的病症有所察觉。青少年又往往处于叛逆期，在成人也大量依赖网络时，青少年们并不能接受为何自己上网就被定义为一种病症，与某些犯罪行为一起列为需要纠正的不良之处。所以，网瘾必须提早发现。无论从学校、家庭，还是从社会的角度，都应该大量提供青少年户外活动、社会性互动的机会和场所，让青少年充分地接触到阳光与空气，减轻网络成瘾的不良影响。

情感依赖症：11 条判断法则

词条解析

现代社会，生活节奏加快，新一代青少年在物质上得到极大丰富的同时，在情感和社会互动上产生了真空，于是孤独感、情感上的依靠需要性便更加明显地展现在现代的青少年身上。许多青少年都有过把个人感情寄托于某个人或某件物品上，一旦失去就难以适应的情感倾向，这种始终渴望理解、关怀的心理便是情感依赖症。

经典案例
JING DIAN AN LI

现代青少年在某些心理方面过于早熟，同时又在社会交往、表达自我、疏导情感方面表现幼稚，所以当青少年一个人闷闷不乐，找不到解决办法的时候，依赖症往往乘虚而入。每位遇到了困扰的青少年，如果能有一个无话不谈的朋友，困扰他们的问题就能得到缓解。但如果过度依赖他人，也可能出现情感依赖症。

心理学家通过研究，总结出以下11条判断法则，一一对照便可以发现自己是否具有情感依赖症的萌芽：

1. 每天出门前花至少30—60分钟搭配衣服，反复换几次才肯出门，否则一天都感觉怪怪的；

2. 和他（她）在一起的时候，不停地说自己的事，好像汇报工作；

3. 一直坚信，自己对他（她）的爱是不可取代的；

4. 最近，除了他（她）以外，你几乎不跟其他人一起出去玩；

5. 强烈希望他（她）时时刻刻想着自己，因为怕错过他（她）的短信，连睡觉时也把手机放在枕边；

6. 在面临选择的时候，总是想先得到他（她）的建议和保证，即使只是一件日常小事；

7. 独处时经常被“遭人抛弃”的念头所折磨，竭尽全力逃避孤独；

8. 过度容忍，为了维持你们的关系，愿意做很多违背自己意愿的事；

9. 有一件事，虽然计划了很久，但迟迟没有开展，实际上你心里并不太想独立实施这个计划；

10. 很容易因为他（她）对你的评价而受到伤害；

11. 当亲密关系突然终止，你觉得自己无助得近于崩溃。

要想从情感依赖症中摆脱出来，一方面，可以向家人、老师等寻求帮助；另一方面，要学会对自己的生活做出合理规划和安排。此外，还需要培养自己忍受孤独的能力，学会享受一个人的时光，不过分依赖某个人或者某种东西。客观正确地认识自己，也是改善依赖症的关键一步。

心理减肥：让减肥成为与增肥一样简单的事情

词条解析

根据心理学家的研究发现：肥胖者遇到高焦虑情景时会吃得比平时多；而体重正常者遇到高焦虑情景时，则会吃得较少。其他相关的研究亦同时指出：在许多不同的情绪情景下，都会使肥胖者增加食欲。可见心理状态对于食量的影响是十分大的，如果你可以寻找到“吃”以外的快感，就能摆脱对吃的依赖，这就是意念减肥的思考方式。

经典案例
JING DIAN AN LI

根据心理学家的研究，除了在生理上或者药物上进行正面的减肥，还必须注意许多心理细节上的处理，让自己心无旁骛地充分投入到减肥的行动当中去。具体来说，有以下几点需要注意：

厌恶训练。治疗者运用一些附加条件，使肥胖者对自己的肥胖产生厌恶感，避免过食。比如，在冰箱旁贴上自己体态臃肿的漫画，或者将自己大腹便便的照片置于餐桌上，一边看照片，一边吃饭，让自己面对美味佳肴，正欲狼吞虎咽之时，马上受到厌恶的刺激，以抑制食欲。

控制进食的速度。如果肥胖者学会了轻松缓慢地吃东西，他就会有时间对所吃的东西加以品尝，并且到时间会自然停止。如果吃得太快，可以让自己吃完一小份后暂停一会儿，再吃另一份。这两种方法并非引导肥胖者节食，而是帮助他们掌握忍耐的技巧，用这些方法给他们逐渐确定合理的食量。

想象转移法。肥胖者在食欲强烈的时候，只要想一想自己如果因为过食而使体态臃肿，易患心脏病、高血压、糖尿病等疾病，就会使体内消化液分泌减少，大倒胃口，从而不思饮食达到节制饮食，减轻肥胖的目的。

美国减肥专家发明的“告别肥胖”的减肥法，就是让参加的人眼睁睁地看着他们喜欢的食物上堆满垃圾，从而对这种食物产生抗拒心理。经过反复演示，减肥人士形成了深刻印象，再见到上述食品，心理上就会产生一种排斥反应。利用这种减肥法，八成左右的减肥者可以达到令人满意的节食效果。如果再辅以适当锻炼，减肥便易如反掌了。

心理虚脱：大学生的茫然

词条解析

有一部分大学生进入大学后，在心理上感到“如释重负”，认为船靠码头车到站，学习失去了中学时的动力，奉行“60分万岁”；有的学生梦想一夜之间能发大财，能成名人，有的学生面对蓬勃发展的社会，激不起热情，消沉、懒散、躁动不安，任何事情都希望一步到位，无法安心努力，就像一个营养不良的人出现虚脱现象。

经典案例
JING DIAN AN LI

小李是某重点大学的大四学生，大三以前一直都是勤奋好学、待人接物态度良好，比较积极向上，热情开朗，同学们暗地称他为“学术牛人”。可是，大三开始后，面对着就业的压力、课程的日益松弛，特别是在到了公司实习发现所学的专业知识有很大一部分并不能被运用到工作中，而工作中的许多规则和知识自己又不懂，小李逐渐成了“60分主义者”。他对出课率无所谓，拿考试不当回事，逐渐出现萎靡不振、爱睡懒觉、不修边幅、厌学，甚至几个星期不上课等现象。除了吃饭时间以外，其他时间基本在寝室睡觉，无视学校的劝导、警告。他觉得在学校已经无法生存下去，觉得自己之前努力地学习无法换来在社会上的立足。他认为与那些一入学就忙着赚钱、工作的同学相比，自己反而变得像个只会读书的“书呆子”。最后整个大三，小李居然达到了退学底线的不及格率，最终悲惨地被要求退学。

不可否认，当今社会中存在许多不公平、不正常的现象，许多社会上的不良风气已经极大地影响到了宁静的校园。然而客观而言，社会仍然是一个相对平衡、公平的结构，大学生只有守住自己的本分，同时努力专一追求自己的目标，这样才能做到不虚度每一天。

三、更年期心理学

情绪效应：可怜的阿维森纳羊因恐慌而死去

词条解析

交往双方可以产生“情绪传染”的心理效果。主体情绪不正常，也可以引起对方不良态度的反应，影响良好人际关系的建立。情绪效应又称情感效应，是指一个人的情绪状态可以影响到对某一个人今后的评价。尤其是在第一印象形成过程中，主体的情绪状态更具有十分重要的作用。

经典案例
JING DIAN AN LI

传说，在古代的阿拉伯有一位学者叫作阿维森纳，他曾经把一胎所生的两只羊羔人为地分开，置于不同的环境中生活。一只小羊羔随羊群在水草地快乐地生活；而在另一只羊羔旁则拴了一只狼，在一周后才将这只狼撤去，随后这只羊羔也被送到羊群中。结果奇怪的事情发生了，整个羊群变得慌慌张张，不敢贸然出去觅食，这只小羊羔似乎非常不受羊群的欢迎。不久，它就被赶出了羊群。而这只羊羔在极度惊恐的状态下，根本吃不下东西，不久就因恐慌而死去。

更年期的女人有时候情绪会波动得非常严重。就像狼将恐惧传递给了小羊羔，小羊羔又将因狼而产生的恐惧传染给了羊群，主体的情绪往往是具有传染性的。个体和家人应多对心理困扰给予关注，形成良好的互动。

踢猫效应：别将自己的坏情绪发泄到他人身上

词条解析

“踢猫效应”中包含着一个非常浅显的故事：一位父亲在公司受到了老板的批评，回到家就把沙发上跳来跳去的孩子臭骂了一顿。孩子心里窝火，狠狠去踹身边打滚的猫。这个例子说明，人的不满情绪和糟糕的心情，一般会随着社会关系链条依次传递，由地位高的传向地位低的，由强者传向弱者，无处发泄的最弱小者便成了最终的牺牲品。

经典案例
JING DIAN AN LI

有人踢猫，也有人忍住了那一脚，我们要时刻小心生活中因不慎踢猫而产生的不良后果。一位家庭主妇在她的房门上挂了这么一块木牌："进门前，请脱去烦恼；回家时，带快乐回来。"在她的家中，家人一团和气，孩子大方有礼，一种温馨和谐满满地充盈着整个空间。有人询问女主人家庭和睦的秘诀，结果女主人只是指指那块木牌，解释说："有一次我在电梯镜子里看到自己，天哪，这是一张充满疲惫的脸，一副紧锁的眉头，忧愁的眼睛……这个发现把我自己吓了一大跳。于是，我开始想，孩子、丈夫看到这副愁眉苦脸时，会有什么感觉？假如我对面也是这副面孔，又会有什么反应？当晚我便和丈夫长谈，第二天就写了一块木牌钉在门上提醒自己。结果，意外的事情发生了，被提醒的不只是我自己，而是整个一家人。"于是，原本死气沉沉的家庭焕发出了新的生机。

实际上，每个人只要稍稍用心，把这种豁达和体恤用于生活、工作的各个方面，"踢猫"这条恶劣的传递链就能被截断了。而能够做到自己不"踢猫"，也可以将这种情绪影响到他人，这样反过来能使自己的脾气和心情得到很好的改善与平衡。

野马结局：冷静蝙蝠降服强大的狂躁野马

词条解析

野马的个性非常狂躁，难以驯服。其实野马结局是生活中的一种法则，是指因芝麻小事而大动肝火，以致因别人的过失而伤害自己的现象。在生活中难免会遇到不顺心的事，如不能宽容待之，一时情绪激动，甚至暴跳如雷、大发脾气，会严重危害自身健康。动辄生气的人很难健康、长寿，很多人其实是"气病"的。

经典案例
JING DIAN AN LI

野马拥有强健的体魄、疯狂的速度，在非洲草原上，这是一种连猎豹也无法轻易制服的动物。但是，却有一种不起眼的叫吸血蝙蝠的动物是野马的天敌。这种身体极小的蝙蝠靠吸动物的血生存。它在攻击野马时，常附在马腿上，用锋利的牙齿极敏捷地刺破野马的腿，然后用尖尖的嘴吸血。

野马可是草原上的高级动物，岂能容得下这样的挑衅，于是每当受到这种外来的挑战和攻击后，马上开始蹦跳、狂奔，却总是无法驱逐这种蝙蝠。蝙蝠依然可以从容地吸附在野马身上，落在野马头上，直到吸饱吸足，才满意地飞去。而野马常常在暴怒、狂奔和流血中无可奈何地死去。

每次发生这样的事件后，动物学家都感到非常的困惑，为什么小小的一只蝙蝠能够将野马咬死呢？随后，专家展开了缜密的分析，终于发现了问题的关键。大家一致认为吸血蝙蝠所吸的血量是微不足道的，远不会让野马死去，野马的死亡是它自己的狂奔所致。对于野马来说，蝙蝠吸血只是一种外界的挑战，是一种外因，而野马对这一外因的剧烈情绪反应，才是导致其死亡的真正原因。

不要让你的坏脾气统治你自己，尤其是在更年期的阶段，心理会变得越来越狂躁和容易动怒。这个时候请你冷静10秒钟，想想野马可悲的结局，或许一场巨大的脾气风暴就能够在爆发前被遏止下来！

情感宣泄定律：陌生女人的倾诉垃圾桶

词条解析

人类的心理其实也像一个蓄水池，如果某些情感累积到了一定的程度，而不及时宣泄，就会引起心理问题。即使你在压抑、克制阶段意识不到它的存在，也只说明它从“显意识层”转移到了“潜意识层”，对你的影响仍然存在，而且一直在找机会真正发泄出去。所以，必须适时、恰当地将不满发泄出来，才能让人感到心情舒畅，干劲倍增。

经典案例
JING DIAN AN LI

王先生家一直和睦而快乐，最近，他却遇到了一件让他奇怪而又有点可笑的事：有一天深夜，正在看电视的他，突然接到一个陌生女人的来电。对方上来的第一句话就是“我恨透他了！”“谁？你找谁啊？他是谁？”王先生好奇地问。“他是我的丈夫。”王先生听了女人的第二句话以后，想了想：噢，她是打错电话了，就礼貌地告诉她：“您打错电话了，这里是别人家里，您丈夫不在这里。”可是，这位妇女好像没听见他的话似的，继续说个不停：“自从嫁给了他，有了孩子，我就辞掉工作，一天到晚照顾孩子和生病的老人，结果他倒好，居然还以为我在家里享福。有时候我想出去散散心，他都不让。而他自己天天晚上出去，家里的事情一概不管，说是有应酬，谁会相信，每个晚上都到一两点才回来，总统都不会有那么多应酬啊……”尽管这中间王先生一再打断她的话，告诉她，他并不认识她，可她还是坚持把话说完了。半个小时以后，这个女人的牢骚终于发完了。最后，她对王先生说：“您当然不认识我，可是这些话已经被我压抑了很久，现在我终于说了出来，舒服多了。谢谢您，对不起，打扰您了。”

这个故事似乎比较可笑，其实也有辛酸的一面。这个女人因为积压了过多的不良情绪，已到了非发泄不可的程度。为了自己心理的健康，她只好急不择人，随便找人发泄一气了。还好，李先生的倾听让她暂时得到了情绪上的缓解。这个妇女是让人同情的。如果她不及时地发泄出来，也许会出现更严重的后果。

约哈里窗户：最了解自己的人未必是自己

词条解析

美国著名社会心理学家约瑟夫·勒夫特和哈林顿·英格拉姆提出了一个名为“约哈里窗户”的理论。该理论认为，对每一个人来说，都存在自己了解别人也了解的“公共区域”，比如自己的工作、爱好，这些别人可以知道，自己也可以告诉别人；也存在别人了解，而自己却不了解的“盲目区域”。

经典案例 JING DIAN AN LI

在现实生活中，可能许多人都有着这样的经验：一个人的口腔异味，别人知道，自己未必知道；还有仅仅自己了解，却从不向别人透露的“秘密区域”，比如体重、薪资，这是他人的秘密，不可轻易去打听。再就是自己和别人都不了解的“求知区域”，这是一层自己不知道，别人更无法知道的未开发区域。这四个区域，就是“约哈里窗户”。

在一段理想的关系中，自己应绝对多地了解自己，同时将自己的大部分自我暴露在他人面前，这样可以形成更大的安全区域。在该区域里，冲突是极其轻微的。当然，也应该适当地保持部分自我，但该部分应尽量小些。

理论上，人是无法完全认识自我的。有些自己所未认识的自我会被对方指出，该部分称为盲目区域，应在双方的努力下向安全区域转移，以减少冲突。还有些自己未认识的自我也未被对方指出，这是危险区域，这些就是冲突的最大来源，应该逐渐向其他区域转移，也就是说争取被对方指出来或直接自己发现后向安全区域转移。

心理早衰：衰老过早降临皆因心理顽疾

词条解析

早衰是指人并非老年者，身心状况却似老年一般。而心理早衰，则跟身体上早衰有着不同的特征：经常感觉“心累”，注意力不容易集中，记忆力也开始下降；对生活没有兴趣，提不起精神；开始多疑、敏感，在小事上经常与人争执，不够宽容；故步自封，没有改变现状的愿望和激情；对新生事物难以接受，很难适应新的环境，缺乏创造力；等等。

经典案例
JING DIAN AN LI

琳琳经过家里的熟人介绍，在一家事业单位工作了多年。她日常的工作需长时间面对电脑，并且进行一些文件的归档和分类等工作。现在她虽然还不到40岁，但是已经跟很多中年人一样，有了一种身心都很疲惫的症状了。

因为长时间盯着电脑屏幕，琳琳不仅经常感到眼睛疲劳，还会觉得头部发紧，精力不足，而且注意力不容易集中，记忆力和理解能力都在下降，更年期的症状似乎已经提前降临到她身上。在生活中，还出现了别人随便问她一个问题，她都要半天才能反应过来的现象。琳琳对以前喜欢的东西都很难提起兴趣了。经过心理专家的分析，琳琳的症状完全是典型的心理早衰。

心理早衰现象似乎在有意无意之间将很多人的更年期提前了。要规避这种现象，则很显然要注意自己的心理卫生以及心理调节。只有保持自己对于世界的好奇心、对于新知识的敏感度，才能避免心理衰老的过早到来。

更年期健忘：郭太太的记性

词条解析

健忘是更年期的显著特征。一方面，是由生理因素引起的；另一方面，更年期的女性面临各方面的改变，心理压力较大，在日常生活中若遇到各种各样的紧张和刺激，也会影响记忆功能。

经典案例
JING DIAN AN LI

有一名患者郭太太，今年45岁。曾罹患子宫肌瘤，接受了外科切除手术。目前与先生两人一起经营韩式料理小餐馆，生意不错，一到了用餐时间，几乎是桌桌客满。然而最近，她却发现从前那个精明能干的自己突然不见了，出门经常忘带钥匙、皮包；家里炉子上还在炖肉，就跑到隔壁与邻居聊天，差点酿成火灾。在工作中，有客人刚点了辣炒年糕、石锅拌饭、人参鸡汤以及泡菜炒饭，但她一转身，却都忘光了，于是还得重新问一次；有时来来回回问了好几次，客人不堪其扰。甚至还忘记了饭该如何炒，站在料理台前，整个人呆掉了，因为她忘了泡菜炒饭该放多少泡菜、多少盐巴、多少酱油。对于一向以记忆力好为自豪的她，可说是重大打击，险些崩溃。

这就是更年期健忘的典型表现。这

个时候可以尝试给自己放一段时间的假，让自己的身心完全放松，将自身从压力的环境中抽离出来，缓解心里的抑郁。

更年期抑郁症：痛苦的现实与衰弱的身体在时间轴上交会

词条解析

更年期时，女性内分泌功能不稳定，激素水平波动，加之外在的精神压力，比年轻女性更易患“更年期抑郁症”。男性虽然比女性在生理上反应要弱一些，但是更多的生存、事业压力，也会让他们患上各种程度的抑郁症状。

经典案例
JING DIAN AN LI

何姨现年 52 岁。她平时就性格急躁，遇事容易想不开，爱钻牛角尖，10 年前因家庭矛盾，加上下岗，一时承受不了多重压力，脾气一下子变得更加烦躁易怒了。从那以后，她看什么都不顺眼，继而失眠多梦，胸闷心慌，经常夜间惊醒，浑身出虚汗，恐惧害怕。严重时，会产生可怕的幻觉，不时出现濒死感，并且开始伴有抽搐等反应，要马上到医院抢救。一开始，何姨以为自己得了什么不治之症，但到多家医院检查，都没发现任何实质性的病变。何姨在折腾一通之后，仍然不相信检查结果，认为医生或家人瞒着她的病情，整日痛苦不堪，有时还想自杀。何姨这种反应就是典型的更年期抑郁症。

“更年期抑郁症”还会出现的症状有：莫名其妙的乏力，休息后仍不能缓解，走路稍多一些即感觉累，腿都抬不起来；性趣减退，什么都不愿意干，什么都懒得干；情绪低落，怎么也高兴不起来，甚至觉得活在世上一点意思都没有。对于更年期抑郁症，必须引起充分的重视，一旦具有这些症状的时间超过两周，就应到医院就诊，接受治疗。

情感短路：王大姐与老伴平地起狂澜

词条解析

成年人在正常情况下都会很好地驾驭自己的行为，将自己的各种表现控制在一定的社会认同范围内。但是，也会出现仅仅为了一点小事便发火，或恶语相加，或乱摔东西的现象。这就是“情感短路”的一种表现，是人们的自控能力与转移不良情绪的能力太低所致。

经典案例
JING DIAN AN LI

处于更年期烦躁心理笼罩下的女性，往往会因为一点小事便发生情感的短路。王大姐现年 53 岁，正处于一个十分烦躁、抑郁的时期。有一天，她正在擦桌椅，叫老伴帮忙移动一张椅子。不料老伴埋头剪报，没听见她的话，也没有任何动作。

这一下，王大姐的怒火顿时全部爆发了出来。她把抹布一扔，顺势将水盆推倒，水淌得满地都是。就这样，两个人展开了长达一周的冷战期。直到女儿回家看望他们才得以缓解。在饭桌上，女儿提醒爸爸要多关心妈妈，引得王大姐潸然泪下。最终在丈夫的安慰和女儿的开导下，王大姐承认了自己那天属于情感短路，目前处于更年期，所以希望大家理解。就这样，一场家庭矛盾终于被化解。

心理斜坡：越是热闹欢快的人群就越寂寞

词条解析

心理学家认为，人的感情在受到外界刺激的影响下，具有多重性和两极性的特点。当人们的心情摆动强烈地偏往“正”向时，冷静的时刻心理摆朝着“负”向的挥动力也往往很大。每一种情感具有不同的等级，还有着与之相对立的情感状态，如爱与恨、欢乐与忧愁等。在特定背景的心理活动过程中，感情的等级越高，在这种情形下出现的“心理斜坡”就越大。

经典案例
JING DIAN AN LI

李清是一位女律师，经过七八年艰苦的努力终于做到了高级合伙人的位置。其年收入、家庭早已不存在任何问题，也已经摆脱了早年时期疯狂撰写法律文书根本无暇顾及社会交往的情况。然而，李清的生活却出现了新的烦恼，如今她的应酬非常多，往往一天当中要开几个会议，然后陪同不同的公司高管吃饭，在每天的欢声笑语、推杯换盏过后，她回到家便马上觉得生活单调枯燥而心烦。哪怕是与朋友畅聚热闹欢快后，恢复独自一人时又为孤寂而愁眉苦脸。

从李清的年纪上来看，她已经临近更年期，因此情绪状态也就很容易向相反的方向进行转化。即如果此刻感到兴奋无比，那么相反的心理状态极有可能在另一时刻不可避免地出现。所以，在咨询了心理医生之后，医生给她的建议是给自己一小段时间，休息放松一下，调整自己的生理和心理状态。

夏季情感障碍：更年期女性心凉自然静

词条解析

人的情绪与气候有密切关系，炎炎夏日给忙碌的现代人带来的不仅仅是身体不适的困扰，情绪的困扰也日益明显。尤其当气温超过 35℃、日照超过 12 小时、湿度高于 80% 时，气候条件对人体下丘脑的情绪调节中枢的影响就明显增强。而精神病学家的研究也发现，当暖流入侵时，精神病人起床徘徊、无法入睡的情况显著增加，情绪变化、躁动不安、叫骂、摔东西、自虐（含自杀）的概率也比平常高出许多。

经典案例
JING DIAN AN LI

每年七八月间，国内好几个城市有这样的报道，在最热的那几天，“120”每天接回来的病人中暑的不多，心脑血管突发意外的病人却不少，因车祸、酒精中毒、打架斗殴导致外伤的患者也有明显增加。每天，急诊室里都有一些不该发生的事故：一位外地女乘客只因在公共汽车上被人踩了一脚，从破口大骂到大打出手，结果双方都挂了彩；一位非职业司机因超速开车，撞上了隔离墩造成骨折；一位老人因家庭琐事与儿子发生口角，突发脑出血死亡；几个年轻人深夜酗酒后滋事，造成外伤……

当环境气温低于 30℃，日照时间低于 12 小时以下时，情感障碍的发生率就会明显减少。人类的身体具有对气温敏感的反应，这也提示了更年期的女性，在夏季时要尽量将自己置身于清凉的环境之中。如果过度地暴露在炎热、闷热不通透的环境里，必将引发一系列的负面情绪出现。

小应激：焦虑是一切疯狂反应的导火索

词条解析

小应激是“令人激恼的、使人有挫折感的、令人烦恼的要求”，而这些要求在某种程度上每天都与环境有着交互作用。某些事情看似是十分小的刺激，看似无足轻重，却会很轻易地引起巨大的焦虑，最终推倒脆弱的心理防线。

经典案例
JING DIAN AN LI

小应激虽然没有应激的灾难性类型那样强烈，却具有持久性，就像肉中之刺。我们常常举出日常生活的各类事件，来说明日常生活中的小应激。这些事件包括：弄丢车钥匙，账单越堆越多，不断被打扰，没有足够的闲暇时间，在最匆忙的时候鞋带却断了等。美国心理学家指出，如果把小应激与生活中的变迁，如离婚或丧偶相比，小应激与疾病的关系大于生活变迁与疾病的关系。这个结果也得到了跨文化研究的证实。

丁女士今年 49 岁，最近两年经常身上一阵阵地发热、多汗、健忘，稍不顺心就大动肝火，以为是更年期反应，就没太在意。可最近感到反应越来越重，莫名其妙地乏力，走路腿都抬不起来，对什么都没兴趣，电视都懒得看，怎么也高兴不起来，甚至觉得活在世上一点意思都没有。直到一次吃了30片安定药想自杀，家里人才意识到问题的严重性。

美丽补充剂：合理的睡眠就是最好的生命投资

词条解析

一些女人会花费大量的时间和金钱在保养品上，却忽略了睡眠这种美容的重要途径。美国皮肤病学家认为，睡眠时人体释放的生长激素，可以影响特定的皮肤生长因素，使胶原蛋白和白蛋白的产生加速，皮肤细胞以更快的速度复制。研究证明，激素的浓度因睡眠方式被打乱而波动，并与突然长痤疮和皮肤极其干燥有关。

经典案例
JING DIAN AN LI

某著名影星的美貌多年不衰，令人倾倒，而她的养颜秘诀就是睡眠。她曾说："睡眠是无可争议的美容疗法，我总是尽力满足我的基本需要。"另一位享誉全球的世界名模强调，减少了睡眠时间，很快就会发现皮肤显得毫无光泽，眼睛下部出现灰色眼圈。而国人熟悉的某著名影星，给人的印象就是健康、自然，特别是她那双澄明清澈的眼睛给人印象最深。她自己介绍美颜的体会是：保证充足的睡眠。

眼睛凹陷的样子说明睡眠不足，因为睡眠不足会引起血液循环的变化。当身体非常疲倦时，血液被输送到主要的器官，从而使脸失去血色并眼眶凹陷。此外，熟睡可以使面部皮肤放松，可以减少皱纹的产生。

四、老年心理学

近因效应：新事件的影响更大吗

词条解析

要解释这个效应，首先要知道"近因"的意思，它是指个体最近获得的信息。其实所谓近因效应是指在多种刺激依次出现的时候，印象的形成主要取决于后来出现的刺激。即交往过程中，我们对他人最近、最新的认识占了主体地位，掩盖了以往形成的对他人的评价。

经典案例
JING DIAN AN LI

现实生活中，近因效应的心理现象俯仰皆是。张张与莉莉是小学的同学，从那时起，两个人就是好朋友，双方非常熟悉，保持着非常火热的闺密关系。可是近一段时间莉莉因家中闹矛盾，导致她心情十分不快。有时张张与她说话，她动不动就发火。更加恶劣的情况是，因为一个偶然因素的影响，莉莉居然卷入了一宗盗窃案。张张就此认为莉莉过去一直在欺骗自己，以为其实莉莉早就走上了邪路，于是与她断绝了友谊。其实这就是近因效应在起作用。

人逐渐年老，必然有很多多年不见的朋友，而在自己的脑海中印象最深的，其实就是临别时的情景。许多老人，总是说某一个朋友让自己生气，可是谈起生气的原因，大概又只能说上两三条，这也是一种近因效应的表现。朋友之间的负面近因效应，大多产生于交往中遇到与愿望相违背、愿望不遂，或感到自己受屈、善意被误解时，其情绪多为激情状态。在激情状态下，人们对自己行为的控制能力和对周围事物的理解能力，都会有一定程度的降低，容易说错话，做错事，产生不良后果。因此，凡事在先，须加忍让，防止激化。待心平气和时，彼此再理论，明辨是非。

心理学的研究还表明，在人与人的交往中，交往的初期，即在延续期还生疏阶段，首因效应的影响很重要；而在交往的后期，就是在彼此已经相当熟悉时期，近因效应的影响更大。所以人到年老之时，对于故友的一些错误和不满，应该宽容释怀，这样才能够达到人生的新境界。

摩西奶奶效应：不怕你开始得晚，只怕你永远不开始

词条解析

每个人都可能在某个方面具有自己的才能，有无限发展的潜力，要充分发掘每个人的潜力，培养他们的创新能力。

经典案例
JING DIAN AN LI

多年以前，美国弗吉尼亚州有个人称摩西奶奶的老农妇，76 岁时因患关节炎被迫放弃农活。突然闲下来的她觉得百无聊赖，于是就开始信笔画画。结果，不承想，到她 80 岁时，居然成功地在纽约举办了个人的系列画展，立刻引起轰动。最后，直到她 101 岁辞世，一共留下了惊人的 1600 余幅作品。据说，在她 100 岁时，曾给一个从小就喜欢写作、时近 30 岁、正找不到人生方向的医生回信说："做你喜欢做的事，上帝会高兴地帮你打开成功的门，哪怕你现在已经 80 岁。"这个医生看了摩西奶奶的信后，决定听从摩西奶奶的鼓励，毅然放弃了行医，拿起笔，后来竟成了大名鼎鼎的作家，他就是渡边淳一。

现实生活中，许多老年人退休赋闲以后，往往感到十分无聊，生活失去了

寄托，自己也仿佛变成了这个世界的累赘一般。而实际上，人生有多大的可能性，这一点没有人可以准确地度量和计算，只要勇敢地开始了就永远也不晚。不要因为已经年老了，就放弃了自己的梦想和爱好。实际上老年正是没有牵绊和负担的时刻，正是实现自己年轻时未竟事业的时候，在这个时候更要大胆去做，大胆享受生命的快乐。

重叠效应：老年学新知反能巩固老记忆

词条解析

科学家针对人类大脑记忆现象的研究证明：在一前一后的记忆活动中，识记的东西是相类似的，对于保存来说是不利的。这是因为重复出现内容相同的东西时，相同性质的东西由于互相抑制，互相干涉而发生了遗忘的结果。这种现象被命名为“重叠效应”，也有人把它用来解释遗忘的机制。

经典案例
JING DIAN AN LI

大部分的学生在做笔记的时候，都习惯于一个科目用一个笔记本。这种记录笔记的方法看似分类清楚，复习起来查询、温习效率高，然而实际上对于复习记忆这些笔记内容而言，一个科目对应一个笔记本的方式，并不是十分科学。因为，根据重叠效应，相似的内容前后搭配着重叠在一起，会造成互相冲抵的效应，从而削弱其记忆效果。在一些学校，为了防止这种重叠效应，老师推荐学生们使用一本笔记本记多种内容，活页笔记本正是进行这种记录方式的最好工具。比如说，笔记本的第 1 页到第 10 页，作为记录语言学的原理用，第 11 页到第 20 页则用来记数学笔记公式，第 21 页到第 30 页，就是历史、哲学课的玄妙内容。也就是说，把一本笔记本多元化，会增加记忆的效果。

一本笔记本记多项内容，可以避免心理感受达到饱和的状态，可以使记忆鲜明而持久。老人往往都是经历丰富、沧桑不断、风雨一生。经历过如此多的事情之后，到了老年之时就有看透人生之感，于是，就开始不注意更新知识，总是沉浸在以前那些重复的记忆里。其实，这对于老人的记忆能力、大脑灵敏程度而言是很有害处的。对于老年人而言，不断吸收新的知识，才能保证不让自己的固有记忆出现过分的重叠而影响自己的记忆能力。

大脑如同肌肉：马尔克斯老夫聊发少年狂

词条解析

无论在哪个年龄段，大脑都是可以训练和加强的。毫无疑问，不要寻找任何借口。不要整天待在家里无所事事，这只能使大脑老化的速度加快。专业运动员每天都要训练，才能有突出表现。所以你一定要“没事找事”，不要让大脑老闲着。

经典案例
JING DIAN AN LI

曾经传出了一位作家要开始创作新作品的消息，一时间引起了文学界和新闻界一阵轰动。这就是《百年孤独》的作者，诺贝尔文学奖获得者，哥伦比亚作家——加西亚·马尔克斯。

要知道，这位魔幻现实主义大师时年已经82岁高龄。马尔克斯的朋友，作家门多萨声称马尔克斯在写的是一个爱情故事。“他现在想到了四个版本，”门多萨说，“具体在四个版本中，选择哪一个，马尔克斯还在琢磨。”实际上两年前，当时79岁的加西亚·马尔克斯在接受西班牙《先锋报》采访时，曾经表示他已停止写作：“2005年，我一行字也没有写过，这是我人生中的第一次。”他补充道，“我并不是因为缺乏灵感而停止写作，而是因为缺乏激情。凭我的经验，写一部小说出来是不成问题的，但如果我没有用心去写的话，人们会发现的”。

而马尔克斯最近的一部小说《苦妓追忆录》发表于2004年，那一年他也已经77岁的高龄了。在这个很多老人都已经迟暮的年纪，马尔克斯不但头脑不糊涂，还有这样充沛的创作热情，自然与他笔耕不辍，从而让脑子始终在活动颇为有关。

回归心理：听奶奶讲那绵延不绝的过去故事

词条解析

这种心理的典型心理反应便是，迷恋过去，喜欢沉浸于过去的回忆之中，并且在将今昔进行对比之时，总是认为过去比现在要美好。一般来说，两类人容易有回归心理：生活中的不得志者和老年人。前者因对自己的处境不满而又无能为力，只得从过去的回忆中寻找安慰。

经典案例
JING DIAN AN LI

小明自幼与外婆生活在一起，他是外婆一手拉扯大的，与外婆关系融洽，也挺有感情。小明每年都要回去看望外婆几次。前不久，小明带着女友一起去见外婆，老人可高兴啦，拉着小明女友的手讲个不停，并对小明女友不停地诉说小明小时候如何淘气，自己是如何调教他的，甚至还讲出小明偷邻居的梨桃、打破别人门窗的事，弄得小明在女友面前挺不好意思。

实际上，小明的外婆在小明来看望自己以前，已经很长一段时间没有说话了。在外婆生活的社区里，人们都谈论着当下发生的各种时事要闻，对这些外婆都丝毫不感兴趣，而外婆每当有机会跟其他人交流时，又总是要从她那个年代的一点一滴说起，一直将几乎整个世纪的沧海桑田全部倾诉而出。如此的三番五次下来，很少有人能耐心听完，外婆自然就找不到说话的对象，陷入了更大的孤独之中。

小明外婆虽然有着丰富的生活阅历，也非常愿意将这些经历作为警示讲给晚辈听，但是她所采用的叙述方式总是以扬古讽今为基调，叙事也过为冗长，不易为人接受。如果她能够改变这样的基调和方式，也许会收获更多的听众。

寻找愉快：找乐子并非年轻人的专利

词条解析

寻找愉快情感是一种强劲的推动力，人的情感丰富复杂、时时存在，所以人的情感对人行为的控制力很大。人的情感通过人的潜意识左右人的行为，在不知不觉中，人的潜意识总是推动人去寻找愉快的情感和避免痛苦的情感。这是情感把握行为的一个普遍规律，这个规律的发现使人类对自己的行为有了更多的理解。

经典案例
JING DIAN AN LI

有这样一个实验，科研人员把一个电极安装在小老鼠的大脑中，电极的连接点可刺激鼠脑产生“愉快”的情绪。电极由一个小老鼠够得着的踏板所启动。偶然之中，小老鼠踩到了踏板，体会到了一次“愉快”情绪。之后，小老鼠就变得一发不可收拾，不停地去踩踏板，一天要踩上几千次。

很多老年人行动迟缓、表达缓慢而不清晰，所以老年人的心理需求往往会被人们所忽略。老年人不痛不痒的神情，时常被解读为一种历经沧桑后的淡定，但实际上，老年人这种神态更多的是一种迟暮。如果老年人的生活中不能寻找到愉悦和快乐的情感作为支持，那么在毫无波澜、毫无变化的生活环境、情感环境作用下，可能会进一步加速自己的衰老过程。

消费补偿心理：老年人市场是下一块商业大蛋糕

词条解析

补偿性消费是一种纯粹的心理性消费，它是一种心理不平衡的自我修饰。在生活消费中表现为，人们将现代消费水平与过去进行比较，比较的结果大多是对过去生活某些方面感到遗憾和不满足。而当家庭或个人生活水平较高且时间充裕时，对过去遗憾和不满足的补偿往往会成为他们的消费追求。老年人的年龄以及经历情况无疑决定了其更加容易进行这种比较从而产生遗憾感；同时由于子女成人独立后，老年人的经济负担减轻了，他们会试图补偿过去因条件限制未能实现的消费愿望。

经典案例
JING DIAN AN LI

最近几年，在许多经济发展水平较高地区出现的婚纱影楼，悄然兴起了一种“重补结婚照”的热潮，就是补偿性消费的典型一例。许多20世纪结婚的老年人，重披婚纱，花几百、上千元感受现代生活的气息，以补偿过去年代由于过于朴素而留下的某些遗憾。此外，现在各地的旅行社，都热衷于组织各种退休、老人主题旅行团，以休闲、实现年轻时游历祖国山水梦想为主要卖点，收到了非常好的市场效果。

中国老年消费者的补偿心理还有一个重要而特别的方面，就是“隔代”消费比重大。调查显示，老年消费者用于隔代的消费仅次于满足自身需要的消费。现在，中国城镇家庭的组成模式大多是“4+2+1”，独生子女得到了4个老人和双亲的绝对关注。由于竞争压力的增加，子女工作繁忙无暇过多陪伴老人和孩子；同时，由于中国传统观念的影响，许多老年人认为继续照顾第三代人是他们的责任和义务，所以老年人往往将情感倾注到孙辈身上。为了弥补自己年轻时由于经济能力有限等方面的原因造成的花在子女身上的消费相对较少的遗憾，现在的老年人在对第三代人的消费上显得非常大方。他们往往不太注重产品的价格等因素，甚至出现倾向于购买高价格产品的趋势。这时的消费已经不能等同于老年消费者为自己购买产品时的特征，而表现出某些青年人消费的行为特征了。

如今，受补偿心理的影响，老年人在美容美发、穿着打扮、营养食品、健身娱乐、旅游观光等消费方面有着较强烈的消费兴趣。

离退休综合征：被工作抛离的充实生活

词条解析

当人步入老年后，离开工作多年的职业岗位是客观规律。但有的离退休老同志，因不能适应环境、生活习性的突然改变，出现情绪消沉和脱离常态的行为，甚至引发疾病，影响健康。

经典案例
JING DIAN AN LI

慧阿姨是一所中学的校医，几十年了，每天的生活规律而简单，家与学校两点一线。如今，唯一的女儿已经大学毕业四年了，在市里有着一份稳定的工作，生活中要她操心的事还真不多。可是，慧阿姨就要55周岁了，临近退休半年的时候，单位领导就跟她说了明年年初退休的事，并且关照：这半年你可以不用每天来上班了，有事你就来一下，没事你就做你的事吧。学校里也来了一位年轻人，接替她的岗位。

刚开始，慧阿姨还是每天去单位一下，反正家离单位也不远，哪怕去了再回家。可真去了，又感觉自己有点碍手碍脚的，慢慢地，也就一周去一两次，看看有没有自己能做的事。

一个周六，她拉着女儿去逛商场，看中了一件很漂亮的上衣，伸手买时却犹豫了，对女儿说：还买它干吗？都要退休了，要这么多出门的衣服干吗？在家穿的衣服，用不着这么漂亮。

想起即将到来的退休生活，慧阿姨心里还是有些失落，也有点不习惯。

慧阿姨碰到的情况对于许多老年人而言是普遍现象，所以中年人在接近退休之前，必须早做准备，尽量提早规划好自己退休后的生活与工作。

愉快积极型：101岁坐摩托车逛街，童心不改

词条解析

生活中的这类老人，性格开朗、心情愉快、热爱生活、积极参与各种活动，做一些力所能及的事。所以这种老人往往能够保持非常良好的心理、生理状态。

经典案例
JING DIAN AN LI

易婆婆经常搭自行车、摩托车去走亲戚和赶集，她好动爱热闹，喜欢与人交往。如果有人去找她，总是很难得到她的固定位置，因为这一刻她还在邻村，过了一小会儿她就不在邻村，又转到别村一个亲戚家去了。

易婆婆的面相很慈祥，当有记者慕名而来采访她时，她总是满脸堆笑地回答记者们的问题："虽然这山里的路颇得很，但我出去都是搭自行车、摩托车的。"

保持快乐是长寿的另一个秘诀。申奶奶就是另一个鲜活的例子。她今年101岁了，为人开朗，待人热情。她生有两个儿子、两个女儿，彼此相距300多米远。为省心，她住在大儿子家里，吃饭却轮流去不同的孩子家，一家一天，每天都像做客一般。老人家对人很热情，每当有客人来，一进门她就招呼坐；而且当客人刚坐定，她就走过来，伸出双手，从头到身对客人滑摸一下。面对客人的惊讶，她的孙媳妇马上就会笑着解释说："这是她对人表示欢迎的一个动作，一般客人来，她都会这样。她这个人心好，路上遇到人，不管大小，她都要打招呼。"

发展兴趣型：65 岁琴棋书画全能发展

词条解析

这类老人往往对某些事物有着连续多年独到而执着的爱好，所以在退休后这种爱好能够很好地取代工作，成为他们生活中不可缺少的“另类事业”。因此他们也就能理智地接纳和适应离退休后的变化，坦然而合理地处理生活中遇到的各种问题，对生活知足常乐，并能主动搞好人际关系。

经典案例
JING DIAN AN LI

65 岁的寇女士，因心态年轻，爱好广泛，晚年生活过得十分充实。谈起自己的晚年生活，退休在家的寇女士感慨道：“我是一个很积极乐观的人，有很多兴趣爱好。去年还开始在书画院学习书画，这给我的生活带来了无尽的乐趣。”平时，寇女士跟老伴一起生活，子女因工作关系不在身边。每天她都早起练太极拳、太极扇；一个多小时后，她顺路买菜，回家再看看书；午饭后，她就把自己全身心投入画画中，时光就在快乐中度过了。在她的影响下，老伴也过得很快乐，他们常会一起爬山，有时周末也会去跟一些老人一起喊上两嗓子秦腔。

儿女们经常会把老两口接去住一段时间。外孙女知道要采访她姥姥，赶忙告诉记者，她姥姥什么都喜欢学，每次她做作业时，姥姥就跟着一起学；她练古筝，姥姥也跟她一起练习。寇女士对自己的晚年生活很满足，她说：“我觉得兴趣爱好是老年人最好的朋友，通过培养广泛的兴趣爱好，获得晚年的身心健康，这也是老人对子女事业的最大支持。很多老人都怕老，我现在几乎都不记得自己的年龄了，这也是我保持年轻心态的秘诀。”

关心健康型：疑神疑鬼，无病造病终拖垮自己

词条解析

这类老人特别关注自己的健康，唯恐年老体弱多病。有的人确实有病，但夸大病情；有的则是基本无病，却千方百计找出自己的“病”。

经典案例
JING DIAN AN LI

已退休的刘老师，前些日子一改往日的笑口常开，变得少言寡语，整日眉头紧锁，不时唉声叹气，大有病入膏肓、不久于人世之感。老伴和子女劝他到医院去检查，他很不情愿，说万一是癌症，岂不是知道得越早死得越快吗？后经亲朋好友共同规劝，他才同意到医

院去检查。经抽血化验及多种仪器检查，老人除原有的高血压之外，并未检查出新的毛病。

刘老师其实是患了“疑病症”，或者说是患上了“心病”。“心病”不及时治好，原本没有病的健康老人可能真的会愁出、吓出病来。人到老年，各种器官日渐衰退，身体某些部位不适很难避免。但这并不意味着就是得了不可治愈的重病绝症。比如，老年人常感头部胀痛，病因多种多样：有高血压头痛、三叉神经头痛、五官性头痛、血管性偏头痛，还有紧张性头痛等。我们不能因一时头昏脑涨，就怀疑自己脑里长了瘤，把问题想得那么严重。再说，如果真是脑部长瘤引起的头痛，也未必判了“死刑”。许多癌症患者只要早检查、早发现、早治疗，生存年限已经越来越长，有的甚至可以根治。因而老年朋友大可不必谈癌色变。

疑病症是一种老年人常见的心理疾病，患者常怀疑自己患了某种躯体疾病，或是断定自己已经患了某种严重的疾病，感到十分烦恼，其烦恼的严重程度与患者的实际健康状况很不相称。

追求支持型：出门一把锁，回屋一盏灯

词条解析

这类老人依赖性强，需要别人在情感上支持他们，在生活上帮助他们，用别人的支持获得自己情感上的满足。这类老人适合在丧偶、离异后再寻找新的伴侣。

经典案例
JING DIAN AN LI

“出门一把锁，回屋一盏灯”，这是对许多丧偶、离异的单身老人生活的形象描述。找一个知冷知热的伴侣，陪自己走完最后的人生，对于这些老人来说，既是美好的憧憬，也是现实的选择。然而，由于社会偏见、子女干涉、财产分割纠纷等因素，很多老人不敢轻言再婚，而是选择了时下在年轻人中很流行的同居方式。

“你说我这是试婚也好，同居也罢，我不在乎。我只觉得两个人住在一起，相互照顾和关心，比一个人独居好。”家住西宁市的林阿姨说出了心里话。

林阿姨的老伴五年前因病去世，两个孩子结婚后，她独自生活，逢年过节家里冷冷清清的。今年，林阿姨在锻炼时认识了志趣相投的老王，两人决定一起生活，但考虑到双方子女的情绪，两

人并没有领取结婚证书。

现年65岁的王大爷和60岁的苏大妈都是丧偶的人，独居了好几年，经过朋友牵线搭桥，两位老人便在一起过起了日子。王大爷说："晚年找个伴儿就是少给儿女添麻烦。两个人在一起精神上有个依托，生活上有个照应。"

已经过了两年多同居生活的董大爷告诉记者，原本和老伴打算结婚，但由于子女、财产等问题，两位老人只能选择同居。"今年6月我生病住院，儿女都在外地，多亏了老伴照顾，我的病才好得这么快。"

自责型：被骗的老人仿佛做了坏事的孩子

词条解析

这类老年人回顾自己一生后，发现一些目标没达到，他们把这些失败都归罪于自己无能，因而常常自责，甚至有自我犯罪感。这类老人极其自卑，常常自怨自艾，沮丧和心灰意冷。

经典案例
JING DIAN AN LI

"我太傻了，竟然这么容易就相信了骗子的话，而且去银行拿钱的时候，也没抓住机会撇开骗子走掉。如果让亲戚朋友知道了，肯定骂我老糊涂。"暑热未退的一个初秋日，被骗子以"点穴神功"骗走8000元的老人十分懊恼地说。她多次责怪自己竟全无警惕之心，却拒绝告知家人，也不愿意报警处理。

老人说："报警的话家人就全知道了，他们就算知道了，也只能是多几个人陪我生气而已。我想跟其他朋友倾诉，又怕别人笑我'老糊涂'，心理负担很重。"老人表示自己的经济情况尚可，被骗8000元不影响她的正常生活。只是这几天一直想着被骗的事，自己睡不着觉，吃不下饭，整个人消瘦了很多。

在某心理咨询工作室的咨询师看来，老年人受骗后将自责愤怒的感情掩藏心中，不愿告诉家人却又反复思虑，思想负担过重，可能会造成心理和身体的进一步伤害。咨询师认为这种对外界事件涌起的"应激心理"很复杂，老年人被骗后即使尴尬自责也应该多向家人倾诉，寻求家人的抚慰来平复心情。而作为被骗老人的家人也应该理解老人，用平和的态度抚慰老人被骗后的自责心理，应告诉老人被骗不是自己的错，多强调老人平常只需要多注意即可避免被骗，而不应该简单粗暴地责怪老人。

愤怒型：公共汽车上倚老卖老的道德观之辩

词条解析

这类老年人往往多疑，把自己看作

环境的牺牲者，似乎谁都和他过不去，感到生活毫无乐趣。回顾往事，把失败原因归咎于客观，把怨恨发泄在别人身上。他们人际关系很差，而且脾气暴躁。

经典案例
JING DIAN AN LI

105路公交车上曾发生了一件令人深思的小事。那是一个平常的下午，2点35分，当105路公交车行驶到百货大楼站时，车门刚打开，上来一位60多岁的老汉。公交司机迅速按响语音提示，提醒车上乘客给老弱病残让座。这时，坐在前排的中年男子起身主动给老人让座。老人面无表情地坐在了位子上，没有丝毫感谢的意思。这时，旁边一位女乘客看不过眼，气愤地说："大爷，人家好心给你让座，你怎么连一声谢谢都没有？"满车乘客以为经过旁人提醒，老人怎么也得向好心让座的男子说声"谢谢"。让人遗憾的是，老人撇了撇嘴，不屑地说："是他自己主动让的，我一大把年纪凭啥对一个晚辈说谢谢。闺女，你真是咸吃萝卜淡操心。"女乘客被老人一顿抢白，气愤地一扭头。

就在这时，让人意想不到的事情发生了。让座的中年男子几步走到老人跟前，愤怒地说："大爷，你怎么说话的呢？好心给你让座你还说这话。我现在不让了，请你起来。"于是，老少两人为了这句谢谢发生了激烈的争吵，中年男子指责老人倚老卖老，老人反过来说让座是年轻人的义务，不该要一个长辈感谢。吵着吵着，愤怒的中年男子一把抓住老人的衣领，把老人从座位上提了起来，然后自己坐下。这一幕发生得这么突然，让人不可思议，小小的车厢发出一片唏嘘。众人议论纷纷，有的说老人为老不尊，不懂感恩；有的指责中年男子过分，不该为了一声谢谢如此对待老人。

心理免疫：老来病频，调心调身同等重要

词条解析

在患病时，乐观者注意情绪调节，悲观者往往消极沮丧。显然，前者容易康复，而后者对消除病情不利。当代心理免疫学的研究表明：人在罹患疾病时，需要有战胜疾病的信心，这样可有效地调动机体内潜在的免疫力量，促进早日康复。这种心理上坚信自己能战胜疾病的信念，有学者称之为"心理免疫"。

经典案例
JING DIAN AN LI

英国的研究人员曾对4750名癌症手术后患者进行追踪调查，发现其中注意精神调节，相信自己能战胜疾病者，10年以上存活率达31%；而那些精神

沮丧甚至绝望者，存活率较低。有关专家指出，患病后有心理免疫力的人，之所以能战胜疾病获得康复，是因为精神因素与免疫功能密切相关，积极的心理状态能增强机体抗病能力。研究表明，精神系统可通过去甲肾上腺素、5-羟色胺等神经递质对免疫器官产生支配作用。积极的心理状态能使这种支配作用增强，从而使抗体增多。

人到老年，各种疾病会渐渐增多，在疾病面前，人们的意志虽然不会起到自动治愈疾病的作用，但是，意志的力量至少可以防止身体再往其他坏的方面发展。如果能够在心中建立起对抗疾病的充分勇气，就能够乐观、有价值地过好每一天。

千篇一律的世界

DAZHONGXINLIXUE

时尚作为一种普遍而特殊的社会现象，并不是现代社会的独特产物，而是与人类文明一起经历了一个漫长的发展过程。及至如今，随着经济的发展与科技的进步，时尚的流行已经超越了时空的限制，达到前所未有的巅峰状态。可以说，时尚的气息无所不在。与前工业社会相较而言，现代社会时尚的流行与演变不仅表现在其传播速度的大大加快和传播范围的拓宽，更体现在时尚概念本身的意义延伸。

QIANPIANYILUDESHIJIE

一、流行时尚心理学

从众现象：看大街上的莫名恐慌如何迅速蔓延

词条解析

从众现象是指个人由于真实的或臆想的群体心理压力，在认知或行动上不由自主地趋向跟多数人相一致的现象。

经典案例
JING DIAN AN LI

在秩序井然、游人如织的城市大街上，一切都如往常一样平静。这时候，突然一个人跑了起来。也许是他猛然想起了与情人的约会，他向东跑去（可能是去马拉莫饭店，那里是男女情人见面的最佳地点）。一小会儿以后，有另一个人也跑了起来，这可能是个兴致勃勃的报童。接着第三个人，一个有急事的胖胖的绅士，也小跑了起来……结果10分钟之内，这条大街上所有的人都跑了起来。而伴随着奔跑，各种声音在大街上蔓延，最后在嘈杂的声音中一个声音逐渐清晰，最终脱颖而出，大家都可以非常清楚地听清这个词是“大堤”。于是，不到5秒，大堤变成“决堤了”！这充满恐惧的声音，可能是电车上一位老妇女喊的，或许是一个交通警察说的，也可能是一个小男孩说的。没有人知道究竟是谁说的，也没有人知道真正发生了什么事。这一下可好，2000多人都突然溃逃起来。“向东！跟着第一个人跑！”人群喊了起来——东边远离大河，东边安全。“向东去！向东去！”一个又高又瘦、目光严厉、神色坚定的妇女从我身边擦过，跑到马路中央。而我呢？虽然所有的人都在喊叫，我却不明白发生了什么事情。我费了好大劲才赶上这个妇女，别看她已经快60岁了，可跑起来倒很轻松，姿势优美，看上去还相当健壮。“这到底是怎么了？”我气喘吁吁地问她。她匆匆地瞥了我一眼，然后又向前面望去，并且稍微加大了步子，对我说：“别问我，问上帝去！”

从众现象在日常生活中通常表现为“随大流”“无主见”。一般来说，自信心较强的人，发生从众行为的可能性较小。缺乏自信心的人更容易产生从众行为。一味从众也容易导致心理障碍的发生。从众的直接表现便是千军万马齐过独木桥，竞争过程的挫折、失落很容易引发精神压力，使心理状况失衡。

所谓流行时尚，其实就是利用了从众的心理。这种心理人皆有之，而大多数人都会对大众的品位亦步亦趋。记住，以被动为前提的从众，势必使你的独特失去价值。一味从众便意味着自己失去了一片晴朗的天空，抛却了一片属于自己的领地。

凡勃伦效应：买的不是手表，而是价格

词条解析

19世纪末20世纪初的时候，写出《有闲阶级论》的美国经济学家凡勃伦提出了此效应。它是指消费者对一种商品需求的程度，因其标价较高而不是较低而增加。反映了人们进行挥霍性消费的心理愿望，这种消费行为也被称为炫耀性消费。

经典案例
JING DIAN AN LI

相信经常购物的人都有这样的经验：款式、皮质差不多的一双皮鞋，放在装饰简陋的店铺里，没有各种名人代言的精美包装，只卖80元，而一旦进入大商场的柜台，有了那些名人代言，就要卖到几百元。可最后两相一比较，你肯定还是愿意买后者——在大商场里售卖的皮鞋。1.66万元的眼镜架、6.88万元的纪念表、168万元的顶级钢琴，这些近乎“天价”的商品，往往也能在市场上走俏。

其实，消费者购买这类商品，并不仅仅是为了获得直接的物质满足和享受，而且是对于上档次的一种追求，更大程度上是为了获得心理上的满足。这就出现了一种奇特的经济现象，即一些商品价格定得越高，就越能受到消费者的青睐。而这种用炫耀性消费行为去满足内心虚荣需要的现象，在发展中国家体现得最为充分。

邻里效应：100万元能够买到好房子，1000万元才能买到好邻居

词条解析

美国社会学家在20世纪20年代曾经研究了费城的5000份结婚申请书，发现三分之一的夫妇婚前住在五个街区之内的范围中。这些实验和研究表明，人们总是能够比较方便地在同学、同事或邻居中找意中人，而所谓“千里姻缘一线牵”总归是不太多的。

在社会心理领域，存在一种“邻里效应”。所谓邻里效应，说的是他人的行为或特征对个体决策的影响，且这种影响因为“邻里”的特殊亲近心理而趋向从众选择。

经典案例
JING DIAN AN LI

在现实生活中，常常出现这样的案例，一个小偷在公交车内扒走了一位乘客的钱包，邻近的乘客知道后，开始你一言我一语，议论纷纷，互相感染，致使群情激愤，最后一致行动起来，把那个小偷扭送到附近派出所处理。这说明，“社会感染”对处于邻近空间中的

人群更易起到一定的整合作用。人们相互之间靠感染达到情绪上的传递交流，使之逐渐一致起来，进而采取比较一致的行为。

《南史》中记载了这么一个故事：有个叫宋季雅的人，为了有个好邻居，情愿出十分昂贵的房价，买下一幢房子。有人说太贵。宋先生却说："不贵，这 100 万元是买屋的，另外 1000 万元是买邻居的。"宋先生为什么不惜重金买好邻居呢？因为他懂得，有了好邻里，等于为自己增添了左膀右臂。

社会影响力原理：快速获得捐款名单的秘密

词条解析

在某种社会趋势形成的过程中，往往伴随着各种各样的模仿行为。人们会仿效与其相似的人的做法。只要是与自己有共同之处的人的行为，就能够更容易获得大家的认同，从而都去进行这样的行为。

经典案例
JING DIAN AN LI

一篇心理学研究报告中提到，一批研究人员挨家挨户为一项慈善运动募捐时，向每户人家出示了一份该小区已经捐过款的人员名单。研究人员发现一个有趣的定律，就是捐款人的名单越长，后续其他人捐款的可能性就越大。而此项研究的另一个发现是，在较长捐款名单中，如果过多地出现非本小区居民名字的捐款者，那么说服力就会大打折扣。《个性与社会心理学》杂志中也提到过一项实验，这个实验要求纽约市的居民将捡到的钱包归还失主。研究人员发现当被要求归还失物者了解到另一个纽约人曾经这么做的时候，他们便非常希望将钱包归还给失主。

实际上流行时尚的趋势，就是这样通过认同效应将每个个人都联系起来的。人都是认同与自己相似者的行为。而当一个社会人物的遭遇、言论或者行为正好命中社会中某个阶层或者某个群体的认知时，这个社会人物的言行就会非常迅速地流行起来并且获得大家的认同。

愉快+情感+要出卖的商品=广告心理学

词条解析

广告可以制造流行，其秘诀就在于广告并不仅仅是冷冰冰地展现产品。通过观察当下成功的广告可以发现，完全不突出产品，而是突出情感意向的广告，反而是成功的品牌广告。而在这些要突出的情感意向之后，还要加上让观众愉快的小技巧和小情绪，广告才有更好的效果。

经典案例
JING DIAN AN LI

广告商想让家庭主妇买一种洗衣粉，便先描绘一个和睦、幸福、其乐融融的家庭，然后，推出洗衣粉的牌子。模模糊糊中，人们感到这幸福生活同使用这种洗衣粉相关。广告播放多次后，对洗衣粉的好感被装进了主妇的潜意识。主妇去买东西，看着眼前十几种洗衣粉，想也没有想，就拿了广告中的洗衣粉。商人想让孩子买一种饮料，广告商就推出喝了这种饮料的小朋友是多么欢天喜地和快活无比的广告。每个做父母的都知道，这种广告对孩子有多大的影响力。广告之所以有效，是因为它利用了人的情感规律。所以：愉快+情感+要出卖的商品=广告心理学。

惰性思维：千篇一律的跟风款式与别出心裁的独创风险

词条解析

当一种新事物、新理论刚出世时，总会受到各个方面的挑剔和反对，许多新发现往往这样被扼杀在摇篮之中。可许多已经流行的观点，即使有弊病，也很难得到纠正。这种对新事物、新理论、新设想的抗拒心理，亦可称为“思维惰性”。

经典案例
JING DIAN AN LI

人一生下来，便立刻碰到一个现成的生活方式，包括怎样吃饭，怎样穿衣，怎样干活，怎样相处，等等。这帮助人们比较容易地学会生活，但同时这也给人们一种错觉，好像人本来就是如此生活，而且将来也是如此生活，还往往以为任何地方的人也如自己那样生活。这就使人们安于现状，陷于保守，养成惰性。而作为一个品牌，如果要在饱和的市场中杀出一条血路，就必须打破这种惯性思维，单独引领整个潮流风气之先。

好奇心制胜法则：鹤鸣皮鞋独特创意锻造长久品牌

词条解析

敢于标新立异，冲破传统观念，才能取得极大的成功。我们所处的时代，科技发展日新月异，经济发展突飞猛进，新生事物层出不穷，因此我们必须敢想、敢说、敢干、敢于创新，跟上时代潮流，更要有超前意识。这些，都是成功者必备之素质。

经典案例
JING DIAN AN LI

几十年前，南京有家鹤鸣鞋店，牌子虽老，却无人问津。老板偶然间发现许多商社和名牌店流行登广告推销商品，于是，他也想做广告宣传一下。

但怎样的广告才能带来效益呢？店老板来回走动寻思着。这时，账房先生过来献计说："商业竞争与打仗一样，只要你舍得花钱在市里最大的报社订三天的广告。第一天只登个大问号，下面写一行小字：欲知详情，请见明日本报栏。第二天照旧。等到第三天揭开谜底，广告上写'三人行必有我师，三人行必有我鞋——鹤鸣皮鞋'。"

老板一听，觉得此计可行，依计行事。广告一登出来果然吸引了广大读者，鹤鸣鞋店顿时家喻户晓，生意红火。老板很有感触地意识到：做广告不但要加深读者对广告的印象，还要掌握读者求知的心理。

这则特别的商业广告，也显示出赫赫有名的老商号财大气粗的气派。从此，鹤鸣鞋店在鞋帽业便鹤立鸡群了。

"广告定位"理论：会讲故事的产品才是年轻人欣赏的产品

词条解析

这种理论认为，在社会空前多元化、价值观极度不统一的情况下，已经不可能只用一种类型或者一种格式的广告去打动所有的消费者。对于不同的产品而言，只要能够认真找准自己的定位，非常精确地"打击"到自己希望得到的那部分客户即可。

经典案例 JING DIAN AN LI

"90后"有自己的消费特征——专家型消费。在这种情况下，再介绍他们已经知道的信息已变得毫无意义。只有找出一个独特的卖点，并成功地实现利益转换，即将产品独特的功能卖点转换成对消费者独特的利益价值点，这样才能吸引他们选择你的产品。

独特的卖点可以是很漂亮的产品外观，也可以是产品的一个独特功能，还可以是一个个性、好玩的名字，如一个大学生借助春晚上火起来的"这个可以有"这句话，在学校门口开了一家"这个可以有"小饰品店。

日本有名商人有一次去菲律宾探亲，他看到海边石头里有一些成双结对的小虾。细问后才知道，这些小虾自幼钻进海边的石头缝中，在里面成长无法出来，只能如此共同度过一生。在当地，这些小虾作为玩物出售，生意比较平淡。商人认为，这些小虾不应该不好卖，关键是所卖的商品缺了点什么。他想：这一对对从一而终的小虾，不正可作为夫妻永远美满的象征吗？于是，他给这些对虾融入了永结同心的爱情故事，并取名为"偕老同穴"，很快成为新一代热捧的结婚礼品，连开分店，仍供不应求。

二、信息传播心理学

传播扭曲定律：丁家井下的妖精

词条解析

中国古语有云：三人成虎、众口铄金。这个定律说的就是，事情在传播的过程中，经常会被层层地扭曲，甚至最后面目全非，而且多是夸张、增值而非缩小、减值。这种现象叫作“传播扭曲”。

经典案例
JING DIAN AN LI

古时候有这样一个关于流言的故事：某地常年干旱少雨，人们灌溉田地主要是用井水。

当时有一户姓丁的人家，由于地里没有水井，他们每天都要由专人赶着马，到很远的河里运水回来。但这很麻烦，而且那个运水的人除了运水之外，几乎干不了其他的农活，这太浪费人力了。于是，一家人商议后，决定自己打一口水井来解决灌溉的难题。

接着，丁氏一家人起早摸黑，辛辛苦苦地挖了几个月，终于把水井打成。取水的那一天，丁家简直比过节还高兴，他们欢天喜地，逢人就说：“我家里打了一口井，还得了一个人哩！”其实，丁家人的意思是，因为打了一口水井，再也不用派专人去河里运水了，因此省了一个人的劳动力。

谁知道有人把丁家打井的事掐头去尾地传了出去，说：“丁家在打井的时候，从地底下挖出了一个人！”一时之间，到处都在传“丁家从地下挖出活人”这件耸人听闻的事情。

沾光效应：神奇的巧合

词条解析

沾光效应的大意是，人们都有虚荣的心理，从而倾向于将自己与各种名衔、有名气的事物联系起来。比如，有些人会无比自豪地说他们和某某名人上的是同一所学校，或者自己抢先一步观看了刚刚获得奥斯卡奖的影片。这种沾光效应实际上会造成我们在社会交往中，互相传递许多夸大、无根据的信息。

经典案例
JING DIAN AN LI

沾光效应不仅仅涉及人们的虚荣心理的问题，放到一个大的群体层面，甚至会对一个群体的日常用语、信息传递产生影响。心理学家研究过大学校园里的对话，结果发现，每当自己支持的球队在比赛中获胜时，这些学生迫不及待地想要跟获胜的球队沾沾光——“我们赢了”！而如果球队被打败了，这些事先声明支持这些球队的学生，又都会忙着跟失利这个事实保持距离——“他们输了”！

而这种效应放在成人世界里，有时候会导致赤裸裸的信息造假。有些名人会去歪曲自己的真实信息以沾“圣贤”的光，而有些普通人也会跟风歪曲自己的某些经历和信息去沾名人的光。如此传递下去，下次有人再向你讲述某些神奇的巧合故事或者巧合的时间、日期时，你恐怕不得不多加一层怀疑，多一些思考——想想这些信息是否可信。

简单断言传递：连环绑架引惊恐

词条解析

大众传播媒介的种种“信息把关”行为，使得信息在传播以前就得到了有效的理性论证与传播控制。然而在群体性事件中，这一信息加工与论证过程却可能极为简短与粗暴，使最为简洁有力的断言成为信息的源头，而后在未经或缺乏推理和证明的情况下就被一再重复，危机状态下的情绪刺激又会加剧这种简单重复，从而形成某种传染，迅速使这种断言成为整个群体的主导意识。

经典案例
JING DIAN AN LI

有关某地学生遭绑架的消息出现在众多网络论坛上，遗憾的是，这一桩绑架案并没有任何官方的后续通报，于是恐慌迅速在当地的家长中弥漫开来。“听说今年发生的绑架案已经有17起，近期就已经发生7起。”由于缺乏公开权威的信息披露，而网友通过私人渠道打听的内容。

林林总总的消息扑朔迷离，让家长一头雾水。只要权威消息一日不公布，那么恐慌的气氛就会日益严重下去。

传播隔阂：亮亮与妈妈眼里截然不同的“21天训练营”

词条解析

传播隔阂是指传播制度、传播渠道、信息系统的功能因素导致的传播偏差、误解。在传播过程之中，个体、群体、时代之间因为特定利益、价值、意识形态和文化的差异，导致了包括个人之间的隔阂、个人与群体之间的隔阂、成员与群体之间的隔阂、群体与群体之间的隔阂。导致传播双方的正常传播行为受到影响，甚至严重阻碍传播行为的进展。

经典案例
JING DIAN AN LI

王女士的儿子亮亮已经17岁了。有一天，亮亮向王女士要300元钱，开始王女士问做什么，亮亮只是说有用。在她以不说明原因就不给钱的追问下，亮亮才说要参加一个训练营，叫“21天训练营”，是一个网上训练系统。而王女士一听是网络上的，就以她的主观判断说，网上的东西都是骗人的，不管三七二十一，就是不让亮亮参加。亮亮非常生气。经过一天的“冷战”后，王女士主动要求多了解那个“21天训练营”才知道这个训练营是亮亮同学推荐给他的，能够很好提升参加者完成目标任务的素质以及帮助参加者克服虎头蛇尾的习惯。但她还是对网络上的东西深表怀疑，最后看在儿子主动想要提高自己的积极性上，才帮助亮亮汇了钱，开通了“21天训练营”。没想到亮亮在参加后就像变了个人似的，学习主动了，并且每天的计划都制订得非常好，半年来成绩提升了很多。

王女士说，从这件事情上她总结出了两点：第一，如果儿女主动做以前不会去做的事情，一定有他们充足的理由，做父母的就要去充分了解，不要武断地去打击儿女。第二，做父母的要经常去接触新事物，不要总认为新的事物就是不好的。比如，网络并不总是骗人的。

其实，亮亮的母亲还算是开明的，杨鹏的父母就不是这样的了。杨鹏快要大学毕业了，他很想去私企锻炼自己，而他的父母却希望他到国企，觉得这样工作稳定。至今，他还在为此苦恼不已。

两代人，或多或少总会有一些代沟，在很多方面没有共同语言，相互不能理解对方的行为及思想。做晚辈的，要尽力去理解长辈，尽力减少不必要的冲突。而做长辈的呢，是不是也该去勇于接受新事物，多去理解新一代的思想？

模糊信息从众现象：误导信息让高知分不清线段的长短

词条解析

针对群体从众现象的社会心理研究显示，个体的从众有两种出发点：使自己与群体保持一致以免遭受拒绝；当自我判断模糊时，将别人的判断作为信息来源。也就是个人的判断一般会屈从于社会的普遍看法。

经典案例
JING DIAN AN LI

20世纪30年代，心理学家谢里夫给在黑屋子中的被试看5米开外一个根本没有移动的光点，人眼因为“似动现象”觉得光点在移动。被试被要求估算光点的移动距离。结果谢里夫发现，当被试身处群体中时，会改变自己先前的估算结果。看来，我们对现实的看法，未必真的是我们自己的观点，可能只是别人观点的影射。

后来，另一位心理学家阿希做了一个类似的研究。他只是将实验稍微改变了一下，就产生了一个影响深远的结论。他让被试在三条线段中选择和标准线段等长的线段。和谢里夫实验最大的区别在于，另有6人同时参与实验，不过他们给出的是误导信息。这些人都选择了一条看上去明显不相等的线段，这时，你会改变自己的初衷吗？

不断的心理学实验证明，人们的信息传播在形成了社会的一般理念之后，再往下传播时，信息接受者往往会全盘接受社会的一般信息理念，而自己再也不去进行理性的判断，或者有了自己的判断以后仍然决定放弃自身想法而接受大众的一般理念。

三、大众决策心理学

责任分散效应：世界之都的世界级冷漠

词条解析

责任分散效应又名旁观者效应。是指对某一件事来说，如果是单个个体被要求单独完成任务，责任感就会很强，个体往往会做出很积极的反应，并且负责到底；但如果是要求一个群体共同完成任务，群体中的每个个体的责任感就会很弱，面对困难或遇到责任往往会退缩。每个人都会产生让别人多做一点的念头，从而产生了实质上的“责任分散”。而“责任分散”的实质就是人多不负责，责任不落实。

经典案例
JING DIAN AN LI

纽约号称世界的首都，但是在它光鲜的外表下，也有着不为人知的黑暗一面。1964 年 3 月 13 日凌晨 3 时 20 分，在美国纽约郊外一幢老式公寓的门前，一位叫朱诺的年轻女子刚刚结束她在酒吧的工作，路过此处。这里的路灯比较昏暗，正当朱诺裹紧了大衣快步行走之际，突然冲出几名劫匪，明目张胆地拔出小刀向朱诺冲过来。这时候，朱诺绝望地喊叫：“有人要杀人啦！救命！救命！帮帮我！”这样尖利的喊叫声，使得附近住户纷纷亮起了灯，打开窗户观察到底发生了什么，凶手见状马上吓跑了。

不料，大家在开灯后迅速熄灭了灯光，于是当一切恢复平静后，凶手又返回作案。在整个的过程中，尽管朱诺大声呼救，而她的邻居中至少有38位打开了灯来到窗前观看，但遗憾的是竟然无一人来救她，甚至无一人打电话报警。

这件事引起了社会心理学工作者的重视和思考，他们通过后期的走访调查，发现其实大多数人并不是那么的冷漠，而是因为大家都普遍觉得“我不救，别人也会救的”。于是，人们把这种众多的旁观者见死不救的现象称为责任分散效应。日常生活中，如果仔细观察，这种情况也比比皆是。所以，当涉及集体以及公众事件时，出现一些冷漠、不作为的现象，一方面是因为社会道德的原因，另一方面其实也是受到了大众心理的责任分散效应影响。真实的社会道德水平既不会像某些人想的一样高，也不会低到令人怀疑人生的水平。

权威效应：从蒸馏水里闻出味道的权威命令

词条解析

此原理又称为权威暗示效应，是指一个人要是地位高、有威信，受人敬重，那他所说的话及所做的事就容易引起别人重视，并让他人相信其正确性。即“人微言轻、人贵言重”。这种权威效应在集体性盲从的行为模式中显得更为突出。很多情况下，群体只不过是跟随着某个权威的意见和看法去行事，而非出自自己的理性。

经典案例
JING DIAN AN LI

有位心理学家做过这样一次有趣的心理学实验：这位心理学家在给某大学心理学系的学生们讲课时，说为了丰富大家的科学知识，他邀请了一位外校的德国化学教授来给大家讲讲化学与心理学的关系。随即，他向学生介绍了一位从外校请来的德国教师，说这位教师是德国的著名化学家。轮到这位德国“化学家”上课了，只见“化学家”煞有介事地拿出了一个装有蒸馏水的瓶子，说这是他新发现的一种化学物质，有非常独特的气味，但是又不同于世界上任何其他的气味。他说完将瓶子传递下去，给所有的学生用鼻子闻，并请在座的学生闻到气味时就举手，结果多数学生举起了手。而实际上，这些蒸馏水本身是不含有任何气味的，大家都是由于这位“权威”的心理学家的语言暗示而认为它有气味。

“权威效应”在各种大众行为的场合都普遍存在，而要避免自己陷入盲目的“权威崇拜”之中，就必须完全了解这个效应的产生机制。简单来说，之所以产生这个效应，首先是由于人们有“安全心理”，即人们总认为权威人物往往是正确的，服从他们会使自己具备安全感——信权威，“保险系数”自然高；其次是由于人们有“赞许心理”，即人们总认为权威人物的要求往往和社会规范相一致，按照权威人物的要求去做，会得到各方面的赞许和奖励；最后是因为大多数人都按权威说的办，如果自己不是的话，会被当成异类。

搭便车效应：整个世界安静

词条解析

在利益群体内，某个成员为了本利益集团的利益所做的努力，集团内所有的人都有可能得益，但其成本则由这个人独自承担，这就是搭便车效应。简单说，就是在一个群体中，大家总是倾向于直接享受别人劳作的成果，而尽量避免自己的劳动。群体内的责任扩散鼓励了个体的懒散。当群体结果无法归因于任何单独个体时，个人的投入与整体的产出之间的关系将不明朗。

经典案例
JING DIAN AN LI

传说，古时候有一个喜欢整日玩乐的国王，有一日突发奇想，决定在自己生日那天让全部子民同一时刻高呼“陛下万岁”，以显示自己的威信。随后，国王命令下属将这个决定张榜天下，他将时间定在了正午时刻。不到一周的时间，全国的臣民都已经知晓了这个消息。这个国家的民众，由于他们的国王总是喜欢荒诞娱乐，便也沾染上了喜欢新奇、玩乐的习惯。于是，全国的臣民们看到了这个消息，也表现得十分激动，因为他们觉得自己很快就能听到世界最大的声音了。就在大家奔走相告不要错过这个见证奇迹的时刻时，有一位民间的智者，突然发现了这样一个问题：如果自己也同时呼喊的话，那么将听不到别人喊叫的声音了。智者这么一盘算，于是他决定在呼喊的时候保持沉默，只是静静地听别人呼喊。然而，智者千虑必有一失，更何况这还是一位粗心的智者，实在没有忍住的他把这个发现告诉了别人，以此显示他的智慧多么的高深。结果，不到半天时间，一传十十传百，这个消息便传遍了整个国家，大家也都纷纷在心里盘算着到时候一定不要出声，听别人呼喊即可。

最后，国王生日那天的正午时刻到来了，全国的臣民们都翘首盼望着最大声音的到来。国王也带着喜悦的心情，锦衣华服地坐在他城堡阳台的雅座上，静候着这个万民敬仰的时刻。然而，当国王闭上眼睛准备细细品味这样的声浪时，却等到了比平时安静数十倍的全国性沉默。

应该说喜欢投机取巧，利用别人、团体的成果是人性的一种表现，有搭便车的机会反映了团体合作所能够产生的额外机会和福利。搭便车的心理人皆有之，为了避免这种行为过于泛滥，造成类似“全国鸦雀无声”的局面，就必须有必要的社会规范、激励与惩罚机制去促使和保证最基本的努力和劳动行为。

易得性直觉：小寒的工作锦囊

词条解析

相对于抽象、平淡的信息，具体、生动的信息更容易影响决策者的判断，提高决策者对事件发生可能性的预期。决策者往往更容易认同生动具体的信息及其作用。

经典案例
JING DIAN AN LI

小寒毕业后刚刚工作三个月就备感生活的艰辛，他急需一种力量来激励自己。在汲取了公司老员工的经验后，他为自己制订了一个三年远景规划。小寒的计划是：到工作的第三年，让自己到手的可支配月收入达到1万元，对应的年收入达到10万元以上。

和许多在制定目标后喜欢将目标实现细化到每一个具体细节的人不同，小寒并没有陷入枯燥艰难的理财规划中，取而代之的是，他把这三年可能发生的经历具体和生动地加以了想象、描述：

第一年，生活会很艰苦、惨淡，除去基本生活费，将所剩无几，能买本书都困难，更不用谈下馆子、去旅游、谈女朋友。或者，极有可能连生存都是个问题，甚至需要家里的接济。

第二年，生活质量开始有效改善。此时，个人独立生存已基本无忧，可以有余钱用于工作能力提高、人脉经营及娱乐活动上，如参加培训、买书、请朋友或客户吃饭、旅游等。

第三年，生活将跨上一个新的台阶！假如第三年月可支配收入达到1万元以上，就可以四处打电话，把好消息告诉妈妈，告诉姐姐，或者告诉自己的女朋友；请自己的朋友一块吃饭庆祝；奖赏自己好好出去旅游一番，比如自己一直很想去的澳大利亚、巴西、北非、南欧等。

这个计划制订之后，每想到第三年时的美好情景，小寒的工作效率、工作激情都会得到巨大提高。设想一下，如果小寒在制订计划时没有使用抽象思维，而是非常理性地设计理财计划，那么很可能因为无法直观得到远景的刺激而最终没有执行所制订的计划，小寒正是顺应了人类的情感倾向，使用易得性直觉思维去激励自己，从而达到了很好的效果。

CHENGGONGXINLIXUE

“在制造业时代，载体是机器、厂房等物质，人依附于机器，是以制造手段为基础的核心竞争力，且表现的形式是硬数据带动软数据；而在知识经济时代，载体是人，机器依附于人，是以人本管理为基础的核心竞争力，且表现的形式是软数据驱动硬数据。”要成功，必然要做一个顺应时代的人。

CHAOYUERENXINGDERUODIAN

超越人性的弱点

一、低谷心理学

甜柠檬效应：不要为打翻的牛奶哭泣

词条解析

在挫折心理学中，人们把个体在追求预期目标而失败时，为了冲淡自己内心的不安，就百般提高现已实现的目标价值，从而达到了心理平衡、心安理得的现象，称为甜柠檬效应。

经典案例
JING DIAN AN LI

甜柠檬效应是通过抬高或美化自己的弱项和不足来安慰自己。鲁迅笔下的阿Q，在中国几乎是尽人皆知的形象，而阿Q的种种行为，其实非常符合甜柠檬效应原理。当别人笑他穷得娶不上老婆，他就自吹："我们先前——比你阔得多啦！你算是什么东西！"而当别人又转而嘲笑他的瘌痢头时，他就回应别人："你还不配……"又仿佛在他头上的是一种高尚的光荣的癞头疮，并非平常的癞头疮了。甚至在被殴打的时候，他心里都会想"我总算被儿子打了，现在的世界真不像样……"其实，所谓的甜柠檬效应就是引导人们善加利用精神胜利法，去保持乐观心态重树信心走出困境。西方有句谚语：不要为打翻的牛奶哭泣。

泰戈尔也说过：假如你为失去太阳而哭泣，那你也将会失去星星。甜柠檬效应不失为一种面对失败的平稳心态。桌上放着半杯水，悲观者会说：只有半杯了。乐观者会说：还有半杯。当又一次失败、又一次做错了事情时，悲观的人会想："我又错了！"而乐观者则会这样思考："我又得到一次宝贵的经验。"实践证明，乐观者坦然接受失败，并从中吸取教训，往往在后来比悲观者发展得更好。

酸葡萄心理：狐狸如何骗到自己

词条解析

"酸葡萄心理"是在自己真正的需求无法得到满足而产生挫折感时，为了解除内心不安，编造一些"理由"自我安慰，以消除紧张，减轻压力，使自己从不满、不安等消极心理状态中解脱出来，保护自己免受伤害。

经典案例
JING DIAN AN LI

在伊索寓言中有个《狐狸与葡萄》的故事，说的是狐狸很想得到已经熟透了的葡萄，可是无论他多么努力向上跳，都够不着。想吃葡萄而又跳得不够高，这也算是一种“挫折”或“心理压力”了，此时此刻狐狸该怎么办呢？若是一个劲儿地跳下去，就是累死也还是跳不到那葡萄的高度。于是，狐狸说：“反正这葡萄是酸的。”言外之意是反正葡萄也不能吃，即使跳得够高，摘得到也还是“不能吃”。这样，狐狸“心安理得”地走开，去寻找其他好吃的食物去了。

卡瑞尔公式：卸下心理包袱方能得到创新良方

词条解析

卡瑞尔公式是指唯有强迫自己面对最坏的情况，在精神上先接受了它以后，才会使我们处在一个可以集中精力解决问题的地位上。具体由三步组成：第一，先问问你自己，可能发生的最坏情况是什么？第二，冷静地接受现在这个现实。第三，镇定地想办法努力去改善这个现实。

经典案例
JING DIAN AN LI

威利·卡瑞尔年轻时，曾就职于纽约的一家钢铁公司，是那里的一名工程师。有一次，卡瑞尔奉命去密苏里州安装机器，他在那里忙得满头大汗。经过一番艰苦的努力，机器总算可以勉强运转起来。然而，这样的运转状态，远远没有达到公司所希望达到的质量要求。于是，他开始对自己的失败感到十分懊恼，犹豫要不要拆掉机器，用新的方式重新安装。不断的纠结简直让他无法入睡。后来，他意识到烦恼不能解决问题，经过一夜的冷静思考，他开始找到了解决问题的逻辑：

首先，找出可能发生的最坏情况是什么——如果继续改进，充其量不过是丢掉差事，也可能老板会把整个机器拆掉，使得已经投下去的2万元钱泡汤。

其次，让自己能够接受这个最坏情况。他对自己说，我也许会因此丢掉差事，那我可以另找一份；至于我的老板，这一次的失败经验也会留下丰富的数据，作为一种全新方法的试验，完全可以把2万元钱算在研究费用上。

最后，在走过了前两步之后，他的心里已经变得相对平静，于是他把大量的时间和精力用来试着改善那种最坏的情况。其间，他做了好几次试验，终于发现，如果再多花5000元钱，加装一些设备，问题就可以解决了。

结果，卡瑞尔的卓越表现不但让公司没有损失2万元钱，反而很快达到了目标。

飞轮效应：百货大王梅西的坚持与执拗

词条解析

飞轮效应来自飞轮的一种机械运动规律。飞轮往往要花费人们很大的力气才能从静止状态转动起来，但当到达某一个临界点之后，用很小的力气就能让其飞速转动。飞轮的转动原理暗示着，人们在做任何事情的起步阶段，总是难免经历各种困难，如果能够克服这些困难，那么在随后的阶段中，做事情就会比较顺利通畅。

经典案例
JING DIAN AN LI

美国百货大王梅西，曾经是一个普普通通的波士顿百姓，他在自己居住的小城市开始创业之路。他开的第一家商店很小，而且只卖最便宜的处理货，但由于商店实在太小，加上地理位置比较偏僻，平时光顾商店的人很少，没有支撑多久，便被迫关门大吉了。随后他又辗转来到了加州，这次转变为开饭馆，然而由于他资本不大，无力装修好看的门面，而且他的快餐店毫无任何创新特色，完全比不过当地的饮食店，于是坚持了几个月便再次遭遇关门的命运。随后，他又重新回到波士顿地区，这一次几乎是他的最后一搏了，资本已经非常微薄的他，这次选择了经营布匹和服装的小店，然而这一次他还是碰到了坏运气，刚好遇到通货紧缩。这一次的失败不仅让他折了老本，还欠下一笔外债。

但是无论遭受什么打击都坚持向前的性格，让他继续寻找机会。这一次他来到新英格兰州，在这里他继续经营布匹生意，终于成功了，并且凭借这一次的成功踏上了发展的快车道，最终创立了后来享誉世界的梅西百货公司，成为赫赫有名的百货大王。

心理卸妆法：情绪整理的魔术

词条解析

心理卸妆法是指像有些人睡前卸妆一样，把每天心绪整理一遍。对于负面的记忆，要不过夜地尽数清洗掉。

经典案例
JING DIAN AN LI

心理卸妆法的具体操作程序为：在临睡前，可以先想象有一条淙淙流淌的小溪。如果想象不出来，也可以面对一张小溪的图片，回忆当天那些不愉快的经历，让它们全部顺流而去。接下来低吟三句话：

1. “我是……”（比如自己最期望的心境）；

2. “我会做……”（比如能够胜任的心境）；

3. “我有志于做……”（比如对待使命的精神准备）。

可见目标定律：麦地插红旗与远大前程的关系

词条解析

人有这样一种心理特点，就是对于眼前的工作，如果不知道什么时候完成，就容易失去继续工作的欲望；相反，如果能清楚地知道什么时候能够完成，做事的信心就会增强，做事的效率也会提高。

经典案例
JING DIAN AN LI

一个心理学实验证明了这个规律。心理学家把一些从未割过麦子的学生分为两组，让他们从麦地的边缘开始割麦子，并在麦地的中央插上红旗，作为目的地，看哪个组能先到达。在其中一组的麦地里，每隔三米就有一面绿旗，而在另一组的麦地里则没有。比赛结果正如心理学家所预料的：前一组获得了胜利。

这是为什么呢？前一组的目标被分成了若干个阶段，也就是分成了可望又可即的小目标，这样，每个小目标的完成，就是一个小小的成功，会逐渐增加人的自信，从而提高他们的效率。

也就是说，看得见够得着的目标，使人更愿意去完成它。相反，遥遥无期的一个目标，可能无法使人调动起实现它的动力。就像篮球架的高度：如果太高，谁也投不进去，就不会有人爱玩；如果太低，谁都能投进去，也一样没人爱玩。正是一个跳一跳够得着的高度，才吸引了许多人去玩它。

因此，我们在做事情的时候，制定目标既不能太低——低了起不到促进自己行动的作用；也不能太高——高了会让我们感觉实现的希望太渺茫，会降低信心，并降低效率。只有不高不低的适度的目标，才能对我们的工作起到最好的促进作用。

穿衣心理暗示：“四不”穿衣法

词条解析

适当地选择衣服，有改善情绪的功效。称心的衣着可松弛神经，给人一种舒适的感受。

经典案例
JING DIAN AN LI

在遭遇失败或者在情绪不佳时应该注意“四不”穿衣法：

1. 不穿易皱的麻质衣服。不少专家认为，在情绪欠佳的日子里，不要穿容易皱的麻质衣服。易皱的衣服使人看起来一团糟，心理上会产生一种很不舒服的感觉。

2. 不穿硬质衣料的衣服。硬质衣料的衣服会让你感到僵硬和不快。此时最好是穿质地柔软的衣服，如针织、棉布、羊毛等衣料。

3. 不要穿过分紧身而狭窄的衣服。在衣服的款式方面，不要穿过分紧身而狭窄的衣服。如果太狭窄，会造成压迫感。而穿宽松的服装会令你呼吸轻松、血液循环畅通，不良情绪得到缓解。

4. 不系领带。不系领带能减轻束缚的感觉。

二、高峰心理学

拍球效应：老船长增压化险为夷

词条解析

爱好篮球的人都知道，拍篮球时，用的力越大，篮球就跳得越高。这就是“拍球效应”。拍球效应的寓意就是：承受的压力越大，人的潜能发挥程度越高；反之，承受的压力较小时，潜能发挥程度较低。

经典案例
JING DIAN AN LI

有一位经验丰富的老船长，当他的货轮卸货后在浩瀚的大海上返航时，突然遭遇了可怕的风暴。水手们惊慌失措，老船长果断地命令水手们立刻打开货舱，往里面灌水。“船长是不是疯了，往船舱里灌水只会增加船的压力，使船下沉，这不是自寻死路吗?”一个年轻的水手嘟囔。

看着船长严厉的脸色，水手们还是照做了。随着货舱里的水位越升越高，随着船一寸一寸地下沉，依旧猛烈的狂风巨浪对船的威胁却一点一点地减少，货轮渐渐平稳了。

船长望着松了一口气的水手们说：“百万吨的巨轮很少有被打翻的，被打翻的常常是根基轻的小船。船在负重的时候，是最安全的；空船时，则是最危险的。当然这种负重是要根据船的承载能力进行界定，适当的压力可以抵挡暴风骤雨的侵袭，但如果是船不能承受之重，它就会如你们担心的那样，消失在海面。”

老船长就是运用了拍球效应，才使得人船俱存。直面更大的挑战和压力，方能激发自己更大的潜能。

卢维斯效应：为什么青蛙的脖子很短，叫声却很大

词条解析

谦虚不是把自己想得很糟，而是完全不想自己。如果把自己想得太好，就很容易将别人想得很糟。这就是由美国心理学家卢维斯提出的心理学效应，主要强调如何做到谦虚。

经典案例
JING DIAN AN LI

孔子是我国古代著名的大思想家、教育家。作为儒家思想的鼻祖，他自然学识渊博、知晓天下，但可贵的是，他从不自满。当年，他周游列国时，在前往晋国的路上，偶然遇见一个7岁的孩子拦在路中间，一定要让他回答两个问题才让开道路。问题之一是：鹅的叫声为什么大。孔子答道：鹅的脖子长，所以叫声大。孩子紧接着又问：青蛙的脖子很短，为什么叫声也很大呢？结果，孔子居然无言以对。他只能惭愧地对学生说，我不如他，他可以做我的老师啊！对于动物，自然是孔子不擅长的方面，而在自己擅长的方面，例如古代文献知识等，孔子更是说："文，莫吾犹人也。躬行君子，则吾未之有得。"子曰："若圣与仁，则吾岂敢？抑为之不厌，诲人不倦，则可谓云尔已矣。"公西华曰："正唯弟子不能学也。"

这段话，翻译成现代文便是：说到文献方面的知识，我只是勉勉强强地同别人差不多而已；而讲到努力实践去做一个君子，我就完全不够格了；再进一步讲到圣行仁德的导读，我就更加担当不起了。我所做到的只不过是学习从来未厌烦过，教诲人从来没有疲累过。公西华随后感叹：这正是我们这些学生做不到的呀。

孔子即使贵为圣人，但在他专长的领域之外，他仍保持谦虚的心态，把自己放在最低的位置；而且在自己擅长的领域也保持绝对的谦虚和开放精神。这对于身处高位、已经获得了一定成就的人士而言，是非常具有启发性的。

图书在版编目（CIP）数据

心理学常识速查速用大全集：案例应用版 / 京师心智著．—6 版．—北京：中国法制出版社，2022. 1

ISBN 978-7-5216-2451-9

Ⅰ. ①心… Ⅱ. ①京… Ⅲ. ①心理学-基本知识 Ⅳ. ①B84

中国版本图书馆 CIP 数据核字（2022）第 004896 号

策划编辑：陈晓冉

责任编辑：冯运　　封面设计：周黎明

心理学常识速查速用大全集：案例应用版

XINLIXUE CHANGSHI SUCHA SUYONG DAQUANJI：ANLI YINGYONGBAN

著者/京师心智

经销/新华书店

印刷/三河市国英印务有限公司

开本/710 毫米×1000 毫米　16 开　　印张/ 13　字数/ 187 千

版次/2022 年 1 月第 6 版　　2022 年 1 月第 1 次印刷

中国法制出版社出版

书号 ISBN 978-7-5216-2451-9　　定价：42. 80 元

北京市西城区西便门西里甲 16 号西便门办公区

邮政编码：100053　　传真：010-63141600

网址：http：//www. zgfzs. com　　编辑部电话：010-63141832

市场营销部电话：010-63141612　　印务部电话：010-63141606

（如有印装质量问题，请与本社印务部联系。）